Martin Beck (Hrsg.)
Planung

Martin Beck (Hrsg.)

Planung

Betriebswirtschaft für
soziale Einrichtungen

Springer Fachmedien Wiesbaden GmbH

CIP-Kurztitelaufnahme der Deutschen Bibliothek

Planung/
Martin Beck (Hrsg.). -
Wiesbaden: Gabler, 1988.
(Betriebswirtschaft für soziale Einrichtungen)
ISBN 978-3-663-11044-6
NE: Beck, Martin [Hrsg.]

© Springer Fachmedien Wiesbaden 1988
Ursprünglich erschienen bei Betriebswirtschaftlicher Verlag Dr. Th. Gabler GmbH, Wiesbaden 1988
Softcover reprint of the hardcover 1st edition 1988

Satz: FEMOSET satz + repro GmbH Wiesbaden; EWERT, Braunschweig

ISBN 978-3-663-11044-6   ISBN 978-3-663-11043-9 (eBook)
DOI 10.1007/978-3-663-11043-9

„Wer ist unter euch, der einen Turm bauen will
und sitzt nicht zuvor und überschlägt die Kosten,
ob er's habe, hinauszuführen?

Auf daß nicht, wenn er den Grund gelegt hat
und kann's nicht hinausführen,
alle, die es sehen, anfangen, sein zu spotten,
und sagen: Dieser Mensch hob an zu bauen
und kann's nicht hinausführen."

(Evangelium nach Lukas, Kapitel 14, Verse 28-30)

Vorbemerkungen des Herausgebers

Die Motivation zu diesem Buch

Die Verbände der freien und der öffentlichen Wohlfahrtspflege und ihre Fortbildungsinstitutionen bringen Veröffentlichungen zu vielen Fachthemen hervor. Auch die einschlägige Fachliteratur zu allgemeinen und speziellen Themen der Sozialarbeit, der Therapie, der Pflege, der Medizin und zu sozialrechtlichen Fragen besteht aus einer Fülle von Büchern, Zeitschriften und anderen Publikationen, die laufend ergänzt werden. Deutlich weniger Material findet der interessierte Leser zu betriebswirtschaftlichen, strukturellen und managementorientierten Fragestellungen des Sozialbereichs, also zu Fragen, die sich direkt und indirekt mit der Existenz und der Zukunftssicherung der Arbeit, der Institutionen und der Arbeitsplätze befassen.

Dies ist erstaunlich. Der Sozialbereich, im folgenden auch als Sozialwirtschaft bezeichnet, erlebte während der sechziger und siebziger Jahre einen starken Wachstumsboom, der durchaus Fragen zur Wirtschaftsführung und zu den Leistungsstrukturen sozialer Institutionen stellen ließ. Die Sozialwirtschaft entwickelte sich während dieser Jahre zu einem ernstzunehmenden Sektor des Dienstleistungsbereiches der Volkswirtschaft. Heime wurden zu Unternehmen, Gruppen von Heimen nahmen Konzernstrukturen an, und in allen diesen Einrichtungen sind deutliche Parallelen zu den Unternehmensstrukturen anderer Branchen festzustellen.

Leitungsaufgaben in der Sozialwirtschaft

Die besondere Herausforderung der wirtschaftlich verantwortlichen Leitungspersonen in der Sozialwirtschaft liegt darin, daß sich in ihrer Leitungsaufgabe Elemente des öffentlichen Haushaltswesens (zum Beispiel im Bereich der Zuschüsse der öffentlichen Hände) und Aufgabenstellungen moderner kaufmännischer Unternehmensführung miteinander vermischen und zur Übereinstimmung gebracht werden müssen. Diese komplizierte Vermischung von eigentlich systemfremden Fachgebieten und Vorgehensweisen macht die Leitungsaufgaben in der Sozialwirtschaft schwierig und reizvoll zugleich. Entsprechend breit sollte das Spektrum an fachlichem Wissen und Erfahrung sein, das von den Leitungspersonen dieser Branche erwartet werden muß.

Fortbildungsangebote in der Sozialwirtschaft

Es sind auf dem Markt nur wenige kaufmännisch-betriebswirtschaftliche Fortbildungsangebote für die Branche der Sozialwirtschaft zu finden. Interessierte sind deshalb häufig gezwungen, Materialien und Veranstaltungen aus anderen Branchen und Wirtschaftszweigen zu nutzen und die gewonnenen Ergebnisse dann mühsam für sozialwirtschaftliche Belange umzudenken. Und es gibt keine Grundlagenwerke, auf denen andere, differenziertere Darstellungen aufbauen könnten.

Diese etwas kritisch klingenden Beobachtungen treffen zumindest für den Bereich der Branche zu, der mit „Heime, Einrichtungen, Anstalten, Schulen" umschrieben werden kann. Dazu zählen die Träger von Wohn- und Pflegeheimen, Arbeits- und Bildungsangeboten für Menschen mit vielerlei Problemen. Reichhaltiger ist das fachliche Angebot für das Krankenhauswesen. Hier wird allerdings häufig nicht differenziert zwischen Krankenhäusern in öffentlicher Trägerschaft einerseits und freigemeinnützigen Häusern oder privat-gewerblich geführten Kliniken andererseits. Für manche Fachgebiete ist diese Unterscheidung zweifellos zu vernachlässigen.

Für diejenigen Einrichtungen der Sozialwirtschaft, die zu den Verbänden der freien Wohlfahrtspflege gehören, besteht jedoch ein legitimes Interesse, die Theorie und Praxis ihrer Wirtschaftsführung eigenständig zu profilieren.

Wissenschaftliches Interesse an der Sozialwirtschaft

Betriebs- und Volkswirtschaftslehre haben die Branche „Sozialwirtschaft" bisher relativ selten als Objekt für Studien und Forschungen entdeckt. Entsprechend wenig praxisrelevante Materialien liegen zur Nutzung und Auswertung vor. Dies ist erstaunlich, sind doch in der Sozialwirtschaft heute mehr Arbeitsplätze zu finden und werden hier größere Umsätze erzielt als in manchem traditionsreichen Wirtschaftszweig.

Publizierte Ergebnisse der haushaltswissenschaftlichen Forschung sowie Veröffentlichungen von Fachinstitutionen wie der Bundesarbeitsgemeinschaft (BAG) wurden von den Autoren bei der Bearbeitung ihres Themas aufgenommen.

Praxisorientierung dieses Buches

Als typische Leser für dieses Buch hatten die Autoren vor allem die Praktiker im Blick, die – mit betriebswirtschaftlicher oder anderer Ausbildung – Fach- oder Leitungsaufgaben in Unternehmen und Einrichtungen der Sozialwirtschaft anstreben oder innehaben. Aber auch für die Berufsanfänger in Verwaltungsaufgaben der Sozialwirtschaft ist dieses Buch gedacht. Dabei soll das berechtigte Interesse von Aus- und Fortbildung sowie von Forschung und Lehre nicht vernachlässigt werden.

Weil bisher wenig Literatur zur Unternehmensführung und Unternehmensplanung der sozialwirtschaftlichen Unternehmung oder Einrichtung vorliegt, haben die Autoren eigene Erfahrungen, empirische Ergebnisse und Anwendungsbeispiele aus der sozialwirtschaftlichen Praxis zur Grundlage dieses Buches gemacht.

Meinungsvielfalt

Die Vielfalt der fachlichen Auffassungen, wie sie für die Sozialwirtschaft typisch ist, kommt durchaus in der vorliegenden Arbeit zum Ausdruck. Sowohl unterschiedliche Varianten des grundlegenden Ansatzes als auch abweichende Auffassungen zu Einzelfragen sind zu beobachten. Dies ist unter den Autoren diskutiert und übereinstimmend so gewollt. Es spiegelt die Realität der Praxis wider, für die dieses Buch vor allem geschrieben wurde.

Der Inhalt des Buches

Teil A „*Grundlagen der Sozialwirtschaft*" will in geraffter Form historische, sozialpolitische, wirtschaftliche und unternehmenspolitische Grundlagen darstellen.

In Teil B „*Zielsetzungen des Wirtschaftsplanes*" werden die externen und internen Ziele, Interessen und Bedürfnisse beschrieben, die für eine geplante Wirtschaftsführung sprechen.

Mit Teil C „*Grundlagen der Wirtschaftsplanung*" beginnt die Einführung in die Praxis der Wirtschaftsplanung. Verschiedene Planungsformen und -instrumente werden vorgestellt.

Teil D „*Planungsprozeß und Plankontrolle*" beschreibt den Entstehungsprozeß des Wirtschaftsplanes und die Möglichkeiten der Aktualisierung und der Kontrolle des Planes.

Zwei Fallbeispiele aus der Praxis werden in Teil E „*Praktische Beispiele*" vorgestellt und kommentiert.

In Teil F „*Möglichkeiten und Grenzen*" werden die strukturellen und personellen Fragen der Wirtschaftsplanung auch unter pädagogischen und psychologischen Gesichtspunkten bearbeitet.

Tübingen, im Oktober 1987   *Martin Beck*

Inhalt

9

Einleitung: Zum Planungsbegriff

Der Begriff „Planung" wird in der Literatur und im allgemeinen Sprachgebrauch sehr unterschiedlich verwendet. Auch bei der Vorbereitung dieses Buches wurde zuerst von sehr unterschiedlichen Inhalten ausgegangen. Daher ist es notwendig, den Begriff Planung näher zu betrachten und gegenüber anderen Begriffen abzugrenzen.

Planung gilt heute weitgehend als sinnvoll. Dachte man früher bei dem Wort Plan meist an Bevormundung, Unfreiheit und militärische Aktionen (zum Beispiel „Plan"-Wirtschaft, Angriffs-„plan"), so wird heute Planung mehr als Mittel zur Zukunftsgestaltung gesehen.

Planung findet in den unterschiedlichsten Formen und Bereichen statt. Geplant wird in einem Privat- wie in einem Staatshaushalt, im Bereich der Technik wie auch im Bereich der Pädagogik (zum Beispiel Betreuungskonzept).

Durch die Planung soll eine höhere Effizienz des menschlichen Handelns und des Einsatzes knapper Mittel gewährleistet werden. Damit soll das Risiko von Fehlentscheidungen gemindert und die Erfolgswahrscheinlichkeit, gesetzte Ziele zu erreichen, vergrößert werden.

Grundbegriffe

In der Literatur werden sehr unterschiedliche Planungsbegriffe verwendet. Besonders aussagefähig ist der von Schweitzer definierte Planungsbegriff:

Planung ist nach Schweitzer ein geordneter informationsverarbeitender Prozeß zur Erstellung eines Entwurfs, welcher Größen für das Erreichen vorgegebener Ziele vorausschauend festlegt.

Eine andere statische Definition lautet:

Planung legt fest, was sein soll unter den gegebenen Bedingungen und aufgrund festzulegender Bedingungen.

Bei dieser Definition wird zugleich auch der Unterschied zur Prognose deutlich. Im Gegensatz zur Planung hat die *Prognose* zum Ziel, Aussagen zu treffen, was wahrscheinlich *sein wird*.

Bei den bisherigen Definitionen wurde Planung im umfassenden Sinne verstanden. Im sozialen Bereich wird vielfach der Begriff Wirtschaftsplanung verwendet.

Wirtschaftsplanung wird dabei weitgehend als Gesamtplanung des wirtschaftlichen Aspekts einer Einrichtung verstanden (im engeren Sinne meint man damit die Aufwands- und Ertragsplanung).

Das hauptsächliche Ziel dieses Buches ist es, auf die Wirtschaftsplanung im wirtschaftlichen Bereich von sozialen Einrichtungen einzugehen.

Zweifellos bestehen gegenseitige Einflüsse und Abhängigkeiten zwischen den einzelnen Planungsgebieten einer Einrichtung.

Zum Beispiel hat die Planung im Bereich Betreuung zum großen Teil Einfluß auf die Planung im wirtschaftlichen Bereich.

7

Die folgenden Abschnitte haben die Wirtschaftsplanung zum Gegenstand, auch wenn nicht immer in diesen Begriffen gesprochen wird, da ein Großteil der Aussagen auch für andere Planungsgebiete Gültigkeit hat.

Häufig findet man innerhalb des Wirtschaftsplanes das Instrument des Budgets. Unter *Budget* wird dabei nach Wild die Vorgabe von Plangrößen (Soll-Ergebnissen) oder Zielen in Form von Geldwerten für einen Verantwortungsträger und eine Planungsperiode verstanden.

In jüngster Vergangenheit hört man in der wirtschaftlichen Praxis immer mehr den Begriff des Controlling. *Controlling* ist ein Instrument der Unternehmenssteuerung zur Erreichung der geplanten unternehmerischen Zielsetzung. Planung ist ein Bestandteil des Controlling.

Merkmale der Planung

Planung ist in Anlehnung an Wild durch folgende Merkmale gekennzeichnet.

– Zukunftsbezogenheit

Da die Planung vor der Realisation liegt, besteht das Problem der unsicheren und umfassenden Information.

– Systematik

Die Planung stellt einen rationalen Prozeß dar. Zielgerichtetes Denken und methodisches Vorgehen kennzeichnen gute Planungsarbeit, im Gegensatz zu intuitivem Handeln und Ad-hoc Entscheidungen.

– Informationsverarbeitungsprozeß

Informationen werden gewonnen und verarbeitet, dadurch entstehen neue Kenntnisse. Zum Teil besteht die Meinung, daß der Verarbeitungsprozeß die eigentliche Hauptaufgabe der Planung sei.

– Gestaltungsfunktion

Durch den Prozeß der Informationsverarbeitung werden die Bedingungen neu überdacht und eventuell neu festgelegt.

– Teilfunktion Regelkreis

Ohne Planung wäre eine Steuerung des betrieblichen Geschehens nicht effektiv, da die Planung als Grundlage zur Kontrolle fehlen würde.

Bestandteile der Planung

Ein Plan kommt durch das Zusammenwirken verschiedener Elemente (Teile) zustande (siehe Wild, Grundlagen, Seite 14).

Diese Elemente lassen sich mit Fragen darstellen:

- Welche Ziele werden verfolgt?   (Ziele)
- Wie sehen die Randbedingungen aus?   (Prämissen)
- Welche Probleme sind zu lösen?   (Probleme)
- Welche Maßnahmen sind zu ergreifen?   (Maßnahmen)
- Welche Mittel stehen zur Verfügung?   (Mittel)
- Zu welchem Zeitpunkt, in welchem Zeitraum?   (Termine)
- Wer ist beteiligt?   (Personen)
- Wie ist das Ergebnis zu beurteilen?   (Ergebnis)

Einbindung in einen Regelkreis

Eine Betrachtung der Bestandteile führt unweigerlich zum Schluß, die Planung nicht als einmaligen Vorgang zu begreifen, sondern als kontinuierlichen Prozeß im Sinne des Regelkreises: man muß laufend Planung und Realität vergleichen und eventuell Korrekturen durchführen. Dies gilt sowohl in zeitlicher als auch in sachlicher Hinsicht (zum Beispiel Abhängigkeit von Teilplänen, rollierende Planungssysteme).
Dabei ist die Art und Weise wie der Planungsprozeß abläuft, vom Planungssystem abhängig. Das Planungssystem wiederum ist bestimmt durch das Vorhandensein der tatsächlichen Gegebenheiten, der Ziele und der sonstigen Anforderungen der Entscheidungsträger.

A. Grundlagen der Sozialwirtschaft

Martin Beck

1. Vom Asyl zum sozialwirtschaftlichen Unternehmen

1.1 Die Anfänge sozialer Arbeit

Bei der historischen Entwicklung der sozialen Arbeit im weitesten Sinne spielten von den Anfängen bis heute die christlichen Kirchen eine wichtige Rolle. Sie gründeten ihre Arbeit auf ganz praktischen Handlungsanweisungen, die sie den Büchern der Bibel entnahmen, vor allem dem Alten, aber auch Fundstellen im Neuen Testament.

Dabei stellte sich schon in den frühesten Anfängen christlicher Urgemeinden heraus, daß soziale Arbeit nicht unbegrenzt von ehrenamtlichen Kräften getan werden kann.

Mit Gründung der „Reichskirche" im Römischen Reich ab dem 4. Jahrhundert übernahm die Staatskirche als größte nichtstaatliche Institution viele soziale Aufgaben. Spitäler wurden gegründet, Asyle eingerichtet, Armenfürsorge wurde praktiziert. Dabei spielten vor allem die Klöster und Ordensgemeinschaften eine wichtige Rolle.

Später übernahmen die erstarkenden Städte gewisse Sozialaufgaben. Der Adel und die wohlhabenden Angehörigen der Handwerkszünfte und Kaufmannsgilden übten persönliche und organisierte Wohltätigkeit.

Viele der im Mittelalter geschaffenen Einrichtungen haben bis in unsere Zeit überdauert. Ein eindrucksvolles Beispiel dafür sind die in vielen deutschen Städten bis heute bestehenden Stiftungen „Hospital zum Heiligen Geist", die ursprünglich die Trägerschaft von Spitälern, Armenhäusern und Pflegeanstalten übernahmen. Diese anfangs kirchlichen Stiftungen gingen später oftmals in die Hand der Kommunen über. Sie blieben aber bis heute als selbständige Rechtspersonen und Vermögensmassen erhalten, die zum Teil immer noch soziale Aufgaben übernehmen und tragen.

Die Finanzierung der sozialen Arbeit fußte vor allem auf wohltätigen Zuwendungen, Stiftungen und Pfründen, ergänzt durch finanzielle Beiträge der Städte und der Kirche (Armenkasten).

1.2 Das 18. und 19. Jahrhundert

1.2.1 Anstöße

Im achtzehnten und neunzehnten Jahrhundert führten verschiedene Anstöße zu einer wahren Gründungswelle von sozialen Institutionen, von denen viele heute noch ihre Arbeit tun. Diese Anstöße waren vor allem:

Die Aufklärung

Gesellschaftliche und individuelle Verhältnisse und Notlagen wurden in einem neuen Licht gesehen und nicht mehr nur als gottgegebenes Schicksal hingenommen. Der Anspruch des Menschen, zu denken, führte zu Konsequenzen auf sozialem Gebiet, sowohl im öffentlich-staatlichen Bereich als auch durch Gründung freier sozialer Initiativen.

Der Pietismus

Der Pietismus trat innerhalb der auf eine reine Lehre reduzierten und erstarrten evangelischen Kirche für einen persönlichen, durch eine glaubwürdige Lebenspraxis untermauerten Glauben ein. Daraus entstanden im protestantischen deutschsprachigen Raum unzählige soziale („diakonische") Einrichtungen. Geografische Schwerpunkte waren die Nordschweiz, Baden und Württemberg, Sachsen und Thüringen. Heute noch geachtete Gründerpersönlichkeiten waren zum Beispiel Friedrich Oberlin im Elsaß, Friedrich von Bodelschwingh in Westfalen, Heinrich Zeller in Württemberg und Baden.

Die Caritas-Bewegung

Innerhalb der katholischen Kirche kam die Caritas-Bewegung an vielen Orten zu neuem Leben, angeregt durch die Gedanken von Vinzenz von Paul in Frankreich. In Deutschland waren Persönlichkeiten wie Adolf Kolping in Köln und Bischof von Ketteler in Mainz besonders wirksam.

Notsituationen

Internationale Konflikte und Notstände mit ihren Folgen regten Menschen zu sozialen Aktivitäten an. Vor allem die durch Perfektionierung der Waffentechnik immer grausamer werdenden Kriege und die zu Tausenden in Mitteleuropa umherirrenden Kriegswaisen der Napoleonischen Kriege wirkten in dieser Weise. Sowohl das Rote Kreuz als auch viele „Rettungshäuser" der Diakonie entstanden aus diesen Impulsen.

Fortschritte der Wissenschaft

Neue Entwicklungen, besonders in der Medizin, machten auch neue Formen der Hilfe möglich. So wurde 1847 erstmals die bis dahin bestrittene Bildungsfähigkeit geistig Behinderter angenommen und in der Praxis erprobt. In speziell eingerichteten Anstalten bot man Personen individuelle Hilfe an, die bisher nicht im Blickfeld der Helfer gestanden hatten.

Soziale Mißstände

Soziale Problemstellungen wie die Altersunterbringung und -versorgung für Dienstboten oder der oft anzutreffende Pflegenotstand in bäuerlichen Familien führten zur Gründung von Dienstbotenasylen und Pflegeanstalten und von Schwesternschaften (zum Beispiel Diakonissen) für Gemeindekrankenpflege und Krankenhauspflege.

Ein interessantes Beispiel für die Reaktion auf erkannte soziale Probleme im 19. Jahrhundert ist in Württemberg die halbstaatliche „Zentralleitung des Wohltätigkeitsvereins", die aus einer relativ unabhängigen Position heraus die Aktivitäten freier Initiativen förderte und unterstützte.

Gesetzliche Regelungen

Erste Versuche der Gesetzgeber wurden unternommen, soziale Aufgaben zu ordnen. In der französischen Revolution wurden Gesetze zur Armenpflege erlassen. Das Preußische Landrecht (1794) regelte erstmals die gesetzliche Zwangsarmenpflege und verpflichtete die Heimatgemeinden zur subsidiären Armenpflege. Die finanziellen Mittel schöpften die Gemeinden überwiegend aus den Erträgen mildtätiger Stiftungen.

1.2.2 Verbandsstrukturen bilden sich

Nach der ersten Gründungswelle von sozialen Institutionen im 19. Jahrhundert bildeten sich die Strukturen der künftigen Spitzenverbände der freien Wohlfahrtspflege heraus:

– Schon 1848/49 wurde auf Anregung von Johann Hinrich Wichern der Centralausschuß der Inneren Mission, der Vorläufer des heutigen Diakonischen Werkes, gegründet.
– Im Jahre 1869 entstand das Deutsche Rote Kreuz
– 1897 wurde der Deutsche Caritasverband gegründet
– 1917 bildete sich die Zentralwohlfahrtsstelle der Deutschen Juden
– 1919 entstand der Hauptausschuß für Arbeiterwohlfahrt
– 1920/24 wurde der „fünfte Wohlfahrtsverband" gegründet, der heute als Deutscher Paritätischer Wohlfahrtsverband (DPWV) arbeitet
– 1921 begann die Reichsgemeinschaft von Hauptverbänden der freien Wohlfahrtsverbände ihre Arbeit, die heute in der Bundesarbeitsgemeinschaft der freien Wohlfahrtspflege (BAG) fortlebt.

1.2.3 Wirtschaftliche und finanzielle Grundlagen im 19. Jahrhundert

Bis in das zwanzigste Jahrhundert hinein konnten sich die sozialen Institutionen selten auf eine gesicherte finanzielle Grundlage stützen. Mit der Einführung der kommunalen Selbstverwaltung durch die Preußische Städteordnung (1808) und entsprechende Gesetze anderer

Länder wurden allgemeine Regeln für die Armenfürsorge festgelegt. Sie standen im Zusammenhang mit dem Recht auf Freizügigkeit und dem Aufenthaltsrecht. Die öffentlichen Kostenbeiträge (in der Regel von der Wohn- oder der Heimatgemeinde aufzubringen) bildeten aber keine ausreichende und verläßliche wirtschaftliche Existenzsicherung, wie dies heutige Pflegesätze tun.

Spenden, großherzige Stiftungen und – nicht zuletzt – Eigenleistungen der Anstaltsbewohner und der Mitarbeiterschaft, wie zum Beispiel Erträge der Werkstätten und der landwirtschaftlichen Betriebe, waren Haupteinnahmequellen der Anstalten.

Die Gründerpersonen gingen aus grundsätzlichen humanitären oder christlichen Erwägungen heraus ganz bewußt finanzielle Risiken ein. Sie hatten aber andererseits keine Berührungsängste gegenüber den Aktivitäten und den Finanzen der öffentlichen Hände, der regierenden Fürstenhäuser und einzelner Mäzene und nahmen deren oft sehr aktive Hilfe zur Förderung ihrer Arbeit an.

Bei der Analyse der Kosten von Anstalten des 19. Jahrhunderts (siehe Abbildung 1) fällt auf, daß die Lebenshaltungskosten einen sehr hohen Anteil an den Gesamtkosten ausmachten, während die Personalkosten im Vergleich zu heute unwesentlich waren. Dies ist hauptsächlich darauf zurückzuführen, daß weder tariflich abgesicherte noch überhaupt rechtlich verbindliche regelmäßige Einkünfte an die Mitarbeiterschaft bezahlt werden konnten.

1.3 Der Sozialstaat entsteht

Die rechtlichen Grundlagen dessen, was wir heute den Sozialstaat nennen, wurden im neugegründeten Deutschen Reich nach 1871 durch die Bismarckschen Sozialgesetze gelegt. Das Reich hatte erkannt, daß einige soziale Notstände nur durch staatlichen Eingriff behoben werden konnten, und wollte zugleich der erstarkenden Arbeiterbewegung durch Verbesserung der sozialen Sicherung entgegenwirken.

In dichter Folge wurden große Gesetzeswerke und die dazugehörigen Institutionen geschaffen: die Krankenversicherung der Arbeiter (1883), das Unfallversicherungsgesetz (1884) und das Gesetz über die Invaliditäts- und Altersversicherung (1889). In der heute noch gültigen Reichsversicherungsordnung (RVO) von 1911 wurden die Grundlagen der sozialen Sicherung zusammengefaßt. Im gleichen Jahr entstand auch das Gesetz über die Angestelltenversicherung.

In der Weimarer Republik wurden die Anfänge der Sozialgesetzgebung fortgesetzt und ergänzt. Das Reichsjugendwohlfahrtsgesetz (1922), die im Rahmen der Ermächtigungsgesetze erlassene Reichsfürsorgepflichtverordnung (1923) und das Gesetz über die Arbeitslosenversicherung (1927) schlossen einige Lücken und führten bisherige Einzelordnungen zusammen. Gleichzeitig wurden die Rollen und Aufgaben der sechs Wohlfahrtsverbände geklärt und gefestigt (siehe 1.2.2). Somit wurde der Rahmen des heutigen Sozialstaates weitgehend in der Weimarer Republik geschaffen.

20

In der Weimarer Verfassung, vor allem in Artikel 137, der das Recht zur selbständigen Ordnung ihrer Angelegenheiten regelt, und in Artikel 138 (2), der die Träger der kirchlichen Wohlfahrtseinrichtungen ausdrücklich erwähnt, wurden die Rechte der Kirchen und ihrer Wohlfahrtseinrichtungen festgeschrieben; auf diesen Normen, die in Artikel 140 des Grundgesetzes der Bundesrepublik Deutschland ausdrücklich aufgenommen werden, beruht bis heute die Rechtsstellung der Religionsgemeinschaften.

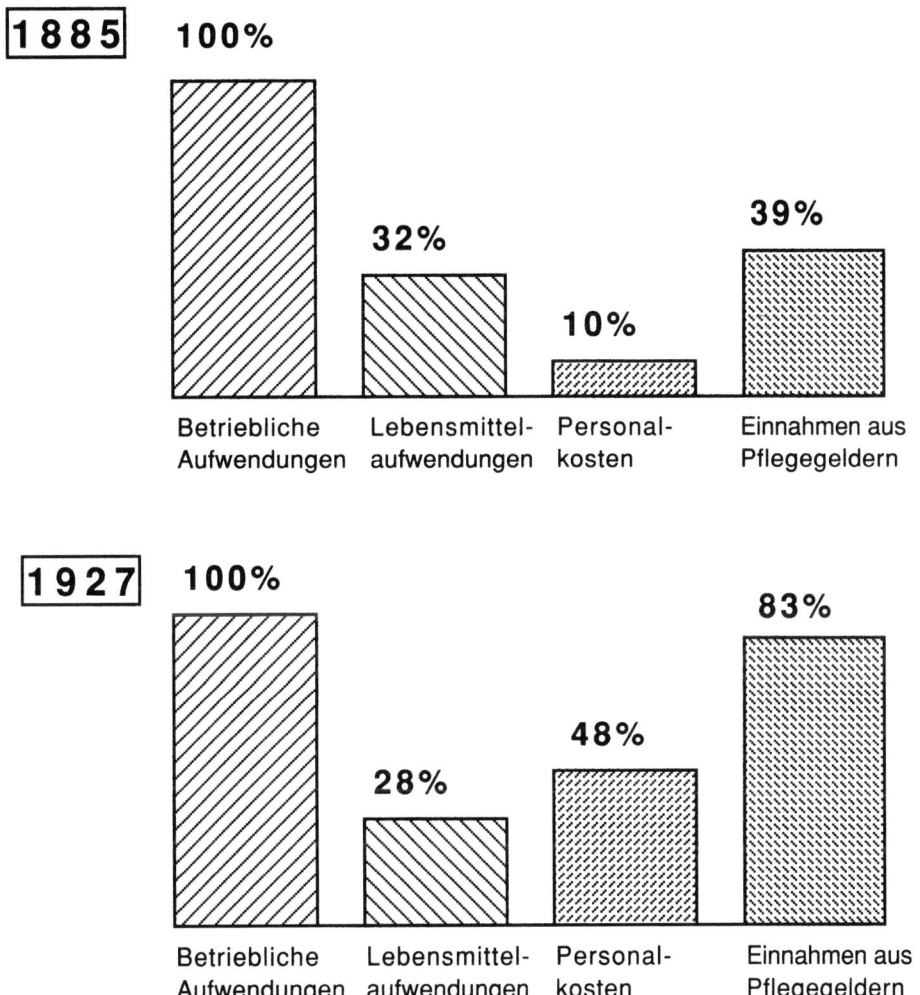

Abbildung 1: Entwicklung der Kostenstruktur in einer komplexen
Sozialeinrichtung
Quelle: Erhebung des Verfassers

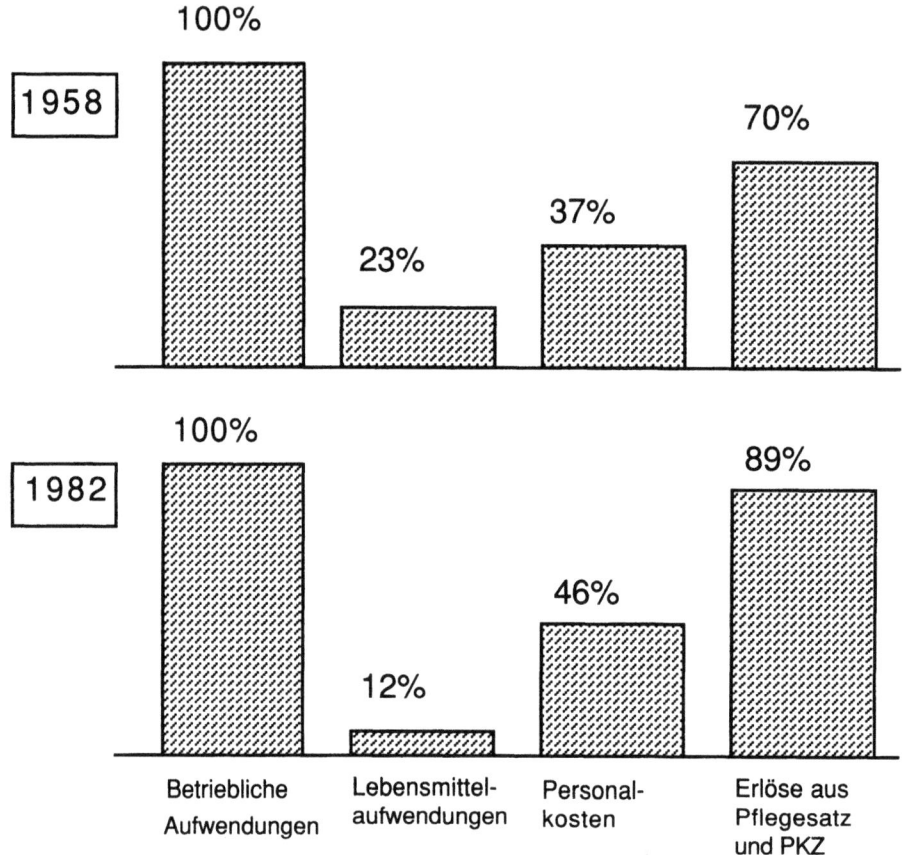

Abbildung 1: Entwicklung der Kostenstruktur in einer komplexen
Sozialeinrichtung
Quelle: Erhebung des Verfassers

Viele der in den zwanziger Jahren entstandenen Regelungen und Rechte wurden nach 1933 wieder außer Kraft gesetzt; die Einrichtungen und Verbände wurden durch die Organisationen des Nationalsozialismus zerschlagen, gleichgeschaltet, enteignet oder an ihrer Tätigkeit gehindert. 1933 entstand eine „Arbeitsgemeinschaft der freien Wohlfahrtspflege", die eine Ausübung der bisherigen Tätigkeit der Verbände von Staats wegen zentralisierte und steuerte.

1.4 Sozialwirtschaft in der Bundesrepublik Deutschland

Mit Beendigung des zweiten Weltkrieges konnten auch in der Wohlfahrtspflege viele Fäden wieder aufgenommen werden, die nach 1933 gewaltsam abgeschnitten worden waren. Insbesondere die Kirchen, deren Organisationen einigermaßen unbeschädigt erhalten geblieben waren, unternahmen große Anstrengungen, die Not der Ausgebombten, der Heimatlosen und der Verlorengegangenen zu lindern. Mit dem Wiederbeginn von geordneter Verwaltung und demokratischer Gesetzgebung nach Gründung der Bundesrepublik Deutschland konnten auch die Bemühungen der Weimarer Zeit wieder fortgesetzt werden, mit Sozialgesetzen den Sozialstaat auszubauen und angemessene Sicherungswerke zu errichten.

Heute wird die soziale Arbeit in der Bundesrepublik von den Spitzenverbänden der Freien Wohlfahrtspflege und ihren Mitgliedseinrichtungen, von den öffentlichen Trägern der Sozialhilfe und – auf manchen Gebieten wie etwa der Altenpflege und des Krankenhauswesens – auch in nennenswertem Umfang von privat-gewerblichen Trägern geleistet.

1.4.1 Die Spitzenverbände der Freien Wohlfahrtspflege

Die Verbände der Freien Wohlfahrtspflege konnten nach dem zweiten Weltkrieg rasch ihre Arbeit wieder aufnehmen. Heute sind der Caritasverband, das Diakonische Werk, der Deutsche Paritätische Wohlfahrtsverband (DPWV), die Zentralwohlfahrtsstelle der Juden, die Arbeiterwohlfahrt und das Deutsche Rote Kreuz mit ihren Mitgliedseinrichtungen und Regionalverbänden auf Bundes-, Landes- und Kreisebene anerkannte und gesuchte Gesprächspartner für alle Fragen sozialer Hilfe.

Die ersten Jahre des Wiederaufbaus waren vor allem geprägt durch materielle Hilfe und Linderung größter existentieller Not. Im Laufe der Jahre verfeinerten sich die Bedürfnisse. Die Verbände übernahmen aus eigener Initiative immer neue Aufgaben und wurden von Öffentlichkeit, Gesetzgebern und öffentlichen Sozialpartnern ebenfalls in neue Aufgabenfelder gedrängt.

Heute verfügen die fünf großen Verbände über dichte, differenzierte und flächendeckende Netze von Hilfesystemen. Sie bieten Dienste für Alte und Junge, für geistig und körperlich Behinderte, für Benachteiligte, Kranke und Arme, für seelisch Behinderte und für Arbeitslose an. Diese Dienste werden in stationären Einrichtungen (Heimen, Anstalten), in teilstationären Einrichtungen (Wohnheime, Werkstätten, Schulen) und in offenen oder ambulanten Einrichtungen (Beratungsstellen, Sozialstationen) geleistet.

Die Verbände haben aus unterschiedlichen Ausgangspositionen heraus erstaunliche und kaum noch übersehbare Größenordnungen erreicht. Sowohl von der Zahl der Mitgliedseinrichtungen als auch von der Zahl der Mitarbeiter der Verbände her sind sie mit Organisationen des Staates oder der Wirtschaft ohne weiteres zu vergleichen. Zwei Übersichten sollen dies illustrieren:

Mitgliederzahlen (Einrichtungen) auf Bundesebene, 1985		
Verband	absolute Anzahl	in %
Caritasverband	14 334	37,3
Diakonisches Werk	13 792	35,9
DPWV und Zentralstelle der Juden	6 620	17,2
Arbeiterwohlfahrt	3 084	8,0
Deutsches Rotes Kreuz	593	1,6
Summe	38 423	

Mitarbeiterzahlen (hauptamtlich) auf Bundesebene, 1985		
Verband	absolute Zahl	in %
Caritasverband	319 646	37,6
Diakonisches Werk	289 508	34,0
DPWV/Zentralstelle	160 924	18,9
Deutsches Rotes Kreuz	45 748	5,4
Arbeiterwohlfahrt	35 174	4,1
Summe	851 000	

Quelle: Veröffentlichung der Berufsgenossenschaft für Gesundheitsdienst und Wohlfahrtspflege über die sechste Amtsperiode der Selbstverwaltungsorgane 1980-1986

Die Bundesarbeitsgemeinschaft der Freien Wohlfahrtspflege (BAG) nennt in ihrer Veröffentlichung „Die Spitzenverbände der Freien Wohlfahrtspflege – Aufgaben und Finanzierung" abweichende Zahlen. Es ist zu vermuten, daß die starken Differenzen aufgrund von Definitionsunterschieden zustande kommen. Die BAG nennt für 1984 die folgenden Größenordnungen:

- hauptamtliche Vollzeit- und Teilzeitbeschäftigte   656 484
- Zahl der Einrichtungen   60 517
- Zahl der Betten und Plätze   2 437 541

Merkmale der Spitzenverbände

Die besonderen Merkmale der Spitzenverbände der Freien Wohlfahrtspflege lassen sich folgendermaßen zusammenfassen:

- bundesweite, flächendeckende Präsenz
- Aktivitäten auf allen Arbeitsfeldern der Wohlfahrtspflege
- Organisatorische Verknüpfung mit den regionalen Untergliederungen
- Gewähr für kontinuierliche, fachbezogene und korrekte Arbeitsweise

Aufgabenstellung der Spitzenverbände

Die Aufgabenstellungen der Spitzenverbände ergeben sich besonders aus Geschichte und Selbstverständnis des Einzelverbandes, aber auch aus den Grundgedanken verschiedener sozialgesetzlicher Regelungen, die zu den Fragen der Selbständigkeit und der finanziellen Förderung freier Träger grundlegende Spielregeln definieren.

Als konkrete Aufgaben lassen sich nennen:
- Ordnungsfunktion und verbandsinterne Organisation der Willensbildung
- Öffentlichkeitsarbeit
- Beratung der regionalen Gliederungen und Unterorganisationen
- fachliche, konzeptionelle und verbandspolitische Weiterentwicklung
- politische Arbeit, insbesondere bei Gesetzgebungsverfahren
- Zusammenarbeit mit öffentlichen Trägern der Sozialarbeit

Eine wichtige Grundlage der Arbeit der freien Wohlfahrtspflege ist das sogenannte Subsidiaritätsprinzip; dieses fordert, daß die öffentlichen Sozialhilfeträger in erster Linie vorhandene Angebote der freien Träger fördern und unterstützen sollen. Nur wo solche Angebote nicht oder nicht in ausreichender Zahl verfügbar sind, sollen die öffentlichen Träger selber Angebote machen.*Aufgabenstellung der Spitzenverbände*

Die Aufgabenstellungen der Spitzenverbände ergeben sich besonders aus Geschichte und Selbstverständnis des Einzelverbandes, aber auch aus den Grundgedanken verschiedener sozialgesetzlicher Regelungen, die zu den Fragen der Selbständigkeit und der finanziellen Förderung freier Träger grundlegende Spielregeln definieren.

Als konkrete Aufgaben lassen sich nennen:
- Ordnungsfunktion und verbandsinterne Organisation der Willensbildung
- Öffentlichkeitsarbeit
- Beratung der regionalen Gliederungen und Unterorganisationen
- fachliche, konzeptionelle und verbandspolitische Weiterentwicklung
- politische Arbeit, insbesondere bei Gesetzgebungsverfahren
- Zusammenarbeit mit öffentlichen Trägern der Sozialarbeit

Eine wichtige Grundlage der Arbeit der freien Wohlfahrtspflege ist das sogenannte Subsidiaritätsprinzip; dieses fordert, daß die öffentlichen Sozialhilfeträger in erster Linie vorhandene Angebote der freien Träger fördern und unterstützen sollen. Nur wo solche Angebote nicht oder nicht in ausreichender Zahl verfügbar sind, sollen die öffentlichen Träger selber Angebote machen.

Organisationsstrukturen der Spitzenverbände

Alle Spitzenverbände der Freien Wohlfahrtspflege sind als Bundesverbände organisiert, um ihre Vertretung gegenüber Bundesregierung, Bundestag und Bundesrat wahrnehmen zu können. Sie arbeiten in der Bundesarbeitsgemeinschaft der Freien Wohlfahrtspflege (BAG) zusammen.

Auf der Ebene der Bundesländer sind die Spitzenverbände durch Landesverbände vertreten; in einigen Bundesländern sind die Verbände noch nach den früheren Landesgrenzen organisiert (zum Beispiel Württemberg, Baden, Rheinland, Westfalen). Sie vertreten ihre Interessen gegenüber Landesregierung, Parlament und Kommunalverbänden auf der Ebene einer Landesarbeitsgemeinschaft (LAG) oder Liga der Freien Wohlfahrtspflege.

Parallel zum föderalistischen Aufbau der Verbandsstrukturen verlaufen auch die Willensbildungsprozesse. Bundeszentrale Entscheidungen sind nur dort angezeigt, wo bundesgesetzliche Regelungen in Frage stehen oder aber Grundsatzfragen von länderübergreifender Bedeutung berührt sind. Die meisten Entscheidungen fallen auf Bundesländerebene, wo auch die Tagespraxis der sozialen Arbeit durch Länderregelungen beeinflußt sind. Dies führt dazu, daß die regionalen Interessen ausreichend gewürdigt werden. Rasche, unbürokratische Entscheidungen sind in den meisten Verbänden aufgrund der föderalen Struktur nur auf wenigen Arbeitsgebieten oder in Ausnahmefällen möglich, zum Beispiel bei Nothilfemaßnahmen.

1.4.2 Sozialwirtschaft in der Sozialen Marktwirtschaft

Der Begriff „Sozialwirtschaft" ist im allgemeinen Sprachgebrauch und in der Volkswirtschaftslehre bisher nicht durchgängig akzeptiert. Dies mag – neben der verständlichen Zeitverzögerung bei der Durchsetzung neuer Begrifflichkeiten – auch von einer Hemmung gegenüber dem Begriff „Wirtschaft" für soziale Einrichtungen herrühren. Viele Beobachter haben ein romantisches Bild von der sozialen Einrichtung, das mit der nüchternen und überwiegend von wirtschaftlich-politischen Gesichtspunkten bestimmten Wirklichkeit nur noch wenig gemein hat.

Die Spitzenverbände der Freien Wohlfahrtspflege haben sich jedoch bereits 1970 für diesen Begriff entschieden, als sie ihre frühere „Hilfskasse Bankgesellschaft mbH" in „Bank für Sozialwirtschaft" (Köln) umbenannten.

Aus Sicht der Volkswirtschaft und ihres Trends von der Produktions- zur Dienstleistungsgesellschaft wäre die Verwendung von „Sozialwirtschaft" nur konsequent. Die Verbände und ihre – teils rechtlich selbständigen, teils in unselbständiger Form geführten – Einrichtungen sind in der Tat Unternehmungen, die sich von Unternehmen der freien Wirtschaft weniger durch Strukturen und Arbeitsweisen als durch die Art der Unternehmensziele unterscheiden. Auf die Aspekte der Definition des Unternehmensbegriffs wird in A 1.5 näher eingegangen.

1.4.3 Aufgaben und Selbstverständnis der freigemeinnützigen Einrichtungen

Die Einrichtungen, Heime, Krankenhäuser, Anstalten, Stationen der freien Wohlfahrtspflege werden oft auch als „freigemeinnützige Einrichtungen" bezeichnet. Sie haben in den vergangenen zwei Jahrzehnten eine stürmische Entwicklung durchgemacht, die unverwischbare Spuren hinterlassen hat. Ihre Merkmale lassen sich auf die folgenden Stichworte konzentrieren:

26

- Trotz aller Traditionen haben sich die meisten Einrichtungen zu Dienstleistungsunternehmen entwickelt; sie bieten hochwertige soziale Dienste an, für die am Markt (zum Beispiel für die Dienstleistung „stationäre Altenpflege") bis zu fünftausend Mark und mehr pro Monat bezahlt werden.
- Sie beschäftigen Dutzende, Hunderte oder gar Tausende von Mitarbeitern, verwalten Millionenetats und sind an vielen Orten die wichtigsten Arbeitgeber.
- Sie fordern von ihren Führungskräften unternehmerische, kaufmännisch orientierte Verhaltensweisen bei gleichzeitiger enger Verknüpfung mit öffentlichen Haushaltsregeln.
- Sie haben sich – aller modernen Methoden und Aufgabenstellungen zum Trotz – oft noch die Rechtsform und Organisationsstruktur der Gründerzeit erhalten und leiden unter dem inneren Widerspruch zwischen Tradition und Gegenwart.
- Sie praktizieren häufig noch die strikte Trennung zwischen ehrenamtlich ausgeübten Leitungs- und Aufsichtsfunktionen des Trägers und hauptamtlich beschäftigten Leitungspersonen für die Einrichtungen.
- Sie haben in vielen Fällen ihre Rolle als sozialwirtschaftliches Unternehmen zwar übernommen, finden aber schwer zu angemessenen und auf Erfolg oder Mißerfolg überprüfbaren Unternehmenszielen.

1.4.4 Systeme der Finanzierung der Arbeit (Pflegesätze, Zuschüsse)

Die Finanzierung der Arbeit der freigemeinnützigen Einrichtungen erfolgt aus verschiedenen Quellen, die auf unterschiedlichen Rechtsgrundlagen und Aufgabenzuteilungen im sozialen Feld beruhen.

Pflegesätze nach der Bundespflegesatzverordnung (BPflVO)

Bundeseinheitlich nach gleichen Regeln sind die Bereiche finanziert, die im weitesten Sinn dem Krankenhausbereich zuzuordnen sind und den Regeln der Bundespflegesatzverordnung unterliegen. Diese Aussage gilt jedoch nur für den Bereich der Betriebskosten, also der Pflegesätze, während die Investitionsfinanzierung seit 1986 ausschließlich Ländersache ist.

Pflegesätze nach Länderregeln

Für jedes Bundesland gelten Pflegesatzvereinbarungen für die Berechnung der Kosten im Bereich der stationären und teilstationären Einrichtungen. Diese Vereinbarungen sehen sehr verschiedenartige Beteiligungsformen vor, basieren auf unterschiedlichen wirtschaftlichen Anschauungen und führen zu sehr unterschiedlichen Pflegesatz-Ergebnissen. So haben sich zum Beispiel die länderspezifischen Regelungen für die sogenannten Personalschlüssel, also das Verhältnis von Betreuten zu Betreuern, auf einigen Gebieten weit auseinander entwickelt und machen einen objektiven Vergleich schwer.

Zuschüsse

Im Feld der Zuschüsse für Betrieb oder Investition gelten, je nach Aufgabenstellung, sowohl die Haushalts- und Verwendungsregeln des Bundes und der Bundesanstalt für Arbeit als auch der Länder, der Kommunalen Landesverbände und der Landkreise und Städte. Ergänzt werden diese Zuschußsysteme durch Angebote der Lotterien und Aktionen wie Sorgenkind, Glücksspirale, Stiftung Jugendmarke.

Aufgaben mit Zuschußfinanzierungen sind in aller Regel schwer kontinuierlich zu führen, weil die Zuschußgeber nur kurzfristige Verpflichtungen eingehen. Deshalb kommt – in Zukunft vielleicht wieder stärker als in der Vergangenheit – der Eigenfinanzierung durch Vermögenserträge und Spenden eine größere Bedeutung zu.

Beiträge der Benutzer

Finanzielle anteilige Kostenbeiträge der Abnehmer von Leistungen sind in der Krankenhilfe üblich und zum Teil auch in der Altenhilfe (Selbstzahler) eingeführt. Bei Leistungen für Zielgruppen, die sozial, finanziell oder familiär gefährdet sind, können naturgemäß keine Beiträge erhoben werden. Die Leistungen der sozialen Beratungsdienste sind generell kostenfrei.

Kostendeckende Beiträge der Nutzer von sozialen Dienstleistungen sind am gebräuchlichsten in der Altenhilfe, wo bis zu 50 Prozent der Heimbewohner die Pflegesätze aus eigenem Einkommen oder Vermögen aufbringen.

Anteilige Kostenbeiträge sind auch üblich bei der Inanspruchnahme pflegerischer Leistungen der Sozialstationen, bei Essenszubringerdiensten und bei hauswirtschaftlichen Diensten der Haus- und Familienpflege und Nachbarschaftshilfen.

Mehr symbolischen Charakter haben die Eigenbeiträge der Patienten bei Krankenhausleistungen. Sie wurden als Beitrag zur Kostendämpfung im Gesundheitswesen ausgedacht und angeordnet; ob dieser Effekt allerdings erreicht wird, darf bezweifelt werden.

Spenden

Das Finanzierungsmittel Spenden hat – je nach Arbeitsform und Finanzierungsart – eine sehr unterschiedliche Bedeutung. In Aufgabenfeldern, die vorwiegend durch Pflegesätze finanziert werden, ermöglichen Spendenmittel vor allem solche Dinge, die der Hauptkostenträger nicht oder nicht ausreichend anerkennt. In kirchlichen Einrichtungen zählen dazu zum Beispiel die Kosten der Seelsorge und die Einrichtung von Gottesdiensträumen. Aus fachlichen Gründen können Spendengelder zur Aufstockung dringend erforderlichen aber im Pflegesatz nicht ausreichend anerkannten Fachpersonals eingesetzt werden. Dabei ist allerdings auf das Risiko der eingegangenen langfristigen Vertragsverpflichtungen gegenüber Mitarbeitern und die kurzfristigen, nicht berechenbaren Spendeneingänge zu achten.

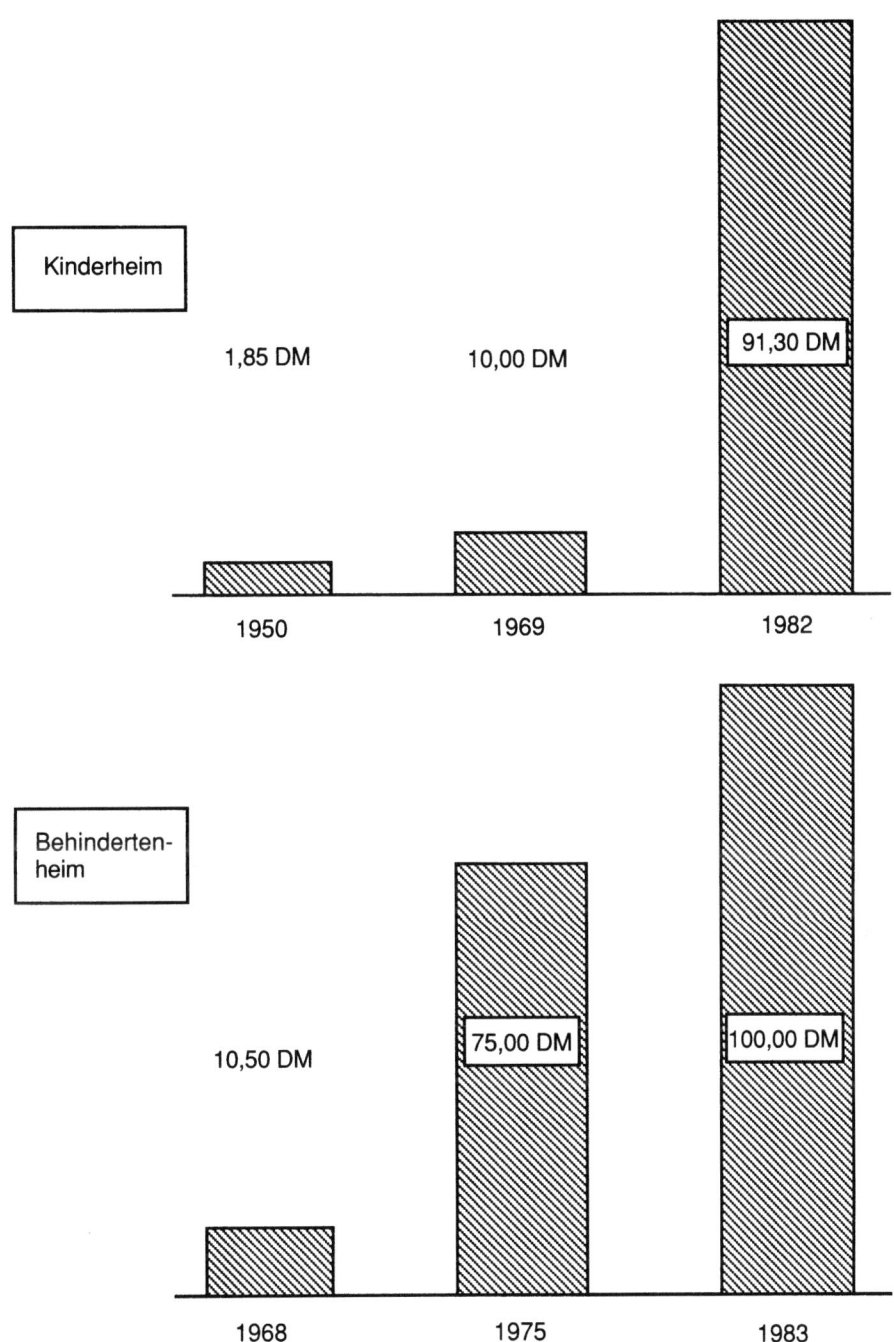

Abbildung 2: Entwicklung von Pflegesätzen
             (Quelle: Untersuchungen des Verfassers)

Pflegesatz eines Altenheimes

Kosten pro Tag

$$60,- DM$$

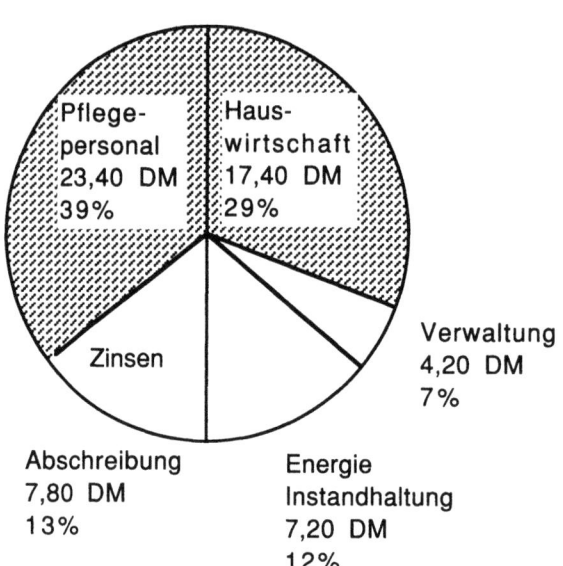

Pflege-
personal
23,40 DM
39%

Haus-
wirtschaft
17,40 DM
29%

Zinsen

Verwaltung
4,20 DM
7%

Abschreibung
7,80 DM
13%

Energie
Instandhaltung
7,20 DM
12%

Pflegesatz eines Jugendheimes

Kosten pro Tag

$$95,- DM$$

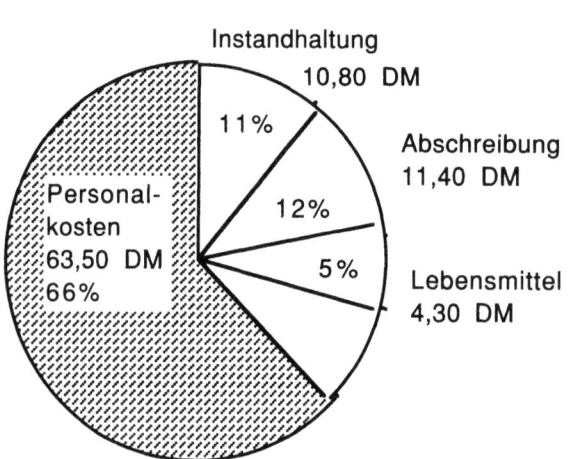

Instandhaltung
10,80 DM

11%

Abschreibung
11,40 DM

Personal-
kosten
63,50 DM
66%

12%

5%

Lebensmittel
4,30 DM

Abbildung 3: Kostenbestandteile von Pflegesätzen
(Quelle: Untersuchungen des Verfassers)

Zuschußabhängige oder auf ungesicherter Rechtslage finanzierte Aufgaben sind auf Spenden angewiesen, um überleben zu können. Sie kommen häufig nicht umhin, auch die Kosten von unbefristet angestelltem Personal zumindest teilweise mit Spendengeldern zu finanzieren. Spendenaufrufe werden dann zielgerichtet auch auf Personalkosten ausgeschrieben. Die Finanzierung von Personalkosten aus unsicheren Spendenaufkommen ist allerdings nicht unproblematisch.

Vermögenserträge

Die Verwendung von Vermögenserträgen zur Finanzierung sozialer Aufgaben hat vor allem bei gemeinnützigen Stiftungen mit entsprechenden Vermögensmassen eine lange Tradition. Da sie kraft Satzung verpflichtet sind, das gestiftete Vermögen zu erhalten oder gar zu mehren, können sie nur auf die Erträge des gut angelegten Vermögens als Finanzierungsmittel zurückgreifen.

Durch Erbschaften, Ansammlung von Überschüssen aus der Arbeit, Realisierung von Buchgewinnen bei der Veräußerung von Vermögensteilen wie zum Beispiel Grundstücken kann jede sozialwirtschaftliche Unternehmung in den Besitz eines anlagewürdigen Vermögens kommen. Versuche von Kostenträgern oder Teilen der Öffentlichkeit, das bloße Vorhandensein von Vermögensteilen zum Anlaß für Kritik oder gar Kürzungsversuchen bei Pflegesätzen zu nehmen, müssen aus grundsätzlichen verbands- und unternehmenspolitischen Gründen zurückgewiesen werden.

1.5 Das sozialwirtschaftliche Unternehmen

1.5.1 Grundfragen und Begriffe

Soziale Institutionen werden auch von kritischen Beobachtern gelegentlich mit romantischer Verklärung betrachtet. Dabei wird häufig übersehen, daß die ehemaligen Rettungshäuser und Anstalten in den vergangenen Jahrzehnten zu Dienstleistungsunternehmen von beachtlicher Leistungsfähigkeit und wirtschaftlicher Potenz herangewachsen sind.

Die Institutionen der Sozialwirtschaft nehmen heute sehr vielfältige Aufgaben wahr, die fachlich und geografisch stark gegliedert sein können. Dabei werden die Begriffe Heim, Anstalt, Einrichtung, Haus, Unternehmen, Träger, Betrieb, Verein, Stiftung, Gesellschaft unscharf und ungeordnet verwendet. Auch die Autoren dieses Buches verwenden unterschiedliche Begriffe. Um in eine vorherrschende Sprachverwirrung gewisse Ordnungsregeln einzubringen, werden die folgenden Definitionen vorgeschlagen:

Der Begriff „sozialwirtschaftliches Unternehmen"

Soziale Institutionen sind heute in aller Regel in privatrechtlicher Form organisiert und als gemeinnützig anerkannt. Sie sind in einem – wenn auch durch Gesetze oder Verordnungen regulierten – Markt tätig, der eigenen Gesetzen folgt; sie unterliegen wirtschaftlichen Gesetzmäßigkeiten, die sie zu Kosten-Nutzen-Überlegungen zwingen; sie sind in der Lage, Gewinne oder Verluste zu erwirtschaften; sie können Gewinne in Rücklagen einstellen und müssen Verluste gegen das Eigenkapital saldieren, und sie können schließlich auch Konkurs anmelden.

Aus diesen Gründen ist es heute durchaus denkbar, ganz allgemein von „sozialwirtschaftlichen Unternehmen" zu sprechen. Der Begriff des Unternehmens ist gleichzusetzen mit dem „Träger" oder „Rechtsträger" der Arbeit, der im Sozialbereich in aller Regel die Rechtsform des Vereins, der Stiftung oder der gemeinnützigen GmbH aufweist.

Dabei soll durchaus nicht vernachlässigt werden, daß die klassische Definition von „Unternehmung" nach Gutenberg neben den Prinzipien der Autonomie und der Alleinbestimmung auch das erwerbswirtschaftliche Prinzip umfaßt, das für sozialwirtschaftliche „Unternehmen" nicht als oberstes, sondern höchstenfalls als nachgeordnetes Unternehmensziel angenommen werden kann (zu den Unternehmenszielen siehe B 3.1).

Der Unternehmensbegriff wird derzeit auch – zwar fachfremd, aber durchaus als Beweismittel heranzuziehen – von Alfred Jäger im Zusammenhang des „diakonischen Unternehmens" und dessen Managementstrukturen verwendet.

Für soziale Einrichtungen in öffentlich-rechtlicher Trägerschaft als Teile von Körperschaften (zum Beispiel Städtisches Altenheim) oder als eigenständige Rechtspersonen (zum Beispiel Zweckverband Pflegeheim) gelten im Grundsatz die gleichen Bedingungen. Diese Einrichtungen unterliegen aber zum Teil gleichzeitig dem öffentlichen Haushaltsrecht, so daß betriebswirtschaftliche Prozesse nur bedingt ablaufen können oder aber durch fiskalische oder politische Eingriffe unterbrochen werden können.

Der Begriff „Träger"

Der Begriff des Trägers wird synonym zum Begriff des Unternehmens verwendet. Beide meinen die juristische Person, die als Betriebsträger, Bauträger, Maßnahmeträger für eine oder viele soziale Aufgabenstellungen dient. Der Träger bindet sie organisatorisch ein, stellt ihre Finanzierung sicher und übernimmt die fachliche und personelle Verantwortung für sie gegenüber den Auftraggebern.

Der Begriff „Einrichtung"

Der Begriff Einrichtung wird in der sozialen Praxis für sehr unterschiedliche Organisationseinheiten verwendet. Einerseits wird Einrichtung als Oberbegriff für alle Unternehmens- oder Betriebsformen verstanden („soziale Einrichtungen"), andererseits ist die Einrichtung der einzelne Betriebsteil, die Filiale, das ausgelagerte Heim. Als Einrichtungsleitung wird dementsprechend einerseits die oberste Geschäftsleitung bezeichnet, andererseits die Leitung eines einzelnen, rechtlich unselbständigen Heimes als Teil eines größeren Ganzen.

Der Begriff „Betrieb"

Die Verwendung des Begriffs Betrieb für soziale Institutionen ist in der Praxis selten anzutreffen. Er wird in der Haushaltswissenschaft für den Großhaushalt verwendet, der Dienstleistungen herstellt, der vorwiegend bedarfswirtschaftlich geführt wird oder dessen erwerbswirtschaftliche Ziele durch von außen auferlegte oder selbst gewählte Bindungen limitiert sind.

Der von Kosiol aufgestellten Definition, wonach Betriebe Sozialgebilde mit einheitlicher Planung sind, entsprechen soziale Institutionen ohne Einschränkung, sofern hier der Betrieb als selbständige Einheit im Sinne des Trägers oder des Unternehmens verstanden wird.

Das einzelne Heim oder Krankenhaus als Unternehmensteil oder unselbständige Filiale unter dem Dach eines Trägers würde diesen Definitionen des Betriebes nicht voll entsprechen. Dagegen weist der steuerrechtliche Begriff des „Zweckbetriebs", der in der Regel für Teile eines Unternehmensganzen verwendet wird, durchaus auch in diese Richtung.

Der Begriff „Großhaushalt"

Vom Großhaushalt ist vor allem aus der Sicht der Hauswirtschaft und der Haushaltswissenschaft die Rede. Er wird als Betrieb im Sinne von Kosiol verstanden, der Dienstleistungen, vorwiegend in personaler Form, liefert.

1.5.2 Rechtsformen sozialer Unternehmen und Einrichtungen

Die gebräuchlichsten Rechtsformen sozialwirtschaftlicher Unternehmen in privatrechtlicher und freigemeinnütziger Trägerschaft sind heute der Verein, die Stiftung und die Gesellschaft mit beschränkter Haftung (GmbH).

Der Verein

Der Verein ist die wohl am häufigsten anzutreffende Rechtsform. Er kann von mindestens sieben Gründungsmitgliedern ohne Stammkapital gegründet werden. Die Rechtsfähigkeit erlangt der Verein durch Eintragung in das Vereinsregister.

Die gesetzlichen Vorschriften über den Verein sind im Bürgerlichen Gesetzbuch (BGB) niedergelegt.

Die Stiftung

Die Stiftung ist – vor allem im Bereich der kirchlichen Wohlfahrt – eine traditionsreiche Rechtsform. Sie ist eine rechtsfähige Vermögensmasse ohne Gesellschafter oder Mitglieder. Die Rechtsfähigkeit erlangt die Stiftung durch die Errichtungsgenehmigung des Bundeslandes, in dem sie ihren Sitz hat.

Die Stiftung unterliegt der staatlichen Aufsicht, die bei kirchlichen Stiftungen durch das Stiftungsgesetz den Kirchen vorbehalten sein kann. Die Vorschriften über die Stiftung sind überwiegend im BGB und im Stiftungsgesetz niedergelegt.

Die (gemeinnützige) GmbH

Die GmbH als Rechtsform für soziale Institutionen hat an Bedeutung zugenommen. Sie kann durch einen einzelnen Gesellschafter mit einem Mindeststammkapital von derzeit 50.000 DM gegründet werden. Die Rechtsfähigkeit erlangt sie durch Eintragung ins Handelsregister.

Die GmbH ist Vollkaufmann gemäß GmbH-Gesetz und Handelsgesetzbuch (HGB) und als solche verpflichtet, einen Jahresabschluß aufzustellen und die Regeln über die Publizität von Kapitalgesellschaften zu beachten.

1.5.3 Strukturformen sozialer Unternehmen und Einrichtungen

Alle drei Rechtsformen unterliegen gewissen Grundvorschriften für die Gestaltung der Organisationsstruktur. Diese lassen jedoch genügend Gestaltungsraum für angemessene und zeitgemäße betriebliche Strukturen. Hier sollen deshalb nur wenige Hinweise auf solche Strukturformen gegeben werden:

Traditionelle Strukturformen

Viele Träger sozialer Arbeit sind in der Zeit von 1820 bis 1933 entstanden. Sie tragen in ihren Strukturen das Gepräge der damaligen Zeit. Während die Arbeit des Trägers in Heimen und Anstalten gewachsen ist und längst die Dimensionen mittelständischer Unternehmen angenommen hat, sind die Strukturen auf dem Stand der Gründerzeit verharrt. Augenfälligstes Beispiel dafür ist die Dominanz der ehrenamtlichen Mitarbeiter sowohl in Leitungsämtern als auch in Aufsichtsfunktionen. Diese Beobachtung ist vor allem für Vereine und Stiftungen typisch.

34

Das Auseinanderfallen von Satzungsinhalt und Realität birgt Haftungsrisiken und Handlungsblockaden für die Ehrenamtlichen, für die hauptamtliche Leitung und für die Institution insgesamt in sich.

Angemessene Strukturformen

Heutige sozialwirtschaftliche Unternehmen sollten ab einer gewissen Größenordnung (zum Beispiel wenn mehrere hauptamtliche Mitarbeiter beschäftigt werden) zumindest die folgenden Strukturregeln beachten:

– hauptamtliche Leitungsämter
– ehrenamtliche oder nebenamtliche Aufsichtsorgane
– klare Aufgabentrennung zwischen Leitung und Aufsicht
– Vergabe von Wahlämtern nur auf Zeit
– Vermeidung von Abhängigkeiten aufgrund familiärer oder wirtschaftlicher Verflechtung von Organmitgliedern.

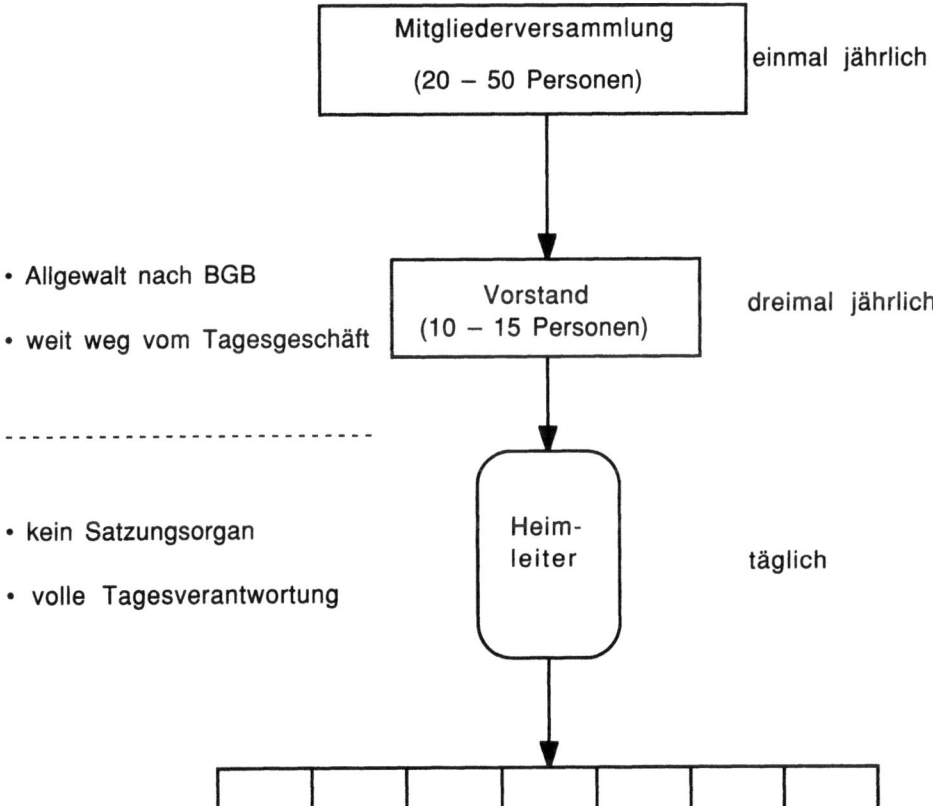

Abbildung 4: Typisches Beispiel für die traditionelle Strukturform sozialer Unternehmen

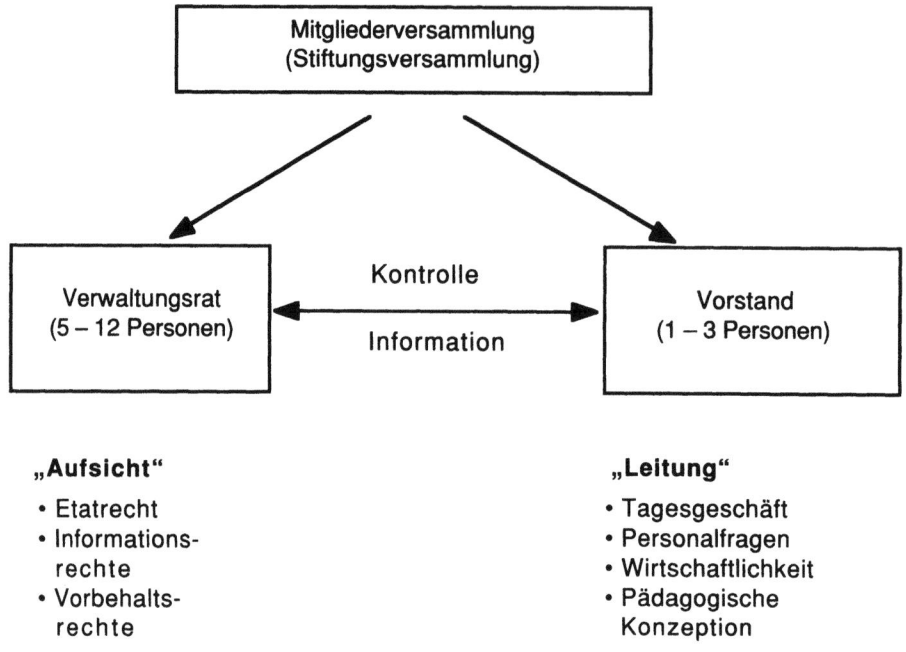

Abbildung 5: Beispiel für zeitgemäße Strukturform sozialer Unternehmen

2. Die Sozialwirtschaft und ihr Markt

2.1 Der „Sozialmarkt" in der Bundesrepublik Deutschland

Der Sozialmarkt hat bisher in der Literatur nur wenig Bedeutung. Die formulierten Definitionen der Begriffe sozialwirtschaftliches Unternehmen, Betrieb und Großhaushalt setzen aber die Existenz eines Marktes voraus, in dem diese Organisationseinheiten wirtschaftlich tätig sein können.

Weite Teile der Wohlfahrtspflege können ihre Herkunft aus öffentlich-rechtlichen und kirchenrechtlichen Strukturen bis heute nicht verleugnen. Es herrscht hier häufig eine statische, am kameralistischen Haushaltswesen und an Zuschußregeln orientierte Betrachtungsweise von Leitung und Verwaltung vor, die durch entsprechende Wünsche, Vorstellungen und gelegentlich auch Forderungen der Kostenträger unterstützt wurde.

Die Entwicklung der Unternehmensformen, Unternehmensgrößen, Unternehmensstrukturen und vor allem der Aufgabenstellungen der Unternehmensführungen sprechen aber dafür, die Betrachtungsweise stärker einer unternehmerisch orientierten Geschäftspolitik anzugleichen. Hier ist der Begriff des Marktes durchaus angemessen und stellt keinen Widerspruch zum sozialen, nicht in erster Linie auf Gewinnerzielung ausgerichteten Unternehmenszweck dar.

Der Sozialmarkt kann durch die Anbieter- und Nachfragerseite charakterisiert werden:

Es handelt sich auf der *Anbieterseite* in der Regel um einen *beschränkten Markt*, da je nach Arbeitszweig gewisse Zugangsvoraussetzungen erfüllt werden müssen; diese Voraussetzungen werden durch Gesetze oder Verordnungen festgelegt (zum Beispiel Qualifikation der Leitung; bauliche Voraussetzungen der Gebäude; finanzieller Eigenbetrag des Trägers bei Investitionen).

Auf der *Nachfragerseite* kann ein *offener Markt* vorliegen (zum Beispiel bei Altenhilfe-Einrichtungen, deren Dienste durch Privatzahler nachgefragt und finanziert werden, oder bei Allgemeinkrankenhäusern). Bei anderen Arbeitszweigen kann ein *beschränkter Markt* (zum Beispiel bei Behinderteneinrichtungen) oder gar ein *geschlossener Markt* vorliegen (zum Beispiel bei Jugendhilfe-Einrichtungen, deren Dienste ausschließlich von staatlichen oder kommunalen Jugendbehörden in Anspruch genommen werden, oder bei Suchtkliniken, die ausschließlich von den Rentenversicherungsträgern beschickt werden).

Der Begriff „Sozialwirtschaft"

Die Sozialwirtschaft im umfassenden Sinn kann verstanden werden als Gesamtheit aller wirtschaftlichen Vorgänge, aller im Sozialmarkt tätigen Institutionen und aller Marktbewegungen. In dieser Beschreibung sind sowohl die Aktivitäten und Institutionen der öffentlichen Sozialträger als auch der freigemeinnützigen und der privatwirtschaftlich ausgerichteten Träger eingeschlossen.

Sozialwirtschaft wird nicht in erster Linie betrieben, um die partikularen Interessen einer gesellschaftlichen Gruppe oder einer wirtschaftlichen Interessengemeinschaft zu fördern, wie dies im Förderungsauftrag der Genossenschaften oder im gemeinwirtschaftlichen Gedanken der Gewerkschaftsbewegung zum Ausdruck kommt. Die strukturellen Parallelen zur Genossenschaft und zur Gemeinwirtschaft wären noch am ehesten bei Selbsthilfegruppen von Betroffenen oder Angehörigen von Betroffenen zu finden, wie zum Beispiel bei den Vereinigungen der Lebenshilfe für geistig Behinderte.

Unternehmensziele der sozialwirtschaftlichen Unternehmung

Jedes gewerbliche und sozialwirtschaftliche Unternehmen arbeitet an der Verwirklichung von Unternehmenszielen. Diese Ziele können unausgesprochene aber allseits akzeptierte Grundverständnisse sein. Sie können aber auch ausdrücklich formuliert und in einer Satzung, einer Unternehmensverfassung oder einer Stiftungsurkunde niedergelegt sein.

Im *gewerblichen Wirtschaftsbereich* sind solche Unternehmensziele in der Regel:

- die Sicherung der Liquidität
- die Erzielung von Gewinn
- die langfristige Sicherung der Existenz des Unternehmens
- die optimale Verzinsung des eingesetzten Kapitals und
- der Ausbau und Erhalt eines bestimmten Marktanteils

Sind diese Oberziele erreicht, so daß die grundlegende Existenz auf absehbare Zeit gesichert erscheint, dann können auch zusätzlich noch soziale, sozialpolitische oder humanitäre Ziele verwirklicht werden. Diese weitergehenden Ziele können aber nur dann ernsthaft erwogen werden, wenn die wirtschaftliche Grundlage gesichert ist.

Im *sozialwirtschaftlichen Unternehmen* werden die Ziele etwas anders formuliert und gewichtet sein, zum Beispiel so:

- Erfüllung des sozialen (Betreuungs-)Auftrags
- Einhaltung des Satzungs-/Stiftungs-/Vereinszwecks
- Sicherstellen der langfristigen Existenz der Einrichtung
- Anbieten einer jeweils fachlich optimalen sozialen Dienstleistung
- Sicherung der Arbeitsplätze

Dabei kann die Erzielung von Gewinn durchaus ein seriöses zusätzliches Unternehmensziel sein, das dem sozialen Grundauftrag der Unternehmung nicht widerspricht. Gelegentlich wird, um das Wort „Gewinn" zu vermeiden, von Überschuß, Überdeckung gesprochen. Der Unterschied zur gewerblichen Unternehmung liegt hier hauptsächlich darin, daß der erwirtschaftete Gewinn wieder, und ausschließlich dem sozialen Satzungszweck zugeführt werden muß und deshalb Ausschüttungen an Gesellschafter nicht möglich sind.

Zur Umsetzung und Erfüllung dieser Unternehmensziele bedarf es vor allem anderen einer planvollen Steuerung und Führung des Unternehmens. Dazu stehen verschiedene Instrumente zur Verfügung, die gezielt und im Sinne des Unternehmenszwecks eingesetzt werden können. Solche Instrumente sind:

- angemessene und finanzierbare Fachlichkeit
- geeignete Personalpolitik
- sachgerechte Organisation
- wirkungsvolle Marktpolitik

und – als Klammer und Zusammenfassung aller dieser Einzelbereiche –

- eine geordnete Wirtschaftsplanung des Unternehmens, die sich nicht selbst als wichtigsten Teil des Sozialunternehmens begreift, sondern ihre hauptsächliche Aufgabe darin sieht, die Unternehmensziele zu realisieren.

2.2 Marktgesetze im Sozialmarkt

Die typischen Strukturmerkmale des Sozialmarktes wurden auf Seite 36 formuliert. „Der Sozialmarkt" zerfällt in der sozialpolitischen Wirklichkeit in eine Fülle einzelner, völlig autonomer oder miteinander vernetzter Teilmärkte. Ein Gesamtmarkt ist nur in wenigen kleinsten Gemeinsamkeiten zu erkennen.

Gemeinsam sind diesen Teilmärkten die grundlegenden Spielregeln, die durch die Gesetzgeber in Land und Bund festgelegt werden. Alle Aktivitäten im sozialen Markt unterliegen diesen Regelungen, ob sie nun von öffentlichen, von freigemeinnützigen oder privatgewerblichen Trägern betrieben werden. Insofern ist der Sozialmarkt ein regulierter Markt, dessen Bewegungsfreiheit durch Gesetze, Verordnungen, Vereinbarungen, Sozialplanungen gelenkt oder beschnitten wird.

Innerhalb dieser Regelwerke, die in jedem Bundesland variiert werden, bieten sich aber weite Möglichkeiten der aktiven „unternehmerischen" Betätigung für Träger, die den Mindeststandards entsprechen.

Marktpartner

Die Rollen, die Zuordnungen und die Rechtsverhältnisse der Marktpartner im Sozialmarkt sind vielfältig und schwer überschaubar. Sie lassen sich an Beispielen erläutern, die stellvertretend für die Fülle der anderen Spielarten stehen sollen:

Beispiel 1: Alten- und Pflegeheim

Betreiber (Unternehmer) können sein:
- Kommune oder Zweckverband
- Kirchen oder freigemeinnützige Träger
- privat-gewerbliche Träger

Auftraggeber (Kunde, Benutzer) können sein:
- Privatpersonen (Privatzahler)
- Sozialhilfeträger

An der Preisfestsetzung (Pflegesatzfestsetzung) können beteiligt sein:
- Träger des Heimes (Unternehmer)
- Wohlfahrtsverband (Anwaltsfunktion)
- Träger der Sozialhilfe (Kostenträger)
- Kommunalverbände (Interessenvertreter der öffentlichen Seite)
- Pflegesatzkommission (Vertreter aller beteiligten Institutionen)

Beispiel 2: Krankenhaus

Betreiber (Unternehmer) können sein:
- Land, Kommune, Zweckverband
- Kirchen oder freigemeinnützige Träger

- privat-gewerbliche Träger
- Träger der Rentenversicherung oder anderer Versicherungsbereiche

Auftraggeber (Kunden, Benutzer) können sein:

- Privatpersonen (Privatzahler)
- Träger der gesetzlichen oder privaten Krankenversicherung
- Träger von Unfall- oder Rentenversicherungen
- Sozialhilfeträger

An der Preisfestsetzung (Pflegesatzverhandlung) können beteiligt sein:

- Krankenhausträger
- Krankenhausverband oder -gesellschaft (Anwaltsfunktion)
- Krankenkassen und -verbände (Kostenträger)
- Sozialbehörde (Ministerium, Regierungspräsidien)
- Schlichtungsstellen (Vertreter aller beteiligten Gruppen)

Markteinflüsse

Der Sozialmarkt unterliegt – wie jeder offene oder regulierte Markt – externen Einflüssen, deren Entwicklung er nicht oder nur in geringem Maße steuern kann. Diese Einflüsse üben aber starke Regulierungs- und Korrekturfunktionen aus.

Solche Einflußfaktoren können sein:

- Bedarfs- und Nachfrageveränderungen
- Veränderungen der allgemeinen Wirtschaftslage
- Veränderungen von Sozialpolitik und Sozialgesetzgebung
- Veränderungen von Versicherungsrecht und Versicherungsleistungen
- Veränderungen der Medizin, der Sozialwissenschaften, der Betreuungsarbeit
- arbeitsrechtliche und tarifliche Veränderungen

Dispositionsfreiheit der Marktpartner

Die Dispositionsfreiheit der Teilnehmer am Sozialmarkt wird durch die jeweils geltenden gesetzlichen oder finanziellen Regelungen eingeschränkt. Diese Regelungen können grundlegender sozialgesetzlicher Natur sein, wie das Bundessozialhilfegesetz (BSHG) oder das Krankenhausfinanzierungsgesetz (KHG). Aber auch das Haushaltsrecht (bei Zuschüssen), die Buchführungs- und Bilanzierungsregeln (zum Beispiel beim Krankenhaus) und Nachweisverpflichtungen (zum Beispiel Selbstkostenblätter bei Pflegesatzanträgen) schränken die Dispositionsfreiheit des Marktteilnehmers ein.

Die Träger der sozialen Dienstleistungen (Maßnahmeträger) haben ein begründetes Eigeninteresse, ihren Dispositionsraum im Rahmen der geltenden Spielregeln zu erhalten. Ein solcher Freiraum macht es möglich, die eigene Identität und die besondere Unternehmskonzeption umzusetzen. Dies gilt sowohl für freigemeinnützige als auch für privatgewerbliche Träger.

Die Träger der Kosten der sozialen Dienstleistung (Kostenträger) sind ihrerseits durch Verwaltungsregeln (zum Beispiel Verwaltungsvorschriften zur Landes- oder Bundeshaushaltsordnung) und durch den Druck einer zunehmend kritischer werdenden Öffentlichkeit gehalten, auf die sachgemäße und wirtschaftliche Verwendung öffentlicher Mittel oder Mittel der Versichertengemeinschaft zu achten.

Informations- und Einsichtsrechte der Kostenträger

In den Pflegesatzvereinbarungen der Bundesländer bestehen sehr unterschiedliche Regelungen für das grundsätzliche Recht der Kostenträger, vor der Vereinbarung oder Genehmigung eines Pflegesatzes für die Leistungen von Heimen und Anstalten bestimmte näher definierte Informationen über die Kostenstruktur der Einrichtung, über Personalstand und Personalvergütung, über Platzzahl und Belegungsquote zu erhalten. Dabei ist zu beobachten, daß der Bedarf der Kostenträgerseite nach Informationen, Belegmaterial und Nachweisen zunimmt. Dies wird zum Teil damit begründet, daß die öffentlichen Träger zunehmend unter dem Druck stehen, Nachweis über die Verwendung öffentlicher Mittel zu führen.

Andererseits wächst auf der Seite der Heimträger als Dienstleistungsunternehmen das Bewußtsein, daß die Offenlegung der wirtschaftlichen Verhältnisse freigemeinnütziger Einrichtungen ihre Grenze dort finden muß, wo die Dispositionsfreiheit des Trägers durch externe Eingriffe und Einflußnahmen beschränkt oder gar behindert wird. Es stoßen hier also zwei sehr unterschiedlich motivierte Interessenlagen aufeinander.

Selbstreinigungs- und Korrekturmechanismen

In manchen Verbänden der freien Wohlfahrtspflege wuchs schon sehr früh die Erkenntnis, daß externe Einsichtnahmen oder gar Eingriffe vor allem durch eine funktionierende verbandsinterne Prüfung verhindert und entbehrlich gemacht werden könnten. Schon 1932 gründete der Deutsche Caritasverband die Solidaris Treuhand GmbH (Berlin, heute Freiburg), und 1937 wurde beim damaligen Landesverband der Inneren Mission in Westfalen (heute Diakonisches Werk Westfalen) eine Treuhandstelle eingerichtet.

Prüfung intern/extern

Heute verfügen die Wohlfahrtsverbände über verbandseigene, verbandsnahe oder beauftragte Prüfungsinstitutionen, die Jahresabschlußprüfungen nach dem Aktienrecht oder in Anlehnung an das Aktienrecht durchführen. Dabei ist die Unabhängigkeit und Sachkunde dieser Prüfungsinstitutionen durchaus am Standard des sonstigen Prüfungswesens zu messen. Die Aufgabe dieser Prüfungsorgane wird in vielen Verbänden durch die Verbandssatzung definiert. So sagt zum Beispiel die Satzung des Diakonischen Werkes der evangelischen Kirche in Württemberg e.V., Stuttgart (Fassung vom 6.11.1985) unter der Überschrift „Pflichten der Mitglieder":

> „Die (...) Mitglieder sind verpflichtet:
>
> e) einen Wirtschaftsplan beziehungsweise Haushaltsplan rechtzeitig zu erstellen und die Rechnungs- und Wirtschaftsführung durch das Diakonische Werk prüfen zu lassen oder, wo die Prüfung durch einen vom Diakonischen Werk anerkannten Prüfer erfolgt, die Jahresabschlüsse mit den Prüfungsberichten dem Diakonischen Werk zur Einsichtnahme vorzulegen."

Freilich kann auch die strengste Satzung mit der konsequentesten Anwendung nicht verhindern, daß gelegentlich mit erheblicher krimineller Energie versucht wird, auf betrügerische Weise an Gelder heranzukommen. Eine kontinuierliche und fachlich unabhängige Prüfung kann aber erreichen, daß die Einrichtungen eines Verbandsgebietes auf einem gemeinsamen, allseits akzeptierten Stand der betriebswirtschaftlichen Fachlichkeit ihre Arbeit tun. Sie praktizieren damit gegenüber den Kostenträgern, den Benutzern der angebotenen Dienstleistungen und gegenüber der Öffentlichkeit einen verantwortlichen Umgang mit dem Geld Dritter.

2.3 Prognose für die weitere Marktentwicklung

Die weitere Entwicklung des Sozialmarktes muß sehr differenziert betrachtet werden. Klassische Aufgabengebiete wie Erholung, Jugendhilfe und Altenheim sind wegen gesunkener Nachfrage, wegen Schrumpfung der klassischen Zielgruppen oder aufgrund veränderter Verbrauchsgewohnheiten drastisch reduziert worden oder befinden sich in struktureller Veränderung. Andere Bereiche wie Altenpflege, Altenwohnungen mit variablem Serviceangebot und Werkstätten für Behinderte nehmen an Bedeutung und Größe weiter zu.

Externe Einflüsse auf den Sozialmarkt wie zum Beispiel die kritische Einschätzung der Arbeit der Wohlfahrtsverbände oder die möglicherweise nachlassende Bereitschaft der Bevölkerung, immer höhere Soziallasten zu tragen, werden aber neue Herausforderungen an die Partner im Sozialmarkt stellen.

2.4 Reaktion sozialwirtschaftlicher Unternehmen auf die Marktbedingungen

Angesichts wechselnder sozialpolitischer Prioritäten und sich verändernder gesellschaftlicher Verhältnisse werden die Anforderungen an die Flexibilität sozialer Unternehmen zunehmen. Die beständige, oft jahrzehntelang kaum veränderte Arbeit früherer Jahre muß einer wachen Marktbeobachtung, einer differenzierten Antwort auf den Markt und der Bereitschaft zur permanenten Weiterentwicklung weichen. Diese Veränderungsbereitschaft muß auch den Willen zu schmerzhaften Brüchen mit der Tradition eines Unternehmens/einer Einrichtung und zur Übernahme unternehmerischer Risiken einschließen.

Damit sind die Marktbedingungen sozialwirtschaftlicher Unternehmen weitgehend den Anforderungen an gewerbliche Unternehmen angenähert.

3. Rechtsgrundlagen der Sozialwirtschaft

Die Sozialwirtschaft unterliegt einer Fülle von sozialen Gesetzen und Verordnungen. Daneben gelten grundsätzlich die allgemein gültigen rechtlichen Regelungen, wie sie für alle Institutionen, Unternehmen und Vereinigungen Anwendung finden. Unterschiede zu anderen Wirtschaftsbereichen treten dagegen vor allem bei steuerlichen Fragen auf. Hier wird die Soziale Institution durch die Regeln der Gemeinnützigkeit bevorzugt behandelt.

3.1 Sozialrechtliche Grundlagen

Wie in A 1.1 ausführlich beschrieben wurde, entstanden in Deutschland ab dem Ende des neunzehnten Jahrhunderts eine Vielzahl von Sozialgesetzen. Dieses Netz, das während des Dritten Reiches teilweise zerrissen worden war, wurde in der Bundesrepublik Deutschland immer enger gefaßt und perfektioniert.

Heute ist die Sozialwirtschaft in dieses Netz umfassend eingebunden. Die Sozialgesetzgebung des Bundes und der Bundesländer beeinflussen die Arbeitsgebiete, die Arbeitsformen und die Arbeitsmöglichkeiten aller sozialen Aktivitäten der freien und der öffentlichen Wohlfahrtspflege. Auf einigen Gebieten setzt die Bundesgesetzgebung die Rahmenbedingungen, während die Ländergesetze die Umsetzung in die Praxis vornehmen.

Ein Beispiel für diese Aufgabenteilung ist das Krankenhauswesen. Der Bund schuf den Rahmen durch das Krankenhausfinanzierungsgesetz (KHG), in dem die grundsätzlichen Aufgaben und Rechtsverhältnisse der Krankenhäuser und ihre wirtschaftlichen Rahmenbedingungen beschrieben sind. Die Bundesländer füllten den durch die Praxis gegebenen Regelungsbedarf in der Form von entsprechenden Landeskrankenhausgesetzen (LKG) aus.

Grundsätzliche Aufgabenstellungen der Sozialgesetzgebung sind:
- Definition und Abgrenzung von sozialen Aufgabenfeldern
- Zuordnung von Aufgaben, Rechten und Pflichten an Kosten- und Maßnahmeträger
- Festlegung der Rechtsbeziehungen zwischen den Beteiligten
- Setzung von Planungsspielregelungen und Planungsaufgaben
- Festlegung von Spielregeln und Konfliktmechanismen für die laufende Finanzierung

Aus der Fülle der geltenden und in laufender Veränderung befindlichen Sozialgesetze und der ergänzenden Regelwerke wird hier ein – zwangsläufig unvollständiger – Überblick gegeben:

– Grundgesetz (GG)

Das Grundgesetz garantiert in den Artikeln 1 (Menschenwürde), 2, 3, und 6 die Grundrechte aller Menschen und legt in Artikel 9 (Vereinigungsfreiheit) das Recht auf freie organsatorische Gestaltung fest. Damit sind Grundlagen für die soziale Arbeit verankert.

– Sozialgesetzbuch (SGB)

Das Sozialgesetzbuch legt Soziale Rechte fest, regelt die Zuständigkeit von Leistungsträgern und legt die Verwaltungsverfahren fest.

– Bundessozialhilfegesetz (BSHG)

Das Bundessozialhilfegesetz regelt die grundsätzlichen Fragen der Sozialhilfe und beschreibt die verschiedenen Hilfearten wie Hilfe zum Lebensunterhalt und Hilfe in besonderen Lebenslagen; daneben sind Vorschriften über den Einsatz von Einkommen und Vermögen, sowie die Kostenerstattung formuliert.

In Artikel 10 BSHG wird eine ausdrückliche Bestandsgarantie der Freien Wohlfahrtspflege ausgesprochen. Die Träger der öffentlichen Sozialhilfe werden zur Zusammenarbeit mit den freien Trägern aufgefordert. Im § 93 wird zusätzlich ein gewisser Vorrang der Aktivitäten der Freien Wohlfahrtspflege vor der Neuschaffung öffentlicher Einrichtungen festgelegt.

– Reichsversicherungsordnung (RVO)

Die Reichsversicherungsordnung regelt eine Fülle von Versicherungsfragen, wie zum Beispiel die Unfallversicherung und die gesetzliche Krankenhausversicherung.

– Jugendwohlfahrtsgesetz (JWG)

– Heimgesetz

Das Heimgesetz regelt die Rechtsbeziehungen innerhalb der Heime und formuliert Schutzbestimmungen für die Heimbewohner. Seine Anwendung wird von der Heimataufsichtsbehörde überwacht.

– Heim-Mindestbauverordnung

Die Heim-Mindestbauverordnung legt räumliche und Ausstattungsstandards fest, die beim Baum und Betrieb von sozialen Einrichtungen beachtet werden müssen.

– Krankenhausfinanzierungsgesetz (KHG)

Das Krankenhausfinanzierungsgesetz regelt die Rechtsbeziehungen zwischen dem Krankenhaus, dem Kostenträger und der Aufsichtsbehörde. Unter anderem werden die wirtschaftlichen Grundlagen des Krankenhauses beschrieben.

– Krankenhausbuchführungsverordnung (KHBV)

Die Krankenhausbuchführungsverordnung schreibt für das Rechnungswesen der Krankenhäuser detaillierte Sonderregelungen vor, die zum Teil erheblich von der ansonsten nach Aktienrecht ausgerichteten Praxis des kaufmännischen Rechnungswesens abweichen.

- Arbeitsförderungsgesetz (AFöG)
- Schwerbehindertengesetz (SchwBGes)
- Werkstättenverordnung (Werkstatt für Behinderte)

Gesetze und Regelungen der Länder (Auswahl)

- Landeskrankenhausgesetze
- Landesjugendwohlfahrtsgesetze
- Kindergartengesetze
- Pflegesatzvereinbarungen

Die Pflegesatzvereinbarung ist in den meisten Bundesländern eine auf Landesebene getroffene freiwillige Vereinbarung zwischen den Partnern aus der freien und der öffentlichen Wohlfahrtspflege unter Beteiligung des Landes. Sie trifft Regelungen für das Zustandekommen der Pflegesätze für Leistungen der Heime und Werkstätten.

- Sozialhilferichtlinien

3.2 Grundrechte und Gestaltungsräume der Kirchen

Zu den besonderen Rechten und den Gestaltungsräumen der Kirchen enthalten A 1.3 (Sozialstaat) und unter A 3.3.2 (Arbeitsrecht) weitere Ausführungen.

3.3 Betriebs- und unternehmensbezogene Rechtsgrundlagen

3.3.1 Steuerrechtliche Rahmenbedingungen der Sozialwirtschaft

Die Abgabenordnung (AO) als Grundlagenwerk des Steuerrechts legt die Richtlinien der steuerlichen Begünstigung fest, die den von der Finanzverwaltung als gemeinnützig anerkannten Institutionen zugute kommen.

Gemeinnützige Vereinigungen und Institutionen sind von den Steuern auf das Einkommen (Körperschaftsteuer) und das Vermögen sowie – unter gewissen Bedingungen – auf den Umsatz befreit oder können ermäßigte Steuersätze in Ansatz bringen.

Die Grundregeln der AO sind in den folgenden Paragraphen zusammengefaßt:

- § 52: gemeinnützige Zwecke
- § 53: mildtätige Zwecke
- § 54: kirchliche Zwecke
- § 55: Selbstlosigkeit
- § 56: Ausschließlichkeit
- § 57: Unmittelbarkeit

3.3.2 Arbeitsrechtliche Rahmenbedingungen

Im Grundsatz gelten für den gesamten Bereich der Sozialwirtschaft die allgemeinen arbeitsrechtlichen Bedingungen. Die Kirchen und ihre Wohlfahrtseinrichtungen sind jedoch frei in der Regelung ihrer arbeitsrechtlichen Angelegenheiten. Sie haben auf dem sogenannten „Dritten Weg", der kircheninterne Interessenvertretung von Arbeitgebern (Dienstgeber) und Arbeitnehmern (Dienstnehmer) vorsieht, ihre eigenen Regelwerke geschaffen. Für die Kirchen gelten die Kirchlichen Anstellungsordnungen (KAO), für Diakonie und Caritas die jeweiligen Arbeits-Vertragsrichtlinien (AVR).

Diese Regelwerke lehnen sich an den Bundesangestelltentarif (BAT) und an die tariflichen Vereinbarungen zwischen den Tarifpartnern im öffentlichen Dienst an. Von den Kostenträgern werden diese Arbeitsrechtsregeln im Grundsatz akzeptiert. Strittige Fragen bestehen dort, wo im Vergleich zu BAT eine Besserstellung der kirchlichen Arbeitnehmer vermutet wird.

4. Die betriebswirtschaftliche Basis des sozialwirtschaftlichen Unternehmens

4.1 Unternehmensziele

In der sozialwirtschaftlichen Organisation gelten im Grundsatz die gleichen Regeln und ähnliche unternehmensbezogene Anforderungen wie in jeder anderen Organisation der Volkswirtschaft.

Eine Grundvoraussetzung für die Arbeit des Heimes als sozialwirtschaftliches Unternehmen ist das Bestehen von Unternehmenszielen, die aus den Inhalten der Satzung und den ökonomischen Rahmenbedingungen abgeleitet und durch die Leitungsorgane in konkrete, überprüfbare Ziele umgesetzt werden müssen. Diese Ziele müssen verbal beschrieben und definiert sein und in konkrete, als Zielvorgabe und Meßgröße verwendbare Zahlenwerte umgesetzt werden, um als wirtschaftliche Steuerungsdaten Wirksamkeit zu erlangen.

Die Unternehmensziele sollen planvolles und zielgerichtetes Handeln auf allen Organisationsebenen möglich machen. In den Abschnitten A 4.1 und B 3.1 sind grundsätzliche Ausführungen zu den Unternehmenszielen der sozialwirtschaftlichen Unternehmung gemacht.

4.2 Aufgaben von Leitung und Kontrolle

Die Führungsaufgabe im sozialwirtschaftlichen Betrieb besteht, wie in jeder wirtschaftlichen Unternehmenseinheit, aus den Hauptaufgaben Zielsetzung und Kontrolle. Dies ist jedoch nicht als bloßer mechanischer Soll-Ist-Vergleich zu verstehen, sondern als komplexer Steuerungs-Regelmechanismus, der immer wieder neu justiert werden muß, um auf die jeweilige Situation angemessen reagieren zu können. Die Organisationslehre nennt diesen Steuerungsmechanismus den „kybernetischen Regelkreis" (siehe Kapitel F).

Wichtig für eine funktionierende Leitungsarbeit ist es, die Rollen der Planungspartner, die Maßstäbe für die Zielerfüllung und die Aufgaben und Kompetenzen, die zu vergeben sind, zu klären.

Kontrolle und Zielvergleich müssen auf meßbarer Grundlage erfolgen, wenn sie „greifen" sollen. Bestehen keine solchen meßbaren Vergleichsmaßstäbe, können Zielvorgaben nur verbale Aufforderungen sein, deren Umsetzung schwer zu kontrollieren und zu überprüfen ist.

4.3 Marktbedingungen und -einflüsse

Der Prozeß der Erstellung und Bewirtschaftung des Wirtschaftsplanes ist nur vordergründig eine rein innerbetriebliche Angelegenheit. Die Binnenwirtschaft des Unternehmens unterliegt jedoch massiven externen Einflußfaktoren, die nicht von der Leitung beeinflußt werden können. Zu diesen Faktoren gehören zum Beispiel:

- Veränderungen der gesellschaftlichen Bewertung von sozialer Arbeit
  mit langfristigen Auswirkungen auf die Gesetzgebung und die Finanzierungssituation der sozialen Arbeit

- Einflüsse des Sozialmarktes
  wie die Frage des Bedarfs an Plätzen und Dienstleistungen sowie die Konkurrenz durch privat-gewerbliche oder öffentlich subventionierte Anbieter

- Veränderungen der Sozialgesetzgebung
  wie die Veränderung von Leistungsgesetzen (Krankenversicherung/Reichsversicherungsordnung) oder Eingriffe in die wirtschaftliche Situation einer Branche (Krankenhauswesen)

- Finanzpolitische und fiskalische Veränderungen
  wie Veränderungen der Steuergesetzgebung (Gemeinnützigkeit) oder Veränderungen der Bundes- und Landeshaushaltordnungen mit Auswirkungen auf die Dispositionsfreiheit der Zuschußempfänger

- Tarifabschlüsse und Arbeitszeitveränderungen
  mit Auswirkungen auf den Personalbedarf und die Personalkosten

- inflationäre Entwicklungen
  wie drastische Erhöhungen von Kostenbestandteilen (Energiekosten)

Solche Einflüsse lassen sich nicht immer erkennen und selten exakt planen. Sie zeichnen sich in manchen Fällen langfristig ab – etwa bei grundlegenden sozialpolitischen Veränderungen –, sind aber in ihren Auswirkungen oft erst kurzfristig exakt greifbar und damit in den Planungsvorgang einzubeziehen. Ihre Einbeziehung in den Planungsprozeß und in die

Formulierung der Unternehmensergebnisse machen jedoch einen gewichtigen Teil des Erfolgs der Planung aus.

4.4 Erlösarten und ihre Planbarkeit

Auf die Erlösseite wirken interne und externe Einflüsse. Sie sind nur zum Teil voraussehbar. Einige dieser Einflüsse müssen bei der Planung unberücksichtigt bleiben, weil ihre zahlenmäßigen Auswirkungen im voraus nur mit hohem Unsicherheitsfaktor zu benennen sind.

Interne Einflüsse

Internen Einfluß auf den Erlös haben in erster Linie die Platzzahl der Einrichtungen und die personellen und sachlichen Voraussetzungen für eine gute Belegung. Es ist eine wichtige Aufgabe der Geschäftsführung, diese Voraussetzungen durch geeignete organisatorische und personalpolitische Maßnahmen zu schaffen und zu sichern.

Externe Einflüsse

Als externe Einflüsse sind zu nennen:
– Entwicklungen der Grundlagen des Pflegesatzwesens
– allgemeine Erhöhungen oder Reduzierungen der Pflegesatzbasis
– Verbesserungen oder Verschlechterungen der Basis von disponiblen Pflegesatzanteilen im Rahmen von Verhandlungen
– Belegungsmöglichkeiten für die vorgehaltenen Plätze (Bedarf, Image, fachlicher Standard, Kontakt zu Belegungsstellen)
– generelle Bedarfsfragen am regionalen oder überregionalen Markt
– Marktposition des Unternehmens in seiner Branche und in seiner Region in qualitativer und quantitativer Hinsicht
– Standortvorteile und -nachteile

4.5 Kostenarten und ihre Planbarkeit

Als Kostenarten sind hier – neben den in der Betriebswirtschaft üblichen – vor allem die von den jeweiligen Pflegesatzregeln und Selbstkostenblättern verlangten Kostensummen zu nennen. Abbildung 3 (Pflegesatz eines Altenheims) in Abschnitt A 1.4.4 gibt Auskunft über solche Kostenstrukturen.

Auch die Kostenseite wird durch interne und externe Faktoren tangiert, die nach Möglichkeit bei der Planung mit berücksichtigt werden sollten.

Interne Einflußfaktoren

– Veränderungen der betrieblichen Struktur
  Beispiele:
  Organisatorische Maßnahmen zur Dezentralisierung oder Zentralisierung des Trägers mit Folgen für die Kostenstruktur und die Kostenumlage; Schließung von Aufgabengebieten oder Häusern mit Auswirkungen auf die personelle Ausstattung der Hauptverwaltung; Eröffnung von Häusern mit entsprechendem Mehrbedarf.

– Ausweitungen des Personalbestandes
  Verbesserungen der Personalausstattung außerhalb der jeweils geltenden Personalschlüssel; dabei ist die Frage der Deckung der zusätzlichen Personalkosten durch zusätzliche Plätze oder erhöhte Pflegesätze zu klären.

– Zustand von Gebäuden, Zubehör und Einrichtung mit Auswirkungen auf Instandhaltung, Ersatzbeschaffung und unerwartete Mehrkosten
  Beispiel:
  Nach Jahren der außergewöhnlich sparsamen Instandhaltung werden die Risiken unplanbarer Großreparaturen wachsen und damit die Planung der Kostenseite erschweren.

Externe Einflußfaktoren

– Veränderungen der Personalkosten durch Tariferhöhungen oder strukturelle Tarifveränderungen

– Schwankungen der Energie- und Heizkosten

– Schwankungen des Zinsniveaus
  Hierbei ist besonders auf die Möglichkeiten der Umschuldung bei nachlassendem Zinsniveau und der möglichst langfristigen Zinsfestschreibung bei steigendem Zinsniveau zu achten.

– Veränderungen des Preisgefüges für Material oder Dienstleistungen

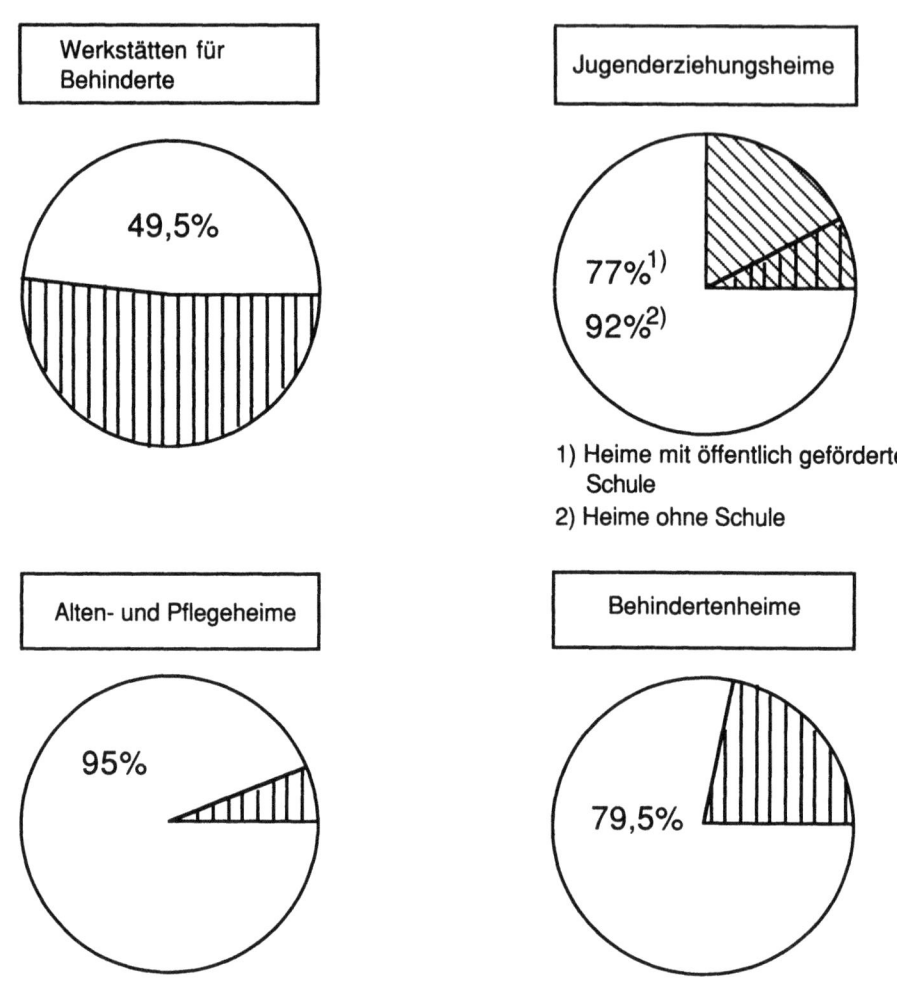

Werkstätten für Behinderte
49,5%

Jugenderziehungsheime
77%[1)]
92%[2)]

1) Heime mit öffentlich geförderter Schule
2) Heime ohne Schule

Alten- und Pflegeheime
95%

Behindertenheime
79,5%

Bei dieser Darstellung ist nicht unterschieden, ob der Pflegesatz durch den Benutzer der Leistung selbst (etwa im Altenpflegeheim) oder durch einen Träger öffentlicher Sozialhilfe aufgebracht wird.

Abbildung 6: Der Beitrag des Pflegesatzes als leistungsbezogenes Entgelt am Betriebsertrag verschiedener Arbeitsbereiche (Quelle: Untersuchungen des Verfassers an insgesamt 43 sozialen Einrichtungen)

B. Zielsetzungen des Wirtschaftsplanes

Martin Beck

In Teil B werden Interessenlagen und Ziele formuliert, die dafür sprechen, daß sozialwirtschaftliche Unternehmen ihre Geschäftstätigkeit mit Hilfe des Wirtschaftsplans als unternehmerischem Steuerungsinstrument planen und auf eine fachbezogene, gesicherte und angemessene Grundlage stellen.

Dabei soll nicht die Einhaltung des Plans das oberste Ziel sein, sondern die planvolle Existenzsicherung der Institution. Wenn der Plan zum Selbstzweck verkommt und eine Eigendynamik entwickelt, hat er seine Wirkung eingebüßt.

1. Politische und verbandspolitische Interessen

Neben den Interessen des einzelnen sozialwirtschaftlichen Unternehmens bestehen berechtigte externe Interessen an einer planvollen Wirtschaftsführung, die aus sozialpolitischen, ordnungspolitischen und verbandspolitischen Überlegungen resultieren.

1.1 Image- und Vertrauensschutz

Die Verbände der Freien Wohlfahrtspflege haben in der Öffentlichkeit ihren guten Ruf zu verlieren. Man weiß um ihre vielen guten Dienste und vertraut ihrem finanziellen Gebaren. Aber man erinnert sich auch an einzelne Fälle, in denen ihr hoher sozialpolitischer Anspruch nicht in der erwarteten Weise durch wirtschaftliche Seriosität und Professionalität eingelöst werden konnte.

Die Verbände müssen deshalb interessiert sein, daß in ihren Mitgliedseinrichtungen nach kaufmännischen und unternehmerischen Gesichtspunkten sorgfältig und wirtschaftlich mit dem anvertrauten Geld umgegangen wird. Dabei können durchaus auch Risiken eingegangen werden. Sie sollen aber gut geplant sein und in einem verantwortbaren und bei Fehlschlägen auffangbaren Umfang gehalten werden.

Dies gilt insbesondere auf Gebieten, die mit öffentlichen Mitteln oder aus privaten Spenden finanziert werden. Gerade hier ist eine planvolle Unternehmensführung von großer Bedeutung: die einzelnen Schritte sollen voraussehbar, Entscheidungen nachvollziehbar und an einem Plan meßbar sein. In diesem Zusammenhang sind auch interne Regeln für die Spendenverwendung sowie Bestimmungen für die Prüfung der Rechnungs- und Wirtschaftsführung durch unabhängige Prüfer festzulegen.

1.2 Existenzsicherung

Unternehmen der Sozialwirtschaft sind – soweit sie nicht öffentlich-rechtlich organisiert und damit aus dem Konkursrisiko herausgenommen sind – ebenso von wirtschaftlichem Erfolg und Mißerfolg abhängig wie gewerbliche Wirtschaftsunternehmen. Ihr sozialer

Zweck vermittelt zwar einen hohen moralischen Anspruch, er bedeutet aber keine automatische und dauerhafte Existenzgarantie für Träger und Einrichtungen.

Werden in der Öffentlichkeit immer wieder einzelne Fälle von Mißwirtschaft oder von unseriösem Geschäftsgebaren in Sozialunternehmen bekannt, dann könnte auf längere Sicht der negative Eindruck entstehen, hier würden die Gelder des Bürgers – seien es nun Steuergelder, Kirchensteuermittel oder Pflegesätze des Selbstzahlers – verschleudert. Das könnte bei einer insgesamt kritischeren Öffentlichkeit zu langfristigen Existenzgefährdungen für die Sozialwirtschaft in ihrer jetzigen Struktur führen.

Dabei ist nicht nur die durchaus berechtigte Sorge um die Existenz des einzelnen Betriebes und der dort vorhandenen Arbeitsplätze zu nennen, vielmehr würden bei einer generellen Existenzkrise vor allem die Pflege-, Erziehungs- und Betreuungsmöglichkeiten für Zigtausende von Betreuten, Patienten und Klienten gefährdet. Auch die soziale oder medizinische Betreuung einer ganzen Region könnte auf dem Spiel stehen, wenn Träger sozialer Arbeit durch unseriöses und unverantwortliches Handeln von Geschäftsführung oder Mitarbeiterschaft die Öffentlichkeit auf den Plan rufen.

Auch deshalb ist die Anwendung bewährter und hilfreicher wirtschaftsplanerischer Instrumente zu empfehlen.

1.3 Erhaltung und Verbesserung des Management-Standards

Soziale Einrichtungen sind – vor allem in den vergangenen zwanzig Jahren – von überschaubaren und patriarchalisch geführten Großfamilien zu Sozialunternehmen herangewachsen. Diese Entwicklung mag man beklagen, man kann sie aber nicht mehr zurückdrehen.

Unternehmen mit Millionenumsätzen und Dutzenden oder Hunderten von Mitarbeitern stellen hohe professionelle Ansprüche an Führungskräfte, Leitungsstruktur und Leitungsinstrumente. Das Argument, im Sozialbereich sei „alles ganz anders", mag zwar für den Leitungsstil und den Umgangston der Mitarbeiter eine gewisse Berechtigung haben. Es darf aber nicht Schutzschild oder Abwehrwaffe gegen die Einführung zeitgemäßer Managementinstrumente und angemessener Leistungskriterien mißbraucht werden. Dies würde sonst zur Vermutung Anlaß geben, daß die Anforderungen an Leitung und Entscheidungsfindung vor allem deshalb abgelehnt werden, weil sie den bisher gepflegten und inzwischen verinnerlichten Gang der Dinge stören würden. Das betrifft die Gewinnung, Förderung und Begleitung der hauptamtlichen Führungskräfte, aber auch die Struktur und Arbeitsweise der Aufsichtsgremien, die Art der betrieblichen Finanzpolitik und das Verhältnis von hauptamtlichen und ehrenamtlichen Verantwortlichen.

Umfassende und konsequente Wirtschaftsplanung ist ein wichtiger und grundlegender Schritt hin zu mehr verantwortlichem und vorausschauendem Management in der sozialwirtschaftlichen Einrichtung.

1.4 Arbeitsplatzsicherung

Die Mitarbeiter in sozialen Betrieben haben ein legitimes Interesse an einer Unternehmensführung, die die Arbeitsplätze auf unbefristete Zeit sichert. Soziale Fachkräfte, die immer wieder um die eigene persönliche und familiäre Existenz bangen müssen, weil ihr Arbeitgeber auf unsicherem Fundament arbeitet, können kaum Vertrauen und Gelassenheit ausstrahlen und weitergeben.

Auch in Arbeitsbereichen, die vom Grundsatz her auf Zeit angelegt sind oder deren finanzielle Arbeitsgrundlage aufgrund gesetzlicher oder sozialpolitischer Bedingungen unsicher ist (zum Beispiel Arbeitslosenprojekte), hat die Mitarbeiterschaft durchaus ein solches berechtigtes Interesse.

Bei konsequenter Anwendung des Wirtschaftsplanes wird zwar die Existenz der Einrichtung nicht automatisch gesicherter, aber es sind Entwicklungen positiver und negativer Art besser vorauszusehen, sie können vorausberechnet und schließlich – wo das erforderlich ist – auch durch angemessene Reaktionen abgewendet oder zumindest abgefedert werden.

1.5 Interesse der Kostenträger

Bei allen gegebenen Interessenkonflikten zwischen Trägern der Freien Wohlfahrtspflege und Institutionen der öffentlichen Sozialarbeit besteht auch ein Interesse der Kostenträger, daß freie Einrichtungen der Sozialwirtschaft auf gesicherter Existenzgrundlage arbeiten können. Dieses Interesse ist nicht uneigennützig, aber durchaus berechtigt. Es gründet sich hauptsächlich auf zwei Überlegungen:

– Geraten Einrichtungen der Freien Wohlfahrtspflege in wirtschaftliche Krisensituationen, dann wird in der Regel auch der Kostenträger – als politisch Mitwirkender bei der Rettung, als Träger des finanziellen Verlustes oder als Sachwalter der Interessen der Betreuten – mit betroffen sein. Um solche Eingriffe zu vermeiden, wird bei den öffentlichen Partnern der freien Träger die Forderung nach möglichst planvollen und wirkungsvollen Leitungsinstrumenten laut.

– Zwischen 50 und 95 Prozent der Betriebskosten sozialer Unternehmungen werden durch die öffentlichen Kostenträger finanziert. Die verschiedenen Länderregelungen für das Pflegesatzwesen sehen sehr unterschiedliche Einsichtsrechte und Einflußmöglichkeiten für den Kostenträger vor. Die Dispositionsfreiheit und die Entscheidung über die Art der Wirtschaftsorganisation des freien Trägers werden in den meisten Bundesländern in der Regel gewahrt. Um so höher muß das Interesse des Kostenträgers sein, wenigstens zu wissen, daß die von ihm übertragenen Aufgaben auf professioneller wirtschaftlicher Grundlage ausgeführt werden.

2. Bedarf an Entscheidungsdaten

Sozialwirtschaftliche Unternehmen sind im Regelfall in privatrechtlicher Form als Vereine, Stiftungen oder gemeinnützige Gesellschaften mit beschränkter Haftung organisiert. Leitung und Aufsicht werden von satzungsgemäß definierten Gremien und Organen ausgeübt. Diese Organe sind überwiegend aus außenstehenden Ehrenamtlichen mit verschiedensten beruflichen Qualifikationen und Erfahrungen zusammengesetzt, die meist nicht täglich mit den komplexen Aufgabenstellungen der Sozialeinrichtung konfrontiert werden.

Die Bereitschaft der Gremien, sich auf wirtschaftliche Überlegungen einzulassen, ist sehr unterschiedlich ausgeprägt. Sind sie mit Wirtschaftswissenschaftlern, Juristen oder verwandten Berufen besetzt, können die Vorlagen der Geschäftsführung mit kritischer Gründlichkeit gewürdigt werden. Stammen die Gremienmitglieder aus anderen, entfernteren Berufsfeldern, wird eine deutliche Zurückhaltung gegenüber allem „nur" Finanziellen und Organisatorischen zu spüren sein, die in einzelnen Fällen zur Distanz oder gar Ablehnung gegenüber wirtschaftlichen und strukturellen Fragestellungen führen kann.

Für die Geschäftsführung ist diese Situation, die in der Praxis durchaus zu beobachten ist, nahezu unlösbar. Immerhin ist die Geschäftsführung auf gültige und vollziehbare Beschlüsse angewiesen, die als Grundlage für die weitere Arbeit dienen sollen.

Um den Organen die Übernahme der wirtschaftlichen Gesamtverantwortung zu ermöglichen, ist eine Anpassung des Planungsprozesses an die Bedürfnisse und Möglichkeiten erforderlich. An einigen konkreten Ansatzpunkten soll dies erläutert werden.

2.1 Beteiligung der Gremien am Planungsprozeß

Das grundsätzliche Beteiligungsrecht von Gremien und seine Umsetzung in konkrete Beteiligungsmöglichkeiten wird von vielen Faktoren beeinflußt.

Objektive (strukturell bedingte) Faktoren sind:

Rechtsform des Trägers

Verein, Stiftung und GmbH als gebräuchlichste Rechtsformen freigemeinnütziger Träger bieten ausreichenden Gestaltungsraum zur Schaffung von Voraussetzungen für eine angemessene Beteiligung der Gremien an Planungs- und Entscheidungsprozessen.

Pflichten der Organe

Die Aufgaben und Pflichten der Organe sind in der Satzung oder dem Gesellschaftsvertrag niedergelegt. Es ist empfehlenswert, besonders die Aufgabenverteilung bei der Erstellung,

Verabschiedung, Bewirtschaftung und Abrechnung des Wirtschaftsplanes in der Satzung oder einer verbindlichen Geschäftsordnung festzuschreiben.

Größenordnung der Einrichtung

Die Dimensionen eines sozialwirtschaftlichen Unternehmens haben durchaus Einfluß auf die Art und die Intensität der Gremienbeteiligung am Planungsprozeß. Im kleinen, auch von ehrenamtlichen Außenstehenden noch überschaubaren Heim kann eine vereinfachte Darstellung der wirtschaftlichen Plandaten genügen.

In großen, komplex strukturierten Unternehmenseinheiten dagegen sind detaillierte Planungsunterlagen erforderlich, um die Lage des Unternehmens, die Dimensionen geplanter Vorhaben und ihre wirtschaftlichen Konsequenzen verständlich zu machen, die für Laien nicht ohne weiteres verständlich sind.

Subjektive Faktoren

Subjektive (personenabhängige) Faktoren können dabei aber nicht vernachlässigt werden. Trägerorgane sind häufig mit Persönlichkeiten besetzt, die in der Gestaltung ihrer Mitarbeit und in der Intensität ihrer Aufgabenerfüllung sehr frei sind. Sie werden unter Umständen auch zarte Hinweise der Hauptamtlichen auf die Notwendigkeit einer intensiveren Mitarbeit mit einigem Selbstbewußtsein zurückweisen. Dabei kann sowohl die Gefahr eines Zuviel, einer Einmischung in die Aufgaben der Hauptamtlichen, als auch einer Gleichgültigkeit gegenüber den Tagesfragen, für die Geschäftsführung und für das Unternehmen insgesamt problematisch sein.

Generell kann festgestellt werden, daß eine Beteiligung der Gremien und Organe unabdingbar ist, wo die Beschlußfassung über Jahresabschluß und Wirtschaftsplan oder Haushaltsplan zu den satzungsmäßigen Aufgaben gehören. Diese Mitwirkung kann sich auf eine reine Kenntnisnahme der Planungsergebnisse, auf eine generelle Festlegung der Planungsparameter oder aber auch auf eine aktive Beteiligung an den Planungsschritten beziehen.

2.2 Definition von Kennzahlen für Entscheidungen

Für die effiziente und sachgerechte Arbeit der Aufsichts- und Entscheidungsgremien ist es von großer Bedeutung, daß aus einem fast unüberschaubaren Planungswerk die wichtigsten Ergebnisse und Inhalte in Form von betriebswirtschaftlichen Kennzahlen herausgefiltert werden. Nur so ist es möglich, die Planergebnisse großer sozialer Werke im Laufe einer Gremiensitzung angemessen zu würdigen und daraufhin sachlich fundierte und nachvollziehbare Beschlüsse zu fassen.

Solche Kennzahlen als Beurteilungs- und Entscheidungsgrundlage können zum Beispiel sein:

Entwicklung der Belegung der Heime

Dabei sollte ablesbar sein, welche Belegungsquote in der abgelaufenen Planungsperiode erreicht wurde und welche Quoten für die künftige Periode erhofft werden.

Liquidität des Unternehmens

Es sollte ersichtlich sein, in welchem Maße das Unternehmen zahlungsfähig ist und ob voraussichtlich mit Liquiditätsanspannungen oder -engpässen gerechnet werden muß.

Verschuldungsgrad

Hier sollte erkennbar sein, wie das Unternehmen aktuell finanziert ist und ob in absehbarer Zeit mit der Gefahr einer Überschuldung zu rechnen ist. Die Überschuldungsfrage ist vor allem bei GmbH-Rechtsträgerschaft von Bedeutung, da es zu den Pflichten der Geschäftsführer gehört, rechtzeitig die Gremien über ein solches Problem zu informieren, damit gegebenenfalls das Amtsgericht (Konkursgericht) eingeschaltet werden kann.

2.3 Definition des Inhalts und Umfanges von Entscheidungsunterlagen

Die Mitglieder von ehrenamtlich besetzten Entscheidungsgremien haben häufig nicht die Zeit, umfängliche und schwer durchschaubare Unterlagen bis ins Detail zu untersuchen, um die erforderlichen Schlüsse daraus zu ziehen. Es gehört deshalb zu den wichtigen Aufgaben der Geschäftsführung, vor Beginn neuer Planungsprozesse gemeinsam mit den Gremien zu definieren, in welchem Umfang Planungsschritte und Planungsergebnisse dokumentiert und vorgelegt werden sollen. Eine solche Klärung sollte zu Beginn jeder Amtsperiode der Gremien erneut vorgenommen werden, um potentielle Konfliktfelder möglichst einzugrenzen.

Erscheinen die vorgelegten Informationspapiere zu dürftig oder entsteht sogar der Eindruck, die Geschäftsführung wolle wichtige Themen zurückhalten, wird eine kritische und möglicherweise unsachliche Gesprächsphase nicht zu vermeiden sein. Sind die Unterlagen zu umfangreich oder zu schwer verständlich abgefaßt, besteht außerdem die Gefahr, daß durch skeptische Gremienmitglieder isolierte Einzelfragen herausgegriffen und über ihre tatsächliche Bedeutung hinaus diskutiert werden, ohne daß dabei ein Gesamtüberblick über die wirtschaftliche Situation des Unternehmens vermittelt werden kann.

Deshalb ist es empfehlenswert, von Zeit zu Zeit die Gremien auf die verschiedenen Möglichkeiten der Darbietung aufmerksam zu machen und eine erneute Entscheidung über die gewünschten Informationen zu erbitten. Nur so kann sichergestellt werden, daß der Planungsprozeß und die Inkraftsetzung des Planes durch Beschlußfassung aufeinander abgestimmt sind. In D 2.8 werden die erforderlichen Vorlagen konkret benannt.

2.4 Anforderungen an Form und Inhalte von Beschlußvorlagen

Entsprechende Grundüberlegungen gelten für die Anforderungen, die von den Organmitgliedern an Form und Inhalt der Planunterlagen zu stellen sind, die zur Beschlußfassung vorgelegt werden. Solche Vorlagen sollten folgende Mindestanforderungen erfüllen:

Gestaltung des Formulars

Die Planungsformulare sollten übersichtlich sein; die Texte müssen auch für den interessierten Laien so verständlich sein, daß er das Wesentliche sofort erkennen kann.

Kurzgefaßter Informationstext

Wichtige Einzeldaten, bemerkenswerte Abweichungen vom Vorjahr und die Gesamtergebnisse des Planungswerkes sollen erläutert werden.

Beschlußvorschlag (eventuell mit Alternativen)

Der vorgeschlagene Beschlußtext soll abstimmungsreif formuliert sein. Wenn Beschlußalternativen vorgeschlagen werden, sollten die Konsequenzen der verschiedenen Möglichkeiten dargestellt und erläutert sein.

Es erhebt sich die grundsätzliche Frage, welche Qualität und Wirksamkeit die Beschlüsse der Organe haben sollen. Beschlußvorlagen stellen immer eine Momentaufnahme dar, auch wenn versucht worden ist, künftige Entwicklungen sorgfältig zu analysieren und ihre Auswirkungen mit einzubeziehen. Beschließt das Aufsichtsgremium die so entstandenen Planwerte, so wird die Momentaufnahme für die Dauer des gesamten Planungszeitraumes festgeschrieben.

Ändern sich nun grundlegende Plandaten während der Planperiode, so ist die Geschäftsführung nicht mehr in der Lage, den beschlossenen Plan in der ursprünglichen Form auszuführen und umzusetzen. Es empfiehlt sich in dieser Situation, die Beschlußgremien frühzeitig und umfassend zu informieren, um den späteren Erläuterungsbedarf möglichst gering zu halten.

2.5 Berichtswesen für Gremien während der Planperiode

Kommt ein Entscheidungsgremium während der Planperiode mehrmals zusammen, so ist der Geschäftsführung zu empfehlen, über den jeweils aktuellen Stand von Planerfüllung und von Planabweichungen zu berichten. Dies kann in Form regelmäßig ausgegebener Kurzberichte erfolgen, aber auch durch mündliche Hinweise auf sich abzeichnende Abweichungen. Für die Regelberichte können EDV-Auswertungen mit tabellarischer und grafischer Darstellung sehr hilfreich sein, um Entwicklungen auch für den eiligen oder fachfremden Leser verständlich zu machen.

Für die Darstellung der Zwischeninformationen gelten die gleichen Regeln, wie sie unter 2.4 vorgeschlagen wurden.

Als Mindestinhalte sollte ein Zwischenbericht aufweisen:

– Ankündigung und Erläuterung von zu erwartenden Abweichungen zwischen Plan und Ist
– Hinweise und Erläuterungen von Veränderungen der Planungsgrundlagen
– Aufzeigen der Konsequenzen solcher Abweichungen und Veränderungen
– falls erforderlich: erneuter, modifizierter Beschlußvorschlag.

Für das verantwortliche Gremium, das seine satzungsmäßige Aufgabe ernst nimmt, wird es damit möglich, auch die Zielgenauigkeit der Planung und die Auswirkungen der Planungspraxis des Unternehmens zu überprüfen und gegebenenfalls durch rechtzeitige Beschlüsse auf eine veränderte Situation zu reagieren.

2.6 Planerfüllung und Planabweichung als Maßstab der Erfolgskontrolle

Es ist üblich, aber nicht unproblematisch, die Ergebnisse des Vergleichs zwischen den Plansätzen und den tatsächlich erreichten Werten (Soll-Ist-Vergleich) als Maßstab für die Kontrolle des Erfolgs der Unternehmensleitung heranzuziehen. Dies ist zwar naheliegend, aber als alleinige Grundlage einer seriösen Erfolgs- und Tätigkeitsbeurteilung nicht geeignet. Viele Faktoren wirken auf das Planergebnis ein, die nur zum Teil im Einflußbereich der Verantwortlichen des Unternehmens liegen.

Für den Erfolg oder Mißerfolg einer sozialwirtschaftlichen Unternehmung sollte nicht nur die rein rechnerische Planerfüllung beurteilt werden, sondern zumindest gleichwertig die Erzielung eines positiven Wirtschaftsergebnisses bei voller Aufgabenerfüllung im Sinne von Satzung und Zweck. In dieser Kombination von kaufmännischer und fachlichbetreuungsorientierter Beurteilung einer Unternehmensleistung kann der Plan-Ist-Vergleich hilfreich und sinnvoll sein.

Entscheidend ist aber letztlich nicht die Bestätigung der Planvorgaben, sondern das Gesamtergebnis im Sinne einer guten fachlichen und finanziell gesicherten Arbeit.

Interessant ist auch die Frage, welche Konsequenzen Aufsichtsgremien erwägen sollten, wenn sie in mehreren Planperioden hintereinander krasse Abweichungen zwischen den Planzahlen und der Wirklichkeit feststellen müssen. Dabei sind sowohl Abweichungen in positiver Hinsicht zu untersuchen, als auch negative Differenzen. Hier sind an die Geschäftsführung kritische Fragen zu stellen, ob sie die voraussichtlichen Marktentwicklungen richtig einschätzte, ob sie die richtigen Schlüsse aus ihren Beobachtungen zog oder ob sie aus taktischen Gründen ein geschöntes oder ein zu pessimistisches Bild zeichnen wollte.

3. Unternehmerischer Bedarf an Planung und Steuerung

Das sozialwirtschaftliche Unternehmen hat ein begründetes Interesse, seinen Bestand zu wahren, seine Position auszubauen und seine Zukunft zu sichern. Der soziale Zweck des Unternehmens kann nicht darüber hinwegtäuschen, daß sowohl im Sozialmarkt als auch innerhalb des Sozialunternehmens konkrete wirtschaftliche Zwänge und Interessen bestehen und berücksichtigt werden müssen. Diesen von außen kommenden Zwängen muß das Unternehmen mit professionellen Steuerungs- und Leitungsmethoden begegnen.

3.1 Realisierung der Unternehmensziele

Auf die grundsätzliche Frage der Unternehmensziele in sozialwirtschaftlichen Unternehmen wurde bereits in A 2.1.3 eingegangen.

Jedes Unternehmen arbeitet an der Verwirklichung von Unternehmenszielen, auf die die gesamte Arbeit des Unternehmens und seiner Bereiche ausgerichtet ist. Diese Ziele können unausgesprochen, aber allseits akzeptiert sein und sich aus der übereinstimmenden Grundüberzeugung aller im Unternehmen Tätigen ergeben. Sie können aber auch ausdrücklich und jederzeit nachlesbar in einer Satzung, einer Unternehmensverfassung oder einer Stiftungsurkunde niedergelegt sein.

Bestehen keine Unternehmensziele, sind die bestehenden Ziele nicht allen Mitwirkenden bekannt oder werden sie offen mißachtet, dann sind nicht alle Kräfte des Unternehmens auf ein gemeinsames Ziel hin ausgerichtet. Dies kann zu widersprüchlichen oder gar gegenläufigen Aktivitäten führen, die sich gegenseitig behindern oder lähmen.

Aus diesen Überlegungen heraus gehört es zu den wichtigsten Aufgaben eines Aufsichtsorgans und einer Geschäftsführung, realistische und realisierbare Ziele zu definieren und diese allen Beteiligten einsichtig zu machen. Werden die Ziele lediglich autoritär festgesetzt und verkündet, ohne daß ein Prozeß der Diskussion und der Überzeugungsarbeit stattfindet, besteht die Gefahr, daß sie wenig beachtet werden und keine spürbare Wirkung zeigen.

Im sozialwirtschaftlichen Unternehmen werden die Ziele etwas anders formuliert und gewichtet sein, als dies im gewerblichen Unternehmen der Fall ist. An erster Stelle wird dabei der Zweck oder Gegenstand des Vereins, der Stiftung oder der Gesellschaft stehen, wie er in der Satzung, der Stiftungsurkunde oder dem Gesellschaftsvertrag niedergelegt ist.

Aus dieser „Grundordnung" des Unternehmens können – jeweils nach der besonderen, individuellen Situation der Einrichtung oder des Unternehmens – Ziele wie die folgenden abgeleitet werden:

- Erfüllung des sozialen Auftrags
- Einhaltung des Satzungs-/Stiftungs-/Vereinszwecks
- Sicherstellen der langfristigen Existenz der Einrichtung

- Anbieten einer jeweils fachlich optimalen sozialen Dienstleistung
- Sicherung der Arbeitsplätze
- Erhaltung und Mehrung des Stiftungs-/Vereinsvermögens

3.2 Steuerung und Kontrolle als Leitungsaufgabe

Die Verwirklichung der Unternehmensziele ist dem Leitungsorgan des Unternehmens übertragen. Das ist in der Regel die Geschäftsführung oder der Vorstand, die zur Umsetzung dieser Aufgabe hauptsächlich mit der Steuerung und der Kontrolle betraut ist. Die sich daraus ergebenden Regelmechanismen und Prozesse werden unter anderem in Teil D erläutert.

Die Steuerung bedingt die Definition von Teil-Zielen, die von den Unternehmenszielen abgeleitet werden. Dieses Teilziel gilt es zu erreichen und, wo erforderlich, den veränderten Umständen anzupassen.

Die Kontrolle ist der Prozeß, bei dem die Erfüllung der Teil-Ziele permanent oder in Intervallen mit den Ausgangszielen verglichen wird und erforderliche Korrekturen angebracht werden.

Zur Erfüllung der beiden Hauptaufgaben der Leitung ist die Planbarkeit und Berechenbarkeit betrieblicher Prozesse von entscheidender Bedeutung. Nur wenn ein geeignetes Planungsinstrumentarium wie der Wirtschaftsplan zur Verfügung steht, können diese Aufgaben angemessen und wirtschaftlich durchgeführt werden.

3.3 Existenzsicherung als Leitungsaufgabe

Der Erhalt und die Sicherung der Existenz des Unternehmens als Träger der sozialen Aufgabe sind generelle Aufgabe der Leitung. Dies steht nicht im Widerspruch zur satzungsmäßigen Aufgabenstellung, sondern macht die Aufgabenerfüllung erst möglich. Nur wenn die Institution auf gesicherter wirtschaftlicher Grundlage steht, kann die satzungsgemäße soziale Aufgabe langfristig gewährleistet werden.

In der praktischen Umsetzung wird sich die Aufgabe der Existenzsicherung quer durch alle unternehmerischen Aktivitäten ziehen. Dabei kann es immer wieder zu Konfliktsituationen zwischen der kurzfristigen Erfüllung sozialer Teilziele und der langfristigen Sicherung des Unternehmens und damit des Unternehmenszwecks kommen. Diese Konflikte müssen von der Geschäftsführung im Sinne der Unternehmensziele entschieden werden. Unter B 1 wurde diese Fragestellung ausführlich behandelt.

3.4 Der Wirtschaftsplan als Steuerungsinstrument

Der Wirtschaftsplan ist vordergründig ein Instrument der Betriebswirtschaft, also der kaufmännischen Seite des Unternehmens. Seine Hauptaufgabe liegt jedoch nicht im kaufmännischen Bereich. Er hat vielmehr die Funktion, inhaltliche und fachliche Ziele durch planvollen Mitteleinsatz überhaupt erst möglich zu machen.

In der sozialwirtschaftlichen Unternehmung sind – wie in jedem gewerblichen Unternehmen – Fragen der Produktphilosophie nicht von den Fragen der wirtschaftlichen und organisatorischen Umsetzung zu trennen. Deshalb ist die volle Einbeziehung der Verantwortlichen der Fachbereiche, die für die gelieferte Dienstleistung zuständig sind, eine wichtige Voraussetzung für die Wirksamkeit und Aussagefähigkeit des Planes. Die Planung muß „integriert" sein im Sinne eines Zusammenwirkens aller unternehmerischen Bereiche.

Auch die innerbetriebliche Akzeptanz des Planes wird durch eine solche fachübergreifende Planungsarbeit erhöht werden. Es fällt dabei der häufige Vorwurf weg, es sei vom „grünen Tisch aus" ohne Berücksichtigung der Realität geplant worden. Der Wirtschaftsplan ist dann auch ein geeignetes und wirksames Werkzeug in der Hand des pädagogisch, pflegerisch oder medizinisch Verantwortichen.

3.5 Reaktionen auf veränderte Planungsaussetzungen

Im Laufe des Planjahres werden immer wieder Situationen auftreten, in denen durch externe oder interne Einflüsse wichtige Grundparameter des Wirtschaftsplanes verändert werden. Diese Tatsache muß nicht gegen die Aussagefähigkeit des Planes oder die Professionalität der Planer sprechen. sie wirft allerdings die Frage auf,

– ob der Plan den veränderten Realitäten angepaßt und neu justiert werden soll; dies würde bedeuten, daß der Plan ohne weitere Erläuterungen wieder als Erfolgsmaßstab verwendet werden könnte;

– oder ob die alte Planfassung bewußt weitergefahren werden soll; dann müßten die eingetretenen Veränderungen gegenüber den Aufsichtsgremien zur Vermeidung von Fehlinterpretationen ausführlich erläutert und begrüßt werden.

Beide Versionen werden in der Praxis angewendet. In Teil D wird diese Problematik ausführlich erläutert.

C. Grundlagen der Wirtschaftsplanung

Gerhard Sackmann

1. Verfahren

Planung besteht aus mehreren Elementen: Ziele, Prämissen, Probleme, Maßnahmen, Mittel, Termine, Personen und Ergebnisse.

Diese Elemente werden wie folgt verknüpft: Vergleicht man die Ziele mit den tatsächlichen Gegebenheiten, so stellt man Diskrepanzen fest, die zu beheben sind. Die Aufgaben zur Problemlösung werden den am Prozeß beteiligten Planungsträgern (Personen) zugeordnet. Die Planungsträger werten die Informationen (Randbedingungen, zur Verfügung stehende Mittel) aus und legen die erforderlichen Maßnahmen, Termine und die dazu benötigten Personen in einem Plan (Ergebnis) fest.

Zur Regelung des Ablaufs sind Verfahren und Instrumente erforderlich; die Anforderungen, die die Entscheidungsträger an eine Planung stellen, bestimmen diese Verfahren und Instrumente.

Die Literatur beschreibt eine Vielzahl von Methoden und Instrumenten (zum Beispiel Wild, Grundlagen, Seite 148 ff.), doch in der Mehrzahl sind sie nur mit Schwierigkeiten anzuwenden.

Im folgenden werden einerseits in Anlehnung an Wild Eigenschaften von Planungssystemen aufgezeigt, andererseits Gestaltungsformen von Planungssystemen dargestellt. Dies soll dem Leser bei der Beurteilung, der Erstellung oder Veränderung eines Planungssystems helfen.

Das optimale Planungssystem gibt es sicherlich nicht; es ist immer abhängig von den vorhandenen Gegebenheiten und den daraus abgeleiteten Forderungen. Ein Planungssystem soll nicht Selbstzweck sein, sondern Führungsinstrument der Leitung und damit die Erreichung der Ziele gewährleisten. Bei der Gestaltung eines Planungssystems sind folgende Fragen zu beantworten: Welche Eigenschaften muß das Planungssystem haben? Wie muß es aufgebaut sein? Im wesentlichen geht es dabei um die Eigenschaften der einzelnen Pläne und deren Zusammenwirken zu einem sinnvollen System.

1.1 Systemkriterien (Eigenschaften)

In der Praxis trifft man auf sehr unterschiedliche Gestaltungsformen von Planungssystemen. Ein Vergleich ist kaum durchzuführen, da objektive Vergleichsmaßstäbe fehlen und sehr unterschiedliche Ausgangssituationen bestehen.

Nach welchen Maßstäben lassen sich Planungssysteme beurteilen, entwickeln und verändern? Um dies zu beantworten, müssen die Eigenschaften von Planungssystemen genau untersucht werden.

Es ist sicherlich möglich, die Eigenschaften ausreichend zu beschreiben, um die Leistungsfähigkeit von Planungssystemen zu beurteilen. Schwierig, kaum möglich ist jedoch die Bestimmung der Wirkungszusammenhänge zwischen den einzelnen Eigenschaften.

In Literatur und Praxis findet man folgende Eigenschaften und Planungssystemen:

- Standardisierung und Formalisierung
- Nachvollziehbarkeit
- Vollständigkeit
- Genauigkeit
- Grad der Aufgliederung
- Grad der Abstimmung
- Anpassungsfähigkeit
- Einfachheit/Transparenz
- Verbindlichkeit
- Wirtschaftlichkeit

Standardisierung und Formalisierung

Gleiche Probleme sollen in gleicher Weise gelöst werden. Soweit sinnvoll, soll möglichst stark vereinheitlicht werden, Lösungswege sind festzulegen mittels

- Formularen
- Regelungen
- Verfahren.

Eine wichtige Grundlage für die Abstimmung der Pläne stellen die Einheitlichkeit der Informationsbasis und des -umfanges dar.

Nachvollziehbarkeit

Ziele, Inhalte und Prämissen sind schriftlich zu fixieren. Die Dokumentation ist die Voraussetzung für die Kontrolle und Fortschreibung von Plänen sowie für die Abstimmung von Teilplänen. Die Nachvollziehbarkeit soll auch bei einem Personen- oder Zuständigkeitswechsel die Kontinuität der Planung gewährleisten.

Vollständigkeit

Ein Planungssystem, das alle Bereiche einer Einrichtung umfaßt, erlaubt genaue und sichere Entscheidungen. Da Vollständigkeit aber einen hohen Planungsaufwand beinhaltet, ist der Nutzen im Verhältnis zum Aufwand zu sehen. Werden aus Kostengründen nicht alle Planungsbereiche erfaßt, müssen Schwerpunkte gebildet werden.

Genauigkeit

Man unterscheidet zwischen Global- und Feinplan. In Globalplänen werden die Inhalte weniger präzis dargestellt als in den meist dazugehörenden Feinplänen. Durch die präzise Darstellung nimmt der Informationsgehalt zu, die Planung wird dadurch aber unsicherer. Im Gegensatz dazu verringert sich mit abnehmender Genauigkeit der Informationsgehalt, die Wahrscheinlichkeit, daß der Plan realisiert wird, nimmt zu. Die Planung bei geringerer Genauigkeit bezieht sich meist auf einen längeren Zeitraum.

Grad der Aufgliederung

Die Planung kann in einem Gesamtplan durchgeführt oder – nach zeitlichen oder sachlichen Gesichtspunkten und/oder Stufen – in Teilbereiche aufgegliedert werden. Die zeitliche Differenzierung kann in lang-, mittel- oder kurzfristigen Plänen bestehen.

Die Aufgliederung nach Sachgesichtspunkten nennt man horizontale Aufgliederung. Beispiel: eine Unterteilung der Einrichtungsplanung in eine Belegungs-, Personal-, Investitions-, Sachkosten- und Finanzplanung. Eine stufenweise Differenzierung wird als vertikale Aufgliederung bezeichnet. Die Stufe zum Beispiel über einen Teilplan bildet der Rahmenplan.

Grad der Abstimmung

Es ist wichtig, einzelne Pläne aufeinander abzustimmen. Zwischen gleichgeordneten Plänen erfolgt eine Koordination, zum Beispiel zwischen den Plänen von Einrichtungsteilen (wie Wohnheime, Werkstätten, Altenheime, Krankenhäuser) oder zwischen Bereichen (wie zum Beispiel Personal- und Investitionsbereich). Zwischen über- und untergeordneten Plänen findet eine Integration statt. Wirkungs- oder Zweck-Mittel-Abhängigkeiten sind dabei zu beachten. Die Qualität der Planung hängt wesentlich davon ab, wie und in welchem Maß das Abstimmungsproblem gelöst wurde.

Anpassungsfähigkeit

Notwendige Anpassungen sind rechtzeitig festzustellen, zum Beispiel durch Abweichungsanalysen. Entsprechende Planänderungen sind sach- und zeitgerecht durchzuführen. Voraussetzung sind aktuelle Informationen (Ist-Daten) und eine gute Kontrollierbarkeit dieser Daten. Nicht nur interne Daten, zum Beispiel aus dem Rechnungswesen, müssen berücksichtigt werden, sondern auch externe Daten, zum Beispiel Gesetzesänderungen. Die Kontrollhäufigkeit ist entsprechend den Anforderungen der Entscheidungsträger festzulegen.

Die Anpassungsfähigkeit ist abhängig von der Gestaltung des Planungssystems. Gibt es in einem Planungssystem viele Verknüpfungen zwischen den Teilplänen, so bedeutet eine

Änderung der Planung relativ viel Aufwand. Gelingt es, weitgehend selbständige Teilpläne aufzustellen, so sind die Änderungen einfacher durchzuführen.

Einfachheit/Transparenz

Die praktische Akzeptanz des Planungssystems hängt ab von seiner Überschaubarkeit, Verstehbarkeit, Handhabbarkeit.

Ist ein Planungssystem nach Modulen aufgebaut, die leicht abzugrenzen sind und sich doch gut zu einem Gesamtbild zusammenfügen lassen, erhöht dies die Praktikabilität. Auch die Form der Einführung hat Einfluß auf die Verständlichkeit: Ein Planungssystem wird nur akzeptiert werden, wenn bei seiner Einführung Schulungen durchgeführt und Formulare und Regelungen erläutert werden.

Verbindlichkeit

Die Planungsträger müssen die Plandaten verantworten können. Es geht nicht nach dem Motto „Was geht mich mein Geschwätz von gestern an", deshalb muß ein rationaler Vollzug der Datenentstehung möglich sein. Die Planung sollte Grundlage für die Beurteilung der Zielerreichung der einzelnen Planungsträger sein.

Wirtschaftlichkeit

Beim Aufbau eines Planungssystems ist darauf zu achten, daß zwar die bisher genannten Eigenschaften berücksichtigt werden, aber auch der Planungsaufwand zu den erzielbaren Verbesserungen in einem vernünftigen Verhältnis steht.

Die Verbesserungen beziehen sich nicht nur auf die reine monetäre Ergebnis- oder Liquiditätssituation, sondern auch auf eine langfristige Sicherung der Existenzgrundlage der Einrichtung.

Ein gutes Planungssystem kann bei der Anpassung an veränderte Bedingungen gute Dienste leisten und somit den Umstellungsaufwand reduzieren.

1.2 Gestaltungsformen

Der Aufbau eines Planungssystems kann nach verschiedenen Kriterien erfolgen. Man unterscheidet drei Bereiche:

- Planungsstruktur
- Planungsablauf
- Planungsanpassung

1.2.1 Planungsstruktur

Planungsarbeit kann für die Gesamteinrichtung nur effektiv sein, wenn sie zielbezogen ist. Da in einer Einrichtung mehrere Personen und Bereiche auf verschiedenen Ebenen und in verschiedenen Zeiträumen planen oder von der Planung betroffen sind, ist eine systematische Ordnung und Zusammenfassung dieser Planungen dringend erforderlich. In der Literatur hat sich der Begriff der Mehrstufigkeit herausgebildet.

Mehrstufigkeit

In zeitlicher Hinsicht lassen sich

- kurzfristige
- mittelfristige
- langfristige

Planungen unterscheiden:
Zeitlich differenziert kommt man zu: Monats-, Halbjahres-, Jahres-, Fünfjahresplanungen.

Sachlich kann die Planung nach Funktionen aufgeteilt werden, wie zum Beispiel bei einem erwerbswirtschaftlichen Unternehmen in Absatz-, Produktions-, Investitions-, Finanz- und Personalplan.

Zeitlich und/oder sachlich differenzierte Pläne sind aufgrund der Ziele der Einrichtung hierarchisch über- oder untergeordnet. Die Pläne haben dabei eine Zweck-Mittel-Beziehung, zum Beispiel ist der Leistungsplan in einer sozialen Einrichtung dem Personalplan und dem Investitionsplan sachlich übergeordnet, zeitlich ist der Rahmenplan der Detailplanung übergeordnet.

Kombiniert man die sachliche und zeitliche Differenzierung, gelangt man zur

- Grundsatzplanung
- strategischen Planung (über fünf Jahre)
- taktischen Planung (zwei bis fünf Jahre)
- operativen Planung (bis zu einem Jahr)

Grundsatzplanung

In der Grundsatzplanung werden die Grundsätze des Unternehmens oder der Einrichtung fixiert. In manchen Unternehmen wird dies auch als Unternehmensphilosophie bezeichnet. Die Grundsätze können sich auf verschiedene Bereiche beziehen - bei einer Behinderteneinrichtung auf die Prinzipien der Betreuungsarbeit, bei einem Krankenhaus eventuell auf das Prinzip der regionalen Versorgung. Die Grundsatzplanung kann auch generelle Aussagen zu bestimmten Funktionen wie etwa Personal- und Führungskonzeptionen umfassen. Sie gründet teilweise im rationalen, teilweise im irrationalen Bereich.

Strategische Planung

Während die Grundsatzplanung zeitlich nicht festgelegt ist, wird die strategische Planung oft bis zu 15 Jahren angelegt. Sie soll die langfristig notwendigen Aktivitäten aufzeigen, um die Ziele der Einrichtung zu erreichen. Daher ist sie Aufgabe der Leitung.

Aufgrund der Langfristigkeit ist die Planung unsicher. Da sie in der Regel die Grobplanung darstellt, werden Aussagen global formuliert. Dadurch ist sie flexibel. In der Regel wird die strategische Planung als grob vereinbarte Richtschnur angesehen, die vor allem versucht, externe Informationen auszuwerten, zum Beispiel Informationen über die Altersstruktur für den Bau von Pflegeheimen. Die Realisierung der strategischen Planung wird in der taktischen und operativen Planung konkretisiert.

Taktische Planung

Taktische Planung ist die Konkretisierung der strategischen Planung auf einen bestimmten Bereich. Sie bezieht sich auf einen Zeitraum von zwei bis fünf Jahren. Die taktische Planung kann funktionsbezogen und/oder produkt-(objekt-)bezogen sein. Die taktischen Pläne stehen zu den operativen Plänen in einer Zweck-Mittel-Beziehung.

Operative Planung

Aus der taktischen Planung abgeleitet, stellen die operativen Pläne eine konkrete Handlungsanweisung für einen kurzfristigen Zeitraum dar. Es sind meistens Jahresplanungen, gelegentlich Wochenplanungen. Die operative Planung ist meist Objekt der mittleren oder unteren Führungsebene und bezieht sich in der Regel auf die quantitative Festlegung, zum Beispiel bei den einzelnen Funktionen wie Planung der Produktionsmenge, der Belegungstage, des Personalbedarfs, der Ausstattungs- oder der Finanzmittel.

Im Gegensatz zur strategischen Planung weisen die Pläne ein hohes Maß an Genauigkeit auf. Ihre Flexibilität ist vergleichsweise gering, da viele angrenzende Bedingungen festgelegt sind. Die Vielfalt der Informationen erfordert spätestens hier eine Aufspaltung in Teilpläne.

Während bei den einzelnen Planungsstufen die zeitliche Reichweite abnimmt, nehmen dagegen in der Regel die Vollständigkeit und Genauigkeit zu.

Man kann zuerst die kurzfristige Planung aufstellen und daraus die langfristige ableiten oder den umgekehrten Weg beschreiten. Im Sinne der Zielorientierung wird in der Regel die zweite Möglichkeit der ersten vorzuziehen sein. Grundsätzlich stellt sich die Frage: Welche Maßnahmen und Ergebnisse müssen in der vorhergehenden Stufe bedacht werden, um die Pläne der nachgelagerten Stufen verwirklichen zu können?

Während bei den einzelnen Planungsstufen die zeitliche Reichweite abnimmt, nehmen dagegen in der Regel die Vollständigkeit und Genauigkeit zu.

Die Länge der Planungszeiträume hängt weitgehend von den gesetzten Zielen, der Vorhersehbarkeit künftiger Ereignisse und der Dauer der Umsetzung der geplanten Maßnahmen ab.

Die Verkettung der Planungszeiträume kann sehr unterschiedlich gestaltet werden. Folgende Möglichkeiten bieten sich an:

- isolierte zeitliche Planung
- Überlappung der Planungszeiträume
- Integration der Planungszeiträume.

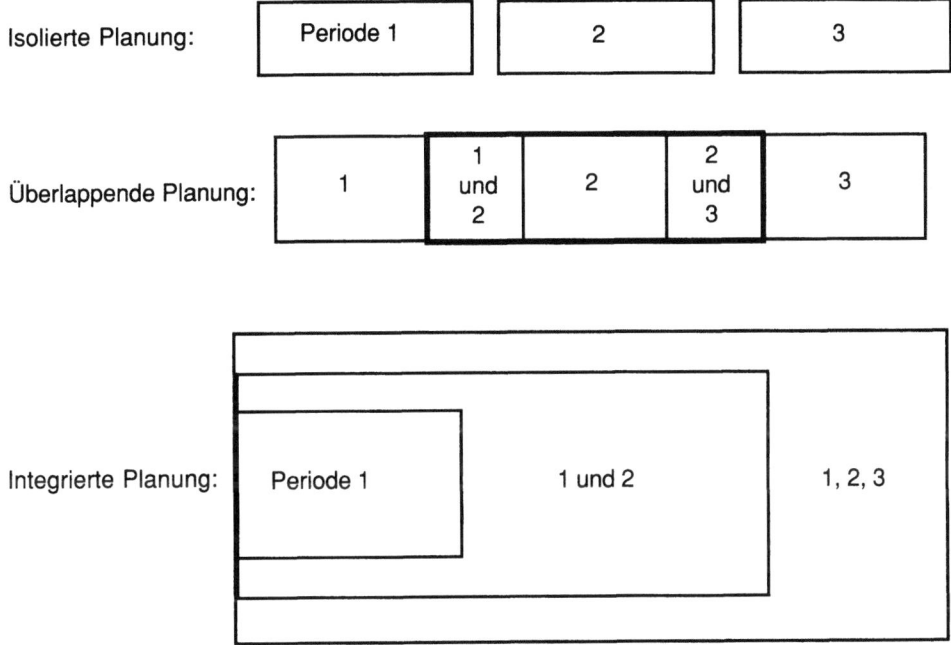

1.2.2 Planungsablauf

Für den Planungsablauf muß klar festgelegt werden, wer, wie, wann und in welcher Funktion am Planungsgeschehen beteiligt ist (siehe Abbildungen 1 und 2).

Aufgabe Planungsverantwortlicher (Bereichsleiter)	Termin	Verantwortlich für die Datenaufbereitung	Termin
Belegungsplan	15.09.	Abteilung Leistungsabrechnung	29.09.
Personalplanung	15.09.	Personalabteilung	29.09.
Organisationsplanung	15.09.	Personalabteilung	29.09.
Absprache mit Geschäftsführung	30.09.		
Investitionsplanung	15.10.	Rechnungswesen Anlagenbuchhaltung	22.10.
Aufwands- und Ertragsplanung	15.10.	Rechnungswesen Finanzbuchhaltung	22.10.
Überprüfung und EDV-Zusammenstellungen	30.10.		
Absprache mit Geschäftsführung	15.11.	Aufbereitung und Fertigstellung durch Verwaltung	30.11.

Abbildung 1: Ablaufdiagramm

Stellen Planungsstufen	Geschäfts- führung	Stabs- stelle	Bereichs- leitung 1)	Personal- abteilung	Rechnungs- wesen
Grundsatzplanung	E	B	B, J	–	–
Strategische Planung	E	B, K	B, J	J	J
Operative Planung – Belegungsplanung	G	B, K	E, K	–	J
– Produktionsplanung	G	B, K	E, K	–	J
– Personalplanung	G	B, K	E, K	A, J, K	J
– Investitionsplanung	G	B, K	E, K	–	J, K
– Aufwands- und Ertragsplanung	G	B, K	E, K	J, K	A, J, K
– Finanzplanung	G	B, K	E, K	–	A, J, K

1) Annahme: regional gegliederte Bereiche

Funktionen: A = Abstimmung   G = Genehmigung
            B = Beratung, Konzeptentwürfe   K = Kontrolle
            E = Entscheidung   I = Informationslieferung

Abbildung 2: Funktionendiagramm

Eine Frage ist die Zentralisation oder Dezentralisation der Planung. Bei der Zentralisation liegt das Problem in der mangelnden Information und mangelnden Kenntnis des Planungsfeldes. Planung ist deswegen primär eine Linienfunktion, zumindest in der operativen Planungsphase. Dagegen ist die strategische Planung meist Aufgabe der zentralen Abteilungen.

Die Qualität einer Planung hängt von der Motivation der Mitarbeiter ab. Die Mitarbeiter sind besser zur Durchführung von Plänen zu motivieren, wenn sie an der Planung aktiv mitwirken.

Die Entwicklung der Pläne kann dabei sehr unterschiedlich gestaltet werden. Ein Abstimmungsbedarf besteht in zwei Richtungen; zum einen muß zwischen über- und untergeordneten Plänen, zum anderen zwischen gleichgeordneten Plänen eine Abstimmung erfolgen.

Bei der Abstimmung zwischen über- und untergeordneten Plänen unterscheidet man in der Literatur drei Verfahren (siehe Wild, Grundlagen, Seite 189 ff.):

- retrogrades Verfahren
- progressives Verfahren
- Gegenstromverfahren

Diese Verfahren werden in C 4.2 beim Planungsprozeß ausführlich beschrieben. Wichtig ist, daß die Entwicklung des Planes bewußt geschieht und von vornherein der entsprechende Verfahrensablauf festgelegt wird.

Am geeignetsten ist nach überwiegender Meinung das Gegenstromverfahren, das eine ebenenweise Integration der untergeordneten Pläne mit den übergeordneten Plänen vorsieht.

Der Abstimmungsbedarf zwischen gleichgeordneten Plänen ergibt sich aus der Zielorientierung der Planung. Die einzelnen Teilplanungen, die sehr unterschiedliche Ziele verfolgen können, wirken gegenseitig aufeinander ein und gefährden somit eventuell das Gesamtziel (zum Beispiel die Planung von zwei selbständigen Altenpflegeheimen mit unterschiedlicher konzeptioneller Auffassung).

Um die Gesamtplanung auf die vorgegebenen Ziele abzustimmen, bieten sich folgende Lösungsmöglichkeiten an:

- Planungsbesprechungen
- Kennziffern
- Budget
- Finanzplan
- PlanGuV und Planbilanz

Die einzelnen Möglichkeiten, die sicherlich nicht vollzählig sind, werden meist nicht einzeln, sondern kombiniert angewendet.

Planungsbesprechungen

Methodisch am einfachsten ist die direkte Planungsabstimmung durch Besprechungen, jedoch kann der Zeitaufwand sehr hoch sein. Bei gleichrangigen Besprechungsteilnehmern stellt sich zudem das Problem der Entscheidungsfindung.

Betriebliche Kennziffern

Durch betriebliche Kennziffern sollen Vorgänge und Strukturen von Einrichtungen abgebildet werden. Kennzahlen können absolute Zahlen sein, in der Regel sind es aber Verhältniszahlen. Durch die Kennzahlen werden Informationen leicht verständlich und übersichtlich dargestellt; der Nachteil ist, daß nur quantitative Aussagen gemacht werden können. Als Anwendungsbeispiele können genannt werden: Pro-Kopf-Zahlen, Schlüsselzahlen (zum Beispiel Personalschlüssel bei gleichartigen Einrichtungen), Produktivitätskennzahlen (Output/Input), Deckungsbeiträge, Cash-flow, Investitionskoeffizienten, Liquiditätsgrade.

Budget

Beim Einsatz des Budgetinstruments werden den einzelnen Verantwortungsbereichen monetäre Plangrößen für einen bestimmten Zeitraum vorgegeben. Durch die Vorgabe bestimmter Größen (zum Beispiel letztes Jahresvolumen plus Veränderungsrate) durch die übergeordnete Ebene ist die Abstimmung nicht schwierig. Nachteilig ist, daß Budgets in der Regel eine gewisse Starrheit in sich tragen. Deshalb sollten, soweit möglich, veränderbare Bemessungsgrößen mit berücksichtigt werden, wie beim Lebensmittelaufwand die Anzahl der Essensteilnehmer.

Eine automatische Fortschreibung von Budgetansätzen ist abzulehnen, da Unwirtschaftlichkeiten nicht aufgedeckt werden. Grundsätzlich sollte bei jedem Budgetansatz der Kosten-Nutzen-Aspekt eine wesentliche Rolle spielen (zum Beispiel Zero-Base-Budgeting in Kuhn, Unternehmensführung, Seite 72 ff.).

Finanzplan

Vor allem bei kleinen Einrichtungen läßt sich eine grobe Abstimmung über den rein monetären Bereich der Finanzplanung durchführen.

Dadurch soll vor allem die Zahlungsfähigkeit gesichert werden, um die Einrichtung nicht durch einen Konkurs zu gefährden.

Die Abstimmung über den Finanzplan ist notwendig. In den meisten Einrichtungen ist er jedoch keine ausreichende Planungsgrundlage, da bei der Finanzplanung der monetäre Bereich dominiert.

Plan-Gewinn- und Verlustrechnung und Planbilanz

Letztendlich finden die meisten Einrichtungsaktivitäten ihren finanziellen Ausdruck im Jahresabschluß. Bei der Planung mit der Plan-Gewinn- und Verlustrechnung (PlanGuV) und der Planbilanz werden diese Aktivitäten gedanklich vorweggenommen und die Auswirkungen auf die PlanGuV und Planbilanz dargestellt. Die Abstimmung der einzelnen Bereiche erfolgt über die PlanGuV durch den Vergleich der geplanten Erträge mit den geplanten Aufwendungen. Bei der Planbilanz ist zum Beispiel ein Kapitalfehlbetrag leicht sichtbar zu machen. Die Notwendigkeit einer Änderung ist unschwer zu erkennen. Die Planbilanz und die PlanGuV sind später eine gute Grundlage für einen Soll-Ist-Vergleich.

Genauso wichtig wie die Entwicklung von Plänen ist die Überlegung, wann, wie oft, in welcher Weise und von wem Pläne überprüft werden. Es dürfte nicht selten vorkommen, daß eine Planung mit großem Aufwand erstellt wurde, Planabweichungen aber später nicht festgestellt werden und somit die Chance, die Planung als Führungsinstrument zu nutzen, vertan wird.

Voraussetzung für eine sinnvolle Nutzung der Planung ist, in bestimmten Abständen

- Prämissen
- Planfortschritte
- erzielte Ergebnisse

zu kontrollieren und Abweichungen zu analysieren. Aus diesen Erkenntnissen werden Informationen gewonnen, die in einen neuen Planungsprozeß fließen.

Je kürzer der Zeitabstand der Kontrollen ist, um so größer ist die sich daraus ergebende mögliche Flexibilität: dagegen steht allerdings der zunehmende Aufwand.

Die Kontrolle kann aber nur dann wirkungsvoll sein, wenn den Kontrollzeiträumen auch der Informationsfluß (Ist-Daten) richtig zugeordnet ist (kybernetische Verknüpfung). Dabei spielt in der betrieblichen Praxis die zeitliche Abgrenzung eine gewichtige Rolle, die nicht zu unterschätzen ist (zum Beispiel bei Bestandsveränderungen im Lager).

1.2.3 Planungsanpassung

Wenn Pläne aufgestellt werden, besteht immer die Gefahr, daß die prognostizierten Entwicklungen nur teilweise oder überhaupt nicht eintreffen und schlimmstenfalls sich sogar Basisdaten ändern. Durch die zunehmende Dynamik, nicht zuletzt durch den technischen Fortschritt und die daraus resultierenden Probleme, ist bei der Gestaltung von Planungssystemen die Flexibilität ein wichtiger Baustein. Entweder müssen die Pläne nachträglich geändert werden können, oder vorher mögliche Anpassungsnotwendigkeiten berücksichtigt werden.

Als Lösungsmöglichkeiten werden in der Literatur (siehe Wild, Grundlagen, Seite 176 ff.) folgende Möglichkeiten genannt:

- Zeitaufschiebung:
  zu einem späteren Zeitpunkt ist die Informationsbasis breiter, die Planentscheidung wird sicherer.
- Rollende Planung:
  die Planung ist an sich langfristig angelegt, jedoch in einzelne Planabschnitte unterteilt. Jeweils vor Beginn des Planabschnitts werden die definitiven Entscheidungen getroffen.
- Einbau von Planreserven:
  Schwankungen sollen innerhalb der Bandbreite abgedeckt werden.

- Flexible Planung:
  in die Planung werden schon zu Beginn verschiedene Alternativen und Situationen einbezogen. Die Entscheidungen sind dann jeweils von den dann vorhandenen Bedingungen abhängig. Problematisch ist allerdings die Tatsache, daß in der Praxis es kaum gelingen wird, sämtliche alternativen Situationen und die daraus resultierenden Entscheidungen zu beschreiben.

Praxisüblich, vor allem in Krisenzeiten, sind auch Eventualpläne, meistens bekannt unter der Bezeichnung „Schubladenpläne". Treten bestimmte Bedingungen ein wie etwa eine Verschlechterung der Belegungssituation, werden diese Pläne wirksam (zum Beispiel Kosteneinsparungen, alternative Engagements).

Sind Planungen verabschiedet worden und ändern sich nachträglich die Voraussetzungen oder wurde von falschen Voraussetzungen ausgegangen, steht man vor der Entscheidung, ob die Pläne nachträglich geändert werden sollen.

Da die Planung eine Grundlage für die Steuerung der Einrichtung bildet und die Änderungen auch Auswirkungen auf die Zielerreichung haben, ist meines Erachtens eine nachträgliche Anpassung notwendig.

Andernfalls müßten die nachträglichen Änderungen laufend beim Soll/Ist-Vergleich dokumentiert werden, was zu einem hohen Arbeitsaufwand führen und die Überschaubarkeit, Klarheit und Einfachheit beeinträchtigen würde.

Es wird jedoch auch die Auffassung vertreten, daß eine nachträgliche Änderung nicht zweckmäßig sei, da der direkte Vergleich Plan/Ist zu bestimmten Zeitpunkten ermöglicht werden soll.

Sicherlich hängt die Entscheidung der nachträglichen Anpassung vom Einzelfall ab und ist von Einrichtung zu Einrichtung unterschiedlich.

2. Die Instrumente aus organisatorischer Sicht

2.1 Voraussetzungen

2.1.1 Aufbauorganisationen

Die Einrichtung muß so gegliedert sein, daß sinnvolle Teilpläne erstellt werden können (wenn möglich für abgeschlossene Einheiten, zum Beispiel Wohneinheiten, Werkstatteinheiten, Abteilungseinheiten).

Die Planung kann nach funktionalen, regionalen oder leistungsspezifischen Gesichtspunkten gegliedert werden; auch eine Kombination ist möglich.

Die einzelnen Stellen müssen klar definierte Aufgaben und Kompetenzen haben, damit die Planungs- und Kontrollaufgaben zugeordnet werden können.

Bei großen Einrichtungen ist zu überlegen, ob die Planungsabteilung als Stabsstelle die Leitungskräfte unterstützen soll.

2.1.2 Personal

Bei den Führungskräften muß die Akzeptanz für das Führungsinstrument Planung geweckt und gefördert werden.

Um die Planung effizient als Steuerungsinstrument einzusetzen, bedarf es klar formulierter Ziele und Grundsätze, die zugleich auch die Grundlage für eine spätere Beurteilung durch die Stelleninhaber bildet. Die meisten Führungskonzeptionen gehen von der Zielvorgabe und der sich anschließenden Beurteilung aus (zum Beispiel Bad Harzburger Führungsmodell). Dabei ergibt sich die Gefahr, daß Ziele entsprechend nieder angesetzt werden, um im späteren Vergleich gute Ergebnisse zu erzielen. Vermieden werden kann dies durch die Entwicklung eines Zielsystems und den Einsatz interner und externer Kennzahlen. Bei einem Zielsystem werden aus einem oder mehreren Hauptzielen die Bereichsziele und Unterziele konsequent abgeleitet und die Verknüpfungen der einzelnen Ziele analysiert und dargestellt.

2.2 Ablauforganisation

Grundlage für eine sinnvolle Planungsarbeit ist, daß die einzelnen Mitarbeiter das Planungsziel für ihren Bereich kennen, die Qualifikation den gestellten Anforderungen entspricht und entsprechende Hilfestellung angeboten wird (Stabsstelle) und schließlich die einzelnen Mitarbeiter konstruktiv sich am Planungsgeschehen beteiligen (Motivation). Eine Planung, die von oben verordnet wird, stößt naturgemäß schnell an ihre Grenzen; erst durch die Kombination von grundsätzlicher oder strategischer Planung mit Detailwissen wird die Planungsarbeit zu einem sinnvollen Ganzen, das die Basis für die spätere Umsetzung bildet.

Um diese Anforderungen zu erfüllen, ist ein leistungsfähiges Instrumentarium zur Erfassung, Verarbeitung und Darstellung der Daten erforderlich.

2.2.1 Erfassung

Ein Planungssystem ist nur so gut wie die zugrunde liegenden Informationen. Deshalb ist schon bei der Erfassung zu beachten, daß die Informationen

- richtig
- rechtzeitig
- wirtschaftlich

zur Verfügung gestellt werden. Die Art und der Umfang der Erfassung der Daten hängt vor allem von den verschiedenen Ausgestaltungsmöglichkeiten der Planungsmethoden ab, die auf die Art des Unternehmens zugeschnitten sein müssen.

Die Informationen können Vergangenheits-, Gegenwarts- oder Zukunftsdaten sein.

Es ist von Vorteil, wenn auf ein gut ausgebautes Rechnungswesen und auf eine differenzierte Kostenrechnung zurückgegriffen werden kann.

In dieser Phase werden auch äußere Einflüsse auf die Einrichtung einbezogen (zum Beispiel Änderung der Pflegesatzvereinbarung, Entwicklung der Altersstruktur bei einem Altersheim, Anforderungen der staatlichen Organe).

Es ist wesentlich, daß voraussehbare Entwicklungen oder begründete Erwartungen einfließen (zum Beispiel Entwicklungen auf dem Energiemarkt, Gesetzesvorhaben).

Eine gute Planung ist dadurch gekennzeichnet, daß die Informationsbasis für alle Beteiligten gleich ist und die Plandaten in gleicher Weise aufbereitet werden. In diesem Zusammenhang spielen die

- Formulargestaltung
- Verfahren
- Regelungen

eine bedeutende Rolle.

Die Planinhalte müssen jederzeit nachvollziehbar sein, deshalb ist darauf zu achten, daß schon in der Erfassungsphase die Daten dokumentiert werden.

Weitere mögliche Instrumente seien beispielhaft erwähnt:

- Kennzahlenerhebung
- Stichprobenverfahren
- Ablauferhebungen
- Strukturbeschreibungen
- Befragungen
- Soziometrie

2.2.2 Verarbeitung

Um Planungsprozesse effizient zu gestalten, ist es erforderlich, die Daten möglichst schnell, übersichtlich und kostengünstig zusammenzufassen. Dabei kann die elektronische Datenverarbeitung eine wichtige Hilfestellung geben, vor allem wenn es sich dabei um komplexes und große Mengen Datenmaterial handelt.

In diesem Zusammenhang sei auf die Planungsprogramme der einzelnen Anbieter verwiesen. Es ist wichtig zu beachten, daß die einzelnen Programme mit den bestehenden Finanzbuchhaltungs-, Kostenrechnungs- und Materialwirtschaftsprogrammen eine Einheit bilden, um die notwendigen Vergleichsauswertungen bei Bedarf zu erhalten. Auch Rechenzentren bieten solche Planverarbeitungsprogramme an.

Die Planungsstelle, in sozialen Einrichtungen meistens die Verwaltung, soll in erster Linie das Planungssystem aufbauen und pflegen, die einzelnen Planungsarbeiten koordinieren sowie den einzelnen Planungsträgern die notwendige Hilfestellung geben und schließlich die Datenauswertung vornehmen.

Unter Verarbeitung wird jedoch nicht nur die reine Pflege und rechnerische Datenauswertung verstanden.

Der eigentliche Verarbeitungsprozeß beginnt bei der Abstimmung der Planungsdaten auf die entsprechenden Ziele; die Bewertung muß letztendlich die Einrichtungsleitung treffen, die wiederum an die Vorgaben des Aufsichtsgremiums gebunden ist.

Meist wird dies zusammen mit den Planungsträgern innerhalb von Besprechungen oder Konferenzen geschehen.

2.2.3 Darstellung

Einfachheit und Überschaubarkeit sind wichtige Eigenschaften des Planungssystems. Daher ist es notwendig, sich mit der Darstellung zu beschäftigen. Wichtig ist dabei auch, für wen diese Informationen bestimmt sind.

Informationsverdichtungen verbessern entscheidend die menschliche Denkleistung. Die Form der Darstellung ist nicht nur wichtig für das Planungsergebnis, schon bei der Aufstellung der Pläne erleichtert eine gute Darstellung die Planungsarbeit. Diagramme, Pläne, Schaubilder, Beziehungsschemata, Tabellen tragen dazu bei, Aussagen übersichtlich zu gestalten.

In den meisten Einrichtungen verabschiedet das Aufsichtsgremium die Planung; deshalb sollte frühzeitig überlegt werden, wie die Planung präsentiert wird: ob einerseits eine umfassende Dokumentation anzulegen ist oder ob andererseits nach dem Motto „Alles auf einem Blatt" eine Grobdarstellung genügt.

Wichtig ist, daß der Adressat sich schnell einen Überblick verschaffen kann, um wesentliche Veränderungen zu erkennen. Die Darstellung soll durchgehend sein, das heißt, nicht nur für die Aufsichtsgremien, sondern auch für die einzelnen Entscheidungsträger soll auf die Darstellung geachtet werden.

3. Die Instrumente aus funktionaler Sicht

Instrumente lassen sich nach funktionalen Gesichtspunkten gliedern. Im folgenden wurden bisherige Ausarbeitungen einer Arbeitsgruppe innerhalb des Diakonischen Werkes Württemberg mit einbezogen. Im wesentlichen handelt es sich dabei um das Instrument des Budgets.

Nach funktionalen Gesichtspunkten kann die Planung aufgeteilt werden in:

- Leistungsplanung (Belegungsplanung, Produktionsplanung)
- Personalplanung
- Investitionsplanung
- Aufwands- und Ertragsplanung
- Finanz(ierungs)planung

Die einzelnen Teilpläne lassen sich je nach Bedarf und Notwendigkeit noch weiter untergliedern. Einzelne Einrichtungen verfügen über sehr verfeinerte Planungssysteme; so wurde zum Beispiel die Investitionsplanung unterteilt in Ersatz- und Neuanschaffungsplanung und Instandhaltungsplanung, die Finanzplanung in die Bereiche Tilgungsplanung, Baufinanzierungs- und Kapitalbedarfsplanung. Für die meisten Einrichtungen wird jedoch die oben genannte Unterteilung ausreichend sein.

3.1 Leistungsplanung (Belegungsplanung, Produktionsplanung)

In sozialen Einrichtungen können eine Vielzahl von Leistungsarten erbracht werden. Meistens ist es schwierig, die Leistungen zu quantifizieren.

Die Leistungen in Betreuungseinrichtungen werden üblicherweise in Belegungstagen gemessen, die Leistungen der Nebenbetriebe in produzierten Einheiten, zum Beispiel bei Werkstätten: produzierte Menge x Preis = (Umsatz-)Leistung. Der Leistungsplan kann mit dem Absatzplan in einem erwerbswirtschaftlichen Unternehmen gleichgesetzt werden.

Der Leistungsplan bildet die Grundlage jeder betrieblichen Planung. In der Hierarchie der Teilpläne steht er an erster Stelle; die anderen Pläne werden daraus abgeleitet.

Beispiel: Erst wenn festgestellt wurde, wie viele Personen betreut werden sollen, können die erforderliche Anzahl der Betreuerstellen, die dafür benötigten Betreuungsräumlichkeiten, die sonstigen Aufwendungen und Erträge ermittelt werden.

Doch auch andere Einflußgrößen sind zu untersuchen. So ist bei vorhandenem Personal und zurückgehender Belegung zu erwägen, ob die Einrichtung sich in anderen Bereichen engagieren könnte.

Der Leistungsplan ist keine Momentaufnahme, da alle Teilpläne auf ihn einwirken. Er ist stets im Sinn der rollenden Planung fortzuschreiben. Unternehmensziele fließen direkt in ihn ein.

Der Belegungsplan enthält die schon bekannten zukünftigen Daten (zum Beispiel schon vereinbarte Neuaufnahmen) und erwartete Entwicklungen (zum Beispiel im Bereich Werkstätten für Behinderte: Zahl der Sonderschulabgänger, im Altersheim: statistische Ermittlung der Anzahl von Pflegefällen).

Von dem Belegungsplan wird der Produktionsplan abgeleitet, der vor allem für den Bereich der Werkstätten erstellt wird. Die Fragestellung lautet: Welche Arbeitsmenge und welche Arten von Arbeiten benötigt man, um den Anforderungen nach sinnvoller Arbeit und dem pädagogischen Auftrag gerecht zu werden? Das Leistungsplanformular wird sich nach der Art der Einrichtung unterscheiden. Abbildung 3 zeigt eine Möglichkeit.

3.2 Personalplanung

Die Personalplanung soll gewährleisten, daß in der Einrichtung rechtzeitig das benötigte Personal in der erforderlichen Qualität und Quantität zur Verfügung steht. Auch die Personalentwicklung muß hier einbezogen werden.

Diese Teilplanung soll alle Stellen berücksichtigen und den Zusammenhang zu der Leistungssituation erkennen lassen, um eventuell bei Änderung der Leistungsbasis entsprechend reagieren zu können.

Der Qualifikations- und Requalifikationsbedarf steigen zunehmend, Fortbildungsmaßnahmen können nicht mehr ad hoc entschieden werden, sondern müssen frühzeitig geplant werden. Das Sozialwesen einer Einrichtung bedarf ebenfalls einer sorgfältigen Planung.

Durch den Trend zu kürzeren und flexibleren Arbeitszeiten gewinnt die Arbeitszeitgestaltung eine immer größere Bedeutung. Die Arbeitszeitgestaltung muß daher in eine längerfristige Planung eingebunden werden.

Eine besondere Rolle kommt der Planung und Besetzung von Führungspositionen zu; auch die Nachfolgefragen sind hier möglichst frühzeitig zu klären.

Im Personalbereich wird des öfteren von Investitionen in Humankapital gesprochen. Dies halte ich für gerechtfertigt, da die Einrichtung in der Regel so gut ist wie ihre Mitarbeiter.

In dem Formular für die Personalplanung (Abbildung 4) wurde unterschieden zwischen stellenbezogenen und personenbezogenen Daten.

BEREICH: KOSTENSTELLE: BEARBEITUNG Seite:
von
Stand:

Zeit / Art	Januar	Februar	März	April	Mai	Juni	Juli	August	September	Oktober	November	Dezember	Summe
Bereich A Stand 1.1.19..													
Zugänge laut Anlage													
Abgänge													
Stand 31.12.19..													
Bereich B Stand 1.1.19..													
Zugänge laut Anlage													
Abgänge													
Stand 31.12.19..													
Stand Gesamtbereich A + B													

Abbildung 3: Leistungsplanung

BEREICH: KOSTENSTELLE: BEARBEITUNG Seite von Stand:

Lfd. Nr.	Stellenbezeichnung	Stellen-Einstufung BAT, AVR	Std/Woche	Zu/Abgang Z/A	Stellen-besetzung ab	Stellen-setzung mit	Einstufung Perso-nal	Stunden/Woche	Personal-kosten	Bemerkungen
1	2	3	4	5	6	7	8	9	10	11

Abbildung 4: Personalplanung

3.3 Investitionsplanung

Im Gegensatz zur Personalplanung geht es beim Investitionsplan um Sachwerte ab einer bestimmten Größe. Sie liegt in den meisten Einrichtungen bei 800,-- DM, da Vermögensgegenstände ab diesem Betrag aktiviert und innerhalb einer entsprechenden Zeit abgeschrieben werden müssen.

In der Praxis wird häufig unterschieden zwischen Bauplanung (Immobilien) und der laufenden Neu- und Ersatzbeschaffung von mobilen Gegenständen wie Maschinen, Einrichtungsgegenständen, Fahrzeugen und längerfristigen Vorräten. Abbildung 5 ist ein mögliches Formular für die Investitionsplanung.

3.4 Aufwands- und Ertragsplanung

Aus den bisherigen Plänen ergeben sich Auswirkungen auf Aufwendungen und Erträge. Aus dem Belegungsplan läßt sich auf die Höhe der Lebensmittelaufwendungen schließen, sofern ein Durchschnittssatz bekannt ist.

Der Personalplan, der vom Belegungsplan abgeleitet wird, bildet die Grundlage für die Personalaufwendungen. Ein Beispiel für die Erträge: Aus dem Belegungsplan ergibt sich die Höhe der Betreuungserlöse.

Diese bewerteten Leistungen und der Einsatz von Gütern und Dienstleistungen werden in dem Aufwands- und Ertragsplan erfaßt. Meist dienen Durchschnittswerte oder Vergangenheitswerte als Basisinformation.

Ziel der Aufwands- und Ertragsplanung ist primär die Ermittlung des Ergebnisses für den Planungszeitraum. Wichtige Nebenaufgabe: Funktionsträger sollen sich mit den bewerteten Auswirkungen auseinandersetzen. Die einzelnen Planungsträger sollten in Besprechungen gegenseitig die verschiedenen Abhängigkeiten erkennen; dies fördert das Wirtschaftlichkeitsdenken.

Die Aufwands- und Ertragsplanung ist gleichzeitig Grundlage für den Soll/Ist-Vergleich, der bei richtiger Anwendung ein gutes Steuerinstrument ist.

Grundsätzlich sollte der Aufwands- und Ertragsplan von realistischen Annahmen ausgehen. Der einzelne Wertansatz wird auf die Basis des Planungszeitraums bezogen, um eine Vergleichsmöglichkeit zu haben. Manche Einrichtungen vertreten jedoch die Auffassung, daß richtigerweise der Ansatz ohne Preisveränderungen zugrunde gelegt werden sollte. Beide Möglichkeiten sind denkbar, sie sollten nur bewußt angewandt und dokumentiert werden. Der Detaillierungsgrad sollte schrittweise erfolgen. Abbildung 6 zeigt ein Formular für eine Aufwands- und Ertragsplanung.

BEREICH: KOSTENSTELLE: BEARBEITER: Seite:
von
Stand:

Lfd. Nr.	Anschaffungsgegenstände	Menge	Einsatzort	Termin	Kosten	Begründung/Bemerkungen
1	2	3	4	5	6	7

Abbildung 5: Investitionsplanung

BEREICH: KOSTENSTELLE: BEARBEITER:

Seite:
von
Stand:

Konto-Nr.	Aufwands-/Ertragsart	Ergebnis Vorjahr	Plan laufendes Jahr	Vorläufiges Ergebnis laufendes Jahr	Abweichung Soll/Ist DM	Abweichung Soll/Ist %	Plan Folgejahr	Veränderungen Ist lfd. Jahr %	Erläuterungen
1	2	3	4	5	6	7	8	9	10

Abbildung 6: Aufwands- und Ertragsplanung

3.5 Finanzplanung

Alle bisher in Teilplänen festgelegten Daten finden im Finanzplan ihren geldlichen Ausdruck, nämlich als Einnahmen und Ausgaben. Der Finanzplan weist den Finanzbedarf oder Finanzüberschuß zu bestimmten Zeitpunkten aus.

Ziel ist, die Liquidität des Unternehmens langfristig zu sichern. Investitionen und Tilgungen werden gegenüber gestellt.

Durch mittel- und kurzfristige Finanzpläne sollen die Finanzmittel möglichst optimal eingesetzt werden. Abbildung 7 zeigt ein Formular für die Finanzplanung.

BEREICH: Seite:
                                                   von
BEARBEITER: Stand:

FINANZMITTEL	Beträge in DM	

1. Liquide Mittel
zum ...
1.1 Giroguthaben und
    Kassen
1.2 Festgelder
1.3 Sonstige Mittel (Wechsel,
            Scheck,
            Sparguthaben)
 	
   Summe:		

2. Veränderung der Finanzmittel
aufgrund Auftrags- und Ertragsplanung
2.1 Ergebnis der gewöhnlichen
    Geschäftstätigkeit
2.2 Außerordentliches Ergebnis
2.3 Korrektur nicht Liquiditäts-
    wirksamer Beträge laut Anlage
2.4 Abschreibungen
    Rückstellungen
 	
Summe Finanzierungsmittel:		

3. Verwendung der Finanzmittel 3.1 Tilgung von Darlehen 3.2 Investitionen Bau 3.3 Investitionen sonstige 3.4 Zu-/Abnahme Forderungen 3.5 Zu-/Abnahme Vorräte 3.6 Zu-/Abnahme Verbindlichkeiten Über-/Unterdeckung:		
4. Aufnahme/Anlage von Finanzmittel Gesamtstand flüssige Mittel zum ...		

Abbildung 7: Finanzplanung

D. Planungsprozesse und Plankontrolle

Annerose Knäpple

1. Planung und Kontrolle als Führungsinstrumente

Unter Führung (oder Management) wird im folgenden die zielorientierte Tätigkeit zur Gestaltung und Steuerung sozialer Systeme verstanden (in Anlehnung an Wild: Grundlagen der Unternehmensplanung, Seite 32). Wesentliche Führungstätigkeiten im Führungsprozeß sind die Planung, die Entscheidung, die Realisation, die Kontrolle und die Abweichungsanalyse. Die Stellung von Planung und Kontrolle im Führungsprozeß kann anhand des sogenannten Managementzyklus klar dargestellt werden.

Die Planung dient zunächst der Entscheidungsvorbereitung. Das Ergebnis der Entscheidung ist schließlich der Plan, der realisiert werden soll. Durch den Vergleich der Ist-Werte und der Soll-Werte (Kontrolle) kann festgestellt werden, inwieweit die angestrebten Ziele erreicht werden konnten. Werden bei der Kontrolle Abweichungen zwischen den Soll- und den Ist-Werten festgestellt, können durch eine Abweichungsanalyse die Ursachen ermittelt und Lösungsmöglichkeiten aufgezeigt werden. Dies führt schließlich zu einer Fortschreibung oder Korrektur der Ziele und der Planung.

Durch Planung und Kontrolle laufen somit Entscheidungsprozesse systematischer und zielgerichteter ab. Die Wahrscheinlichkeit von Fehlentscheidungen wird vermindert, die Gefahr eines „management by surprise" wird weitgehend gebannt.

Voraussetzung ist dabei allerdings, daß Planung und Kontrolle aufeinander abgestimmt und dokumentiert werden.

Die Vorgabe von Leistungsgrößen bei der Planung dient auch der Motivation der Mitarbeiter. Durch die Darstellung der Ziele wird schließlich die Identifikation der Mitarbeiter mit der sozialen Einrichtung gefördert.

Im folgenden wird dargestellt, wie bei der Erstellung, Verabschiedung, Kontrolle und Aktualisierung des Wirtschaftsplans in sozialen Einrichtungen vorzugehen ist. Anschließend werden Möglichkeiten aufgezeigt, die Leitungsstellen am Planungsprozeß zu beteiligen. Im Mittelpunkt steht dabei die kurzfristige Planung.

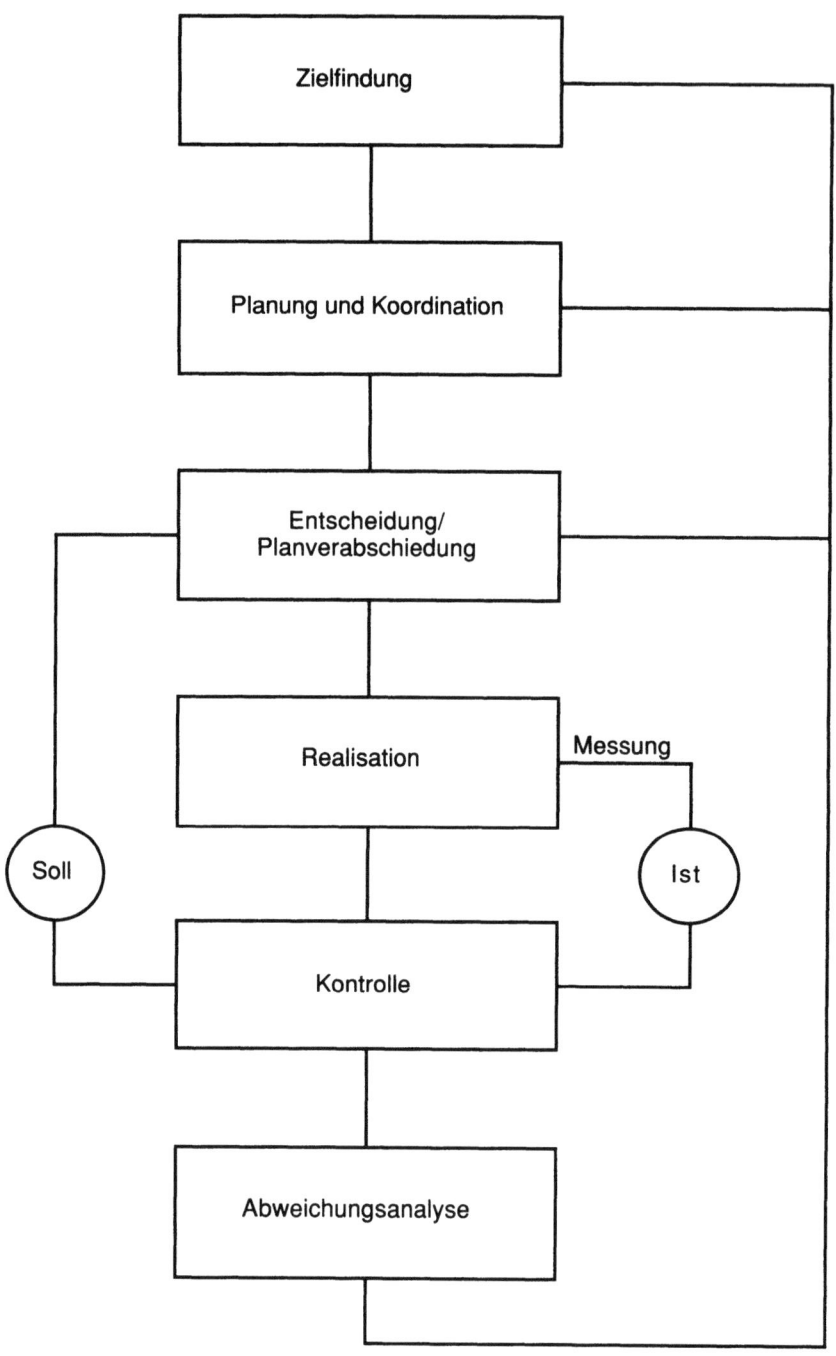

Abbildung 1: Die Stellung von Planung und Kontrolle im Führungsprozeß

2. Erstellung und Verabschiedung des Wirtschaftsplanes

2.1 Grundlagen der kurzfristigen Planung

Bevor mit den einzelnen Planungsschritten begonnen werden kann, müssen die Ziele und die langfristige Programmplanung erarbeitet sein und eine Auswertung der vorhergehenden Perioden und eine Hochrechnung für das laufende Geschäftsjahr durchgeführt werden. Ferner ist ein Terminplan für die erforderlichen Planungsschritte zu erstellen.

2.1.1 Die Ziele und die langfristige Programmplanung

Der kurzfristige Planungsprozeß muß sich an den Zielsetzungen der sozialen Einrichtung und an der strategischen beziehungsweise langfristigen Programmplanung orientieren. Ein Wirtschaftsplan, der nicht an den Zielen der Einrichtung und an einer langfristigen Programmplanung ausgerichtet ist, führt häufig zu einem Planungsdilemma und zu unerwarteten Problemen. Es werden in der Zukunft liegende Probleme nicht bedacht und an ihnen vorbeigeplant.

Die Ziele bilden die Maßstäbe zur Beurteilung von Handlungsalternativen und sind daher wichtige Richtlinien bei der langfristigen Programmplanung und der Detail- und Feinplanung der betrieblichen Aktivitäten.

Eine nicht auf die Ziele der Einrichtung abgestimmte Programmplanung beinhaltet ferner die Gefahr, daß Ziele stillschweigend aufgegeben oder verändert werden.

Abbildung 2 zeigt, daß die Ziele, die langfristige Programmplanung und die daraus abgeleitete Detail- und Feinplanung der betrieblichen Aktivitäten bis hin zum Wirtschaftsplan und der kurzfristigen Planung eine Einheit bilden sollen.

Das System soll am Beispiel einer Altenhilfeeinrichtung verdeutlicht werden.

Die Ziele einer Altenhilfeeinrichtung sind die bedarfsgerechte Betreuung und Versorgung von alten Menschen. Es soll ein ausreichendes Angebot an Heimplätzen und offener Hilfe zur Verfügung stehen, und die Leistungen sollen an den Bedürfnissen der alten Menschen wie dem Schutz der Persönlichkeitssphäre, der Pflege von Kontakten, der Erhaltung und Wiederherstellung der körperlichen Leistungsfähigkeit ausgerichtet sein. Im Mittelpunkt aller Überlegungen stehen somit die Bedürfnisse der zu versorgenden Menschen. Die Leistungserstellung und das Leistungsziel hat sich daran unter Beachtung des Wirtschaftlichkeitsprinzips auszurichten. Dabei heißt Wirtschaftlichkeit heute in sozialen Einrichtungen in der Regel bei vorgegebenen Kosten (Budget, Pflegesatz) eine möglichst gute, bedarfsgerechte Leistung zu erbringen (sogenanntes Maximalprinzip). Weitere Ziele der Einrichtung liegen im ökonomischen Bereich: die Kostendeckung, die Substanzerhaltung und die Liquiditätssicherung. Wenn auch die Entscheidung in sozialen Einrichtungen nicht vorrangig

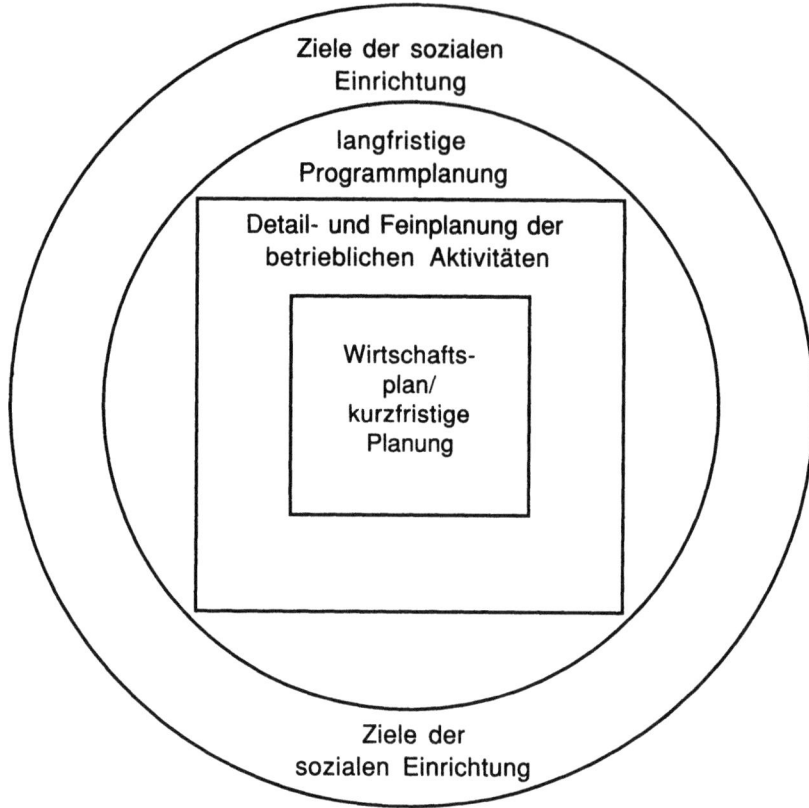

Abbildung 2: Planungsaufbau (in Anlehnung an Wild, Hrsg., Unternehmensplanung, Seite 225)

nach wirtschaftlichen Gesichtspunkten getroffen werden, so stellen sie jedoch eine notwendige Bedingung für die Existenz dar.

Ausgehend von den Prognosen über den zu erwartenden Bedarf an Altenhilfeleistungen in der Region und an Heimplätzen legt die Altenhilfeeinrichtung die mittel- und langfristige Programmplanung fest. Aufgrund der vorliegenden Bedarfszahlen geht man in dem geschilderten Fall von einer Ausweitung des Angebots an Pflegeplätzen um 40, einem Rückgang des Angebots an Altenheimplätzen um 20 und einem Ausbau der offenen Hilfen aus.

Die Detail- und Feinplanung der betrieblichen Aktivitäten knüpft an der mittel- und langfristigen Programmplanung an:

In den nächsten zwei Jahren werden jeweils zehn weitere Pflegeplätze durch die Umwandlung von freiwerdenden Altenheimplätzen und Personalwohnräumen geschaffen. Dabei sollen die Bewohnerzimmer vergrößert und zur Verbesserung der Persönlichkeitssphäre der Heimbewohner alle Zimmer mit Naßzellen ausgestattet werden. In drei Jahren soll mit ei-

98

nem Neubau begonnen werden, in dem eine weitere Pflegestation sowie eine Altenbegegnungsstätte vorgesehen sind. Die Altenbegegnungsstätte soll kulturelle Veranstaltungen anbieten. Ferner sollen die älteren Bewohner des Stadtteils ein Mittagessen einnehmen können. Durch die Aktivitäten der Altenbegegnungsstätte soll der Kontakt zwischen den Heimbewohnern und der Gemeinde verstärkt werden.

Aus der Detail- und Feinplanung eines Jahres wird schließlich der Wirtschaftsplan erstellt. Eine Wirtschaftsplanung, die ohne Beachtung von Zielen und ohne langfristige Programmplanung vorgenommen wird, birgt die Gefahr, daß an der Bedarfsentwicklung vorbei sinnlose Investitionen zum Beispiel im Altenheimbereich getätigt werden.

2.1.2 Auswertung vorhergehender Perioden und Hochrechnung für das laufende Geschäftsjahr

Weitere wichtige Grundlagen der Wirtschaftsplanung stellen die Auswertung vorhergehender Perioden und die Hochrechnung für das laufende Geschäftsjahr dar. Bei der Hochrechnung für das laufende Geschäftsjahr werden beispielsweise die Kostenstellenergebnisse zum 30.9. auf das volle Jahr hochgerechnet.

Die Hochrechnung macht deutlich, wie sich die Einrichtung im laufenden Jahr entwickelt.

Sie zeigt bereits aktuelle Tendenzen auf und bildet neben der Auswertung der Gewinn- und Verlustrechnung und der Kostenstellenrechnungen vorausgegangener Perioden eine wichtige Basis für die Wirtschaftsplanung. An dieser Stelle ist nochmals auf den Managementzyklus zu verweisen. Der Zyklus führt von Zielen über die Planung, Entscheidung, Realisation, Kontrolle und Abweichungsanalyse zur Fortschreibung oder Korrektur der Ziele und der Planung und damit zu Anstößen für die Planung der nächsten Periode oder des nächsten Jahres.

2.1.3 Terminplan für alle Planungsschritte

Der Wirtschaftsplan ergibt sich aus einer Summe von Teilplänen, die nicht isoliert erstellt werden können, sondern in Beziehung zueinander stehen. Der Personalplan steht zum Beispiel im unmittelbaren Zusammenhang zum Leistungsplan. Daher ist eine zeitliche Abstimmung der Teilpläne untereinander und mit dem Gesamtplan eine wichtige Voraussetzung für eine erfolgreiche Wirtschaftsplanung. Damit der Planungsprozeß rechtzeitig abgeschlossen werden kann, empfiehlt es sich, vor Beginn der Planungsphase einen Terminplan oder einen Planungskalender zu erstellen. Abbildung 3 zeigt beispielhaft einen Planungskalender.

Planungsschritte	Verantwortlich	Termin	
		Beginn	Ende
Hochrechnung für das alte Geschäftsjahr	Leiter des Finanz- und Rechnungswesen		15.07.
Vorgabe der Ziele	Geschäftsführung		31.07.
Leistungsplanung	Bereichsleiter	01.08.	15.09.
Personalplanung	Bereichsleiter	01.08.	15.09.
Investitionsplanung	Bereichsleiter	01.08.	15.09.
Aufwandsplanung Zusammenfassung der Teilpläne	Leiter des Finanz- und Rechnungswesen/ Personalleiter	15.09.	01.10.
Diskussion, Abstimmung „Knetphase"	Geschäftsführung	01.10.	15.10.
Aufwands- und Ertragsplanung/Finanzplanung	Leiter des Finanz- und Rechnungswesen	15.10.	01.11.
Beschlußfassung der zuständigen Gremien			15.11.

Abbildung 3: Planungskalender (Beispiel)

2.2 Inhalt und Umfang der kurzfristigen Planung

Die Wirtschaftsplanung umfaßt im Regelfall folgende Pläne:
– den Kapazitäts- und Belegungsplan
– den Personalplan
– den Plan der Instandhaltungen
– den Plan der Investitionen
– den Aufwands- und Ertragsplan
– den Finanzplan

Der sachliche und zeitliche Zusammenhang der einzelnen Pläne ist in Abbildung 4 dargestellt.

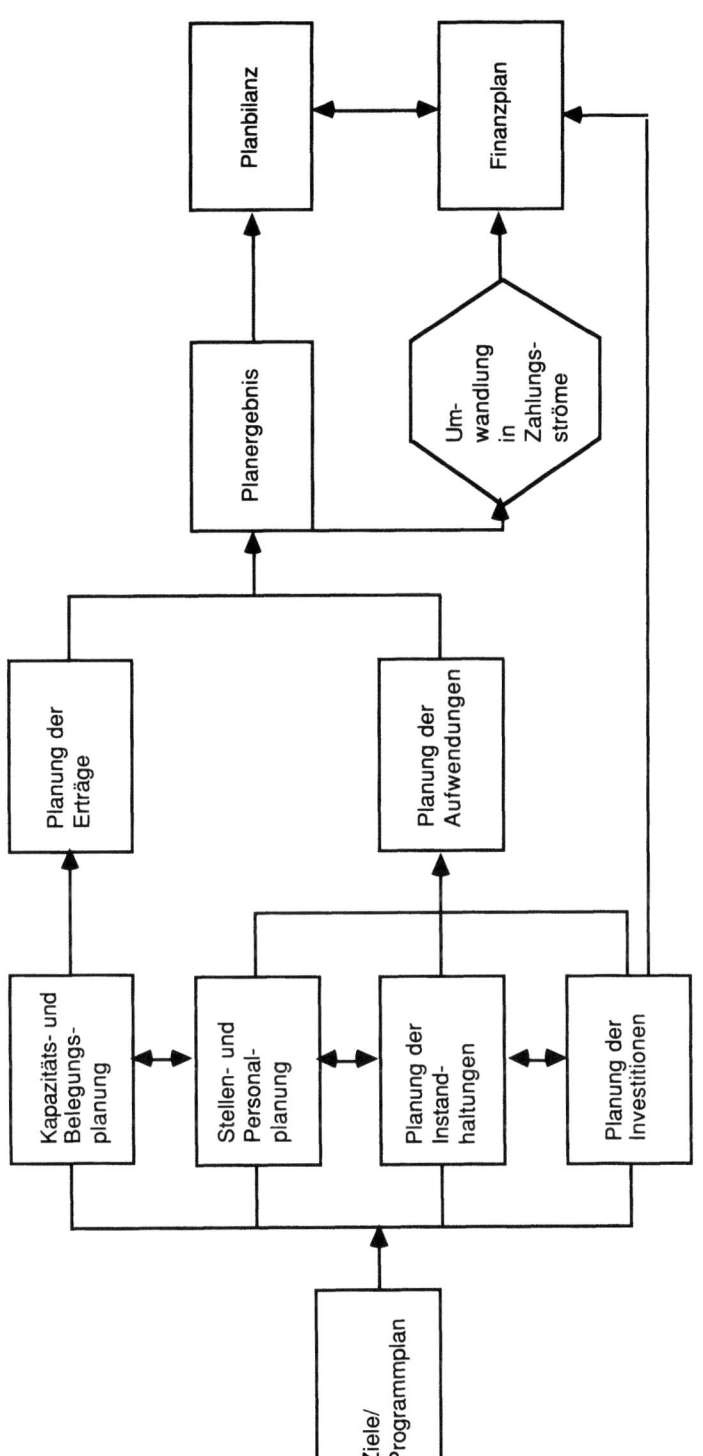

Abbildung 4: Plansystem der sozialen Einrichtung

101

Der erste Schritt beim Planungsprozeß ist die Kapazitäts- und Belegungsplanung, die wiederum die Grundlage für den Personalplan, den Plan der Instandhaltungen und den Plan der Investitionen bildet. Sämtliche bislang aufgelisteten Teilpläne finden in der Aufwands- und Ertragsplanung ihren Niederschlag. Die Aufwands- und Ertragsplanung führt zu einem Planergebnis.

Der Finanzplan gibt über die geplanten Zahlungsströme Auskunft und leitet sich aus dem Aufwands- und Ertragsplan, dem Investitionsplan und gegebenenfalls anderen bilanzwirksamen Teilplänen ab.

Die Planbilanz ist schließlich das Endprodukt aller vorangegangenen Teilplanungen.

Im folgenden werden die einzelnen Planungsschritte entsprechend dem zeitlichen Ablauf ausführlich dargestellt.

2.3 Die Erstellung der Teilpläne

2.3.1 Kapazitäts- und Belegungsplanung

Der Kapazitäts- und Belegungsplan bildet die Grundlage jeder betrieblichen Planung und beeinflußt alle nachgeordneten Teilpläne. Folgende Plandaten sind beim Kapazitäts- und Belegungsplan von Bedeutung:

– Platz- oder Bettenkapazität in den verschiedenen Bereichen der sozialen Einrichtung;
– Zahl der belegten Plätze oder Betten, Zahl der Belegungstage oder Pflegetage;
– Ausnutzungsgrad der Plätze oder Betten in den verschiedenen Bereichen:

$$\text{Ausnutzungsgrad} = \frac{\text{Zahl der Belegungstage oder Pflegetage}}{\text{rechnerische Vollbelegung}} \times 100\%$$

– Zahl der Berechnungstage

Der Ausnutzungsgrad bestimmt wesentlich die Erlösentwicklung der sozialen Einrichtung mit. Daher muß der Kapazitäts- und Belegungsplan besonders sorgfältig ausgearbeitet werden. Bei sozialen Einrichtungen, deren Belegungssituation in verschiedenen Monaten stark schwanken kann, wie zum Beispiel in Jugendhilfeeinrichtungen oder Einrichtungen während einer Umbaumaßnahme, empfiehlt es sich monatlich für den Ausnutzungsgrad ein Soll vorzugeben. Eine Jugendhilfeeinrichtung kann beispielsweise einen geplanten Jahresdurchschnitt beim Ausnutzungsgrad erreichen, wenn die geringe Belegung in den Sommerferien durch höhere Belegungen in anderen Monaten ausgeglichen werden kann.

Die Kapazitäts- und Belegungsplanung wird am Beispiel der Altenhilfeeinrichtung nochmals verdeutlicht:

Zum Jahresbeginn bleibt die Zahl der Planbetten gegenüber dem Vorjahr unverändert. Sie beträgt 71 und gliedert sich in 36 Altenheimplätze und 35 Pflegeheimplätze. In der Zeit vom 1. Februar bis zum 15. April ist der Umbau von 5 geräumigen Einzelzimmern und der dazugehörigen Gemeinschaftsräume im Altenheim in 5 Doppelzimmer für das Pflegeheim geplant. Die Zahl der Altenheimplätze liegt daher ab Februar bei 31, die Zahl der Pflegeheimplätze erhöht sich nach der Umbauphase ab dem 15. April von 35 auf 45 Plätze. Die geplanten Belegungszahlen und Ausnutzungsgrade wurden anhand von Erfahrungswerten der Vorjahre und unter Berücksichtigung der Umbauphase festgesetzt. Da der Belegungsdruck im Pflegebereich sehr stark ist, wurden hier höhere Werte angesetzt.

Bereich/ Art der Plandaten	Januar	Februar	März	April	Mai	Juni	Juli	August	September	Oktober	November	Dezember	Jahres-durchschnitt	Jahres-summe
Altenheim														
– Bettenkapazität	36	31	31	31	31	31	31	31	31	31	31	31	31,4	–
– belegte Betten	31	30	30	30	30	30	30	30	30	30	30	30	30,1	–
– Belegungstage	961	840	930	900	930	900	930	930	900	930	900	930	–	10.981
– Ausnutzungsgrad (in Prozent)	86,1	96,8	96,8	96,8	96,8	96,8	96,8	96,8	96,8	96,8	96,8	96,8	95,7	–
– Zahl der Berechnungstage	–	–	–	–	–	–	–	–	–	–	–	–	–	10.805
Altenpflegeheim														
– Bettenkapazität	35	35	35	40	45	45	45	45	45	45	45	45	42,1	–
– belegte Betten	35	35	35	39	44	44,5	44,5	44,5	44,5	44,5	44,5	44,5	41,6	–
– Belegungstage	1.085	980	1.085	1.170	1.364	1.335	1.380	1.380	1.335	1.380	1.335	1.380	–	15.209
– Ausnutzungsgrad (in Prozent)	100,0	100,0	100,0	97,5	97,8	98,9	98,9	98,9	98,9	98,9	98,9	98,9	98,9	–
– Zahl der Berechnungstage	–	–	–	–	–	–	–	–	–	–	–	–	–	15.186

Einrichtung: Jahr:

Abbildung 5: Kapazitäts- und Belegungsplanung einer Altenhilfeeinrichtung

2.3.2 Personalplanung

Die Personalkosten sind in sozialen Einrichtungen der größte Kostenfaktor. Sie betragen in einigen, im Bereich des Diakonischen Werks Württemberg untersuchten Altenpflegeheimen durchschnittlich 62 Prozent und in Jugendhilfeeinrichtungen mit Schule durchschnittlich 69 Prozent. Der Personalplanung kommt daher besondere Bedeutung zu.

Zur Personalplanung zählen im einzelnen die Personalbedarfsermittlung, die Personaleinsatzplanung und der planvolle Einsatz von Maßnahmen und Programmen zur Deckung des Personalbedarfs (vergleiche Hentze, Personalwirtschaftslehre). Unter Personalplanung wird im folgenden Personalbedarfsermittlung und Ermittlung der Plankosten verstanden.

Im Rahmen der Personalbedarfsermittlung werden die notwendige Zahl an Mitarbeitern und die erforderlichen Qualifikationen der Mitarbeiter einer Einrichtung für die Planungsperiode bestimmt. Ziel der Personalbedarfsermittlung ist die Erfassung der personellen Kapazitäten, die zur Erfüllung und Sicherstellung der Versorgungsleistungen und betrieblichen Funktionen erforderlich sind (in Anlehnung an Hentze, Personalwirtschaftslehre).

Der Personalbedarf wird in sozialen Einrichtungen hauptsächlich mit Hilfe von Kennzahlen ermittelt, die in der Regel Relationen zwischen der Zahl der Mitarbeiter und Leistungszahlen darstellen. Im Krankenhausbereich werden als Kennzahlen für die Personalbedarfsermittlung Anhaltszahlen der Deutschen Krankenhausgesellschaft (DKG), der Gewerkschaft ÖTV und die Anhaltszahlen nach Purzer verwendet. In der Altenhilfe, der Jugendhilfe und der Behindertenhilfe sind die Kennzahlen von den Pflegesatzkommissionen und in Pflegesatzverhandlungen auch individuell für die einzelne Einrichtung festgesetzte Personalschlüssel. Weitere Kennzahlen resultieren aus Betriebsvergleichen. Detailliertere Methoden der Arbeitswissenschaft werden selten angewandt.

Kennzahlen drücken vor allem aus, für wie viele Plätze beziehungsweise Betten oder für wie viele Pflegetage beziehungsweise Belegungstage eine Arbeitskraft anerkannt wird. Der Personalbedarf läßt sich somit überwiegend direkt aus dem Kapazitäts- und Belegungsplan ableiten. Neben den Leistungszahlen werden bei der Personalbedarfsermittlung mit Hilfe von Kennzahlen die Art und der Umfang der Versorgungsleistung (Altenheim, Pflege- oder Schwerstpflege) berücksichtigt und in welchem Umfang Leistungen in Eigenregie erbracht oder fremdvergeben werden (zum Beispiel Hausreinigung). Nach der Ermittlung der Zahl und Art der erforderlichen Stellen werden die Planstellen bewertet. Maßstäbe für die Stellenbewertung sind die Tätigkeitsmerkmale der Arbeitsplätze und der jeweils gültige Tarif (zum Beispiel BAT, AVR). Stellenbeschreibungen sind bei der Stellenbewertung und bei der Ermittlung des qualitativen Personalbedarfs ein wichtiges Hilfsmittel.

Die Ableitung des Personalplans aus dem Kapazitäts- und Belegungsplan ist in Abbildung 6 dargestellt.

Die Personalplanung soll am Beispiel einer Altenhilfeeinrichtung nochmals erklärt werden:

Ausgehend vom Kapazitäts- und Belegungsplan und von den durch die Pflegesatzkommission Baden-Württemberg anerkannten Personalschlüsseln (Arbeitskräfte im Verhältnis zur

Platzzahl) im Altenhilfebereich wird der Personalbedarf im einzelnen für die verschiedenen Dienstarten ermittelt.

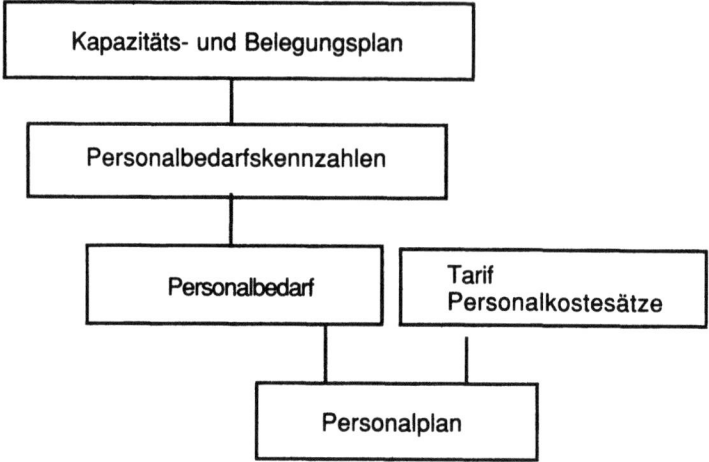

Abbildung 6: Die Beziehung zwischen dem Kapazitäts- und Belegungsplan und dem Personalplan

Da im hauswirtschaftlichen Bereich die Wäschereinigung an eine Fremdfirma vergeben wird, kann der Personalschlüssel im Wirtschaftsdienst nicht voll ausgeschöpft werden. Bei zu erwartenden Kosten der Fremdwäscherei mit 25 600 DM werden 70 Prozent der Kosten, das ergibt 17 920 DM und entspricht umgerechnet einer halben Stelle, bei der Bemessung des Personalbedarfs angerechnet. Durch den Anstieg der Platzzahl und durch den höheren Anteil der Pflegeplätze im Planungszeitraum können zum 15.4. bei folgenden Dienstarten Einstellungen vorgenommen werden:

- 0,5 VK (= Vollkräfte) Verwaltung (unter Berücksichtigung der nicht besetzten Stelle Beschäftigungstherapie, die von der Heimleitung übernommen wird)
- 2,9 VK Pflegedienst (2 Fachkräfte und 3 Praktikanten)
- 1,7 VK Wirtschaftsdienst

Die weitere Aufgliederung des Personalbedarfs innerhalb der einzelnen Dienstarten wird aufgrund von Kennzahlen und Erfahrungswerten aus Betriebsvergleichen durchgeführt. Beim Wirtschaftsdienst ergibt sich dadurch beispielsweise folgende Zusammensetzung des Personalbedarfs:

106

Zahl der Vollkräfte:
– Hauswirtschaftsleitung   1,0
– Küche und Speisesaal   5,1
– Hausreinigung   3,5
– Nähstube, Wäscheversorgung   0,5
– Hausmeister   1,0

Summe: 11,1

Die Berechnung der Höhe des Personalaufwands wird schließlich wie folgt vorgenommen:

– Hochrechnung der Ist-Kosten der am 31.12. beschäftigten Mitarbeiter
– Ermittlung der Kosten für anstehende Höhergruppierungen
– Kalkulation der Personalkosten der zum 15.4. neu einzustellenden Mitarbeiter
– Berücksichtigung der zu erwartenden tariflichen Lohnerhöhungen

Die Ermittlung des Personalbedarfs und die Zusammenfassung des Personalplans der Altenhilfeeinrichtung ist in Abbildung 7 dargestellt.

Dienstart	Personalschlüssel Baden-Würtemberg	Personalbedarf (Zahl der Vollkräfte)		Jahres-durch-schnitt	Personal-kosten (DM)
		vom 1.1. bis 15.4.	vom 15.4. bis 31.12.		
Leitung und Verwaltung, Beschäftigungstherapie*	1 : 30 je nach Größe des Hauses	2,50	3,00	2,85	163.100
Pflegedienst – Altenheim – Altenpflegeheim	1 : 15 1 : 3,5	2,10 10,00	2,10 12,90	2,10 12,00	89.500 484.500
Wirtschaftsdienst – Altenheim – Altenpflegeheim	1 : 7,5 abzüglich anzurechnender Fremdleistung 1 : 6	9,40	11,10	10,60	355 100
Insgesamt:		24,00	29,10	27,55	1.092.200
Einrichtung:				Jahr:	

*wird von der Heimleitung durchgeführt

Abbildung 7: Personalbedarf und Personalplan einer Altenhilfeeinrichtung

2.3.3 Planung der Investitionen und der Instandhaltungen

Der Investitions- und Instandhaltungsplan steht ebenfalls in enger Verbindung zum Kapazitäts- und Belegungsplan. Er erstreckt sich auf die Planung von Baumaßnahmen, Reparaturarbeiten, Beschaffung von Einrichtungsgegenständen, Maschinen und Fahrzeugen. Eine Investition (aktivierungspflichtiger Herstellungsaufwand) liegt grundsätzlich vor, wenn ein Vermögensgegenstand in seiner Substanz vermehrt (zum Beispiel Anbau oder Erweiterung von Gebäuden) oder die Gebrauchs- oder Verwertungsmöglichkeit des Gegenstandes wesentlich verändert wurde. Eine bloße Verlängerung der Nutzungsdauer reicht dagegen in der Regel nicht aus, um aktivierungspflichtigen Herstellungsaufwand anzunehmen. Instandhaltung (Erhaltungsaufwand) liegt dagegen vor, wenn ein Vermögensgegenstand in ordnungsgemäßem gebrauchsfähigem Zustand erhalten wird. Dazu rechnen sowohl die in gewissen Zeitabständen wiederkehrenden Ausbesserungen, als auch substanzerhaltende Bestandserneuerungen (zum Beispiel Einbau von Austauschmotoren).

Eine Trennung zwischen aktivierungspflichtigen Baumaßnahmen und Instandhaltungsmaßnahmen wird im ersten Planungsstadium noch nicht vorgenommen, da die Grenzen fließend sind und die Entscheidung häufig erst im Laufe der Planung gefällt werden kann.

Der Investitions- und Instandhaltungsbedarf kann über Bedarfsanforderungen der Leistungsbereiche ermittelt werden. In die Planung aufgenommen werden sollten alle Beschaffungen und Maßnahmen mit einem Gesamtwert von über 800 DM. In der Planung ist darüber hinaus eine Sicherheitsreserve für Unvorhergesehenes vorzusehen. Die Sicherheitsreserve richtet sich nach der Größe und Art der sozialen Einrichtung und kann in Höhe von etwa 10–20 Prozent des Gesamtwerts der Anschaffungen und in Höhe von etwa 20–30 Prozent des Gesamtwerts der Instandhaltungen angesetzt werden.

Bei größeren Baumaßnahmen, die sich meist über einen längeren Zeitraum hinziehen und deren Folgekosten sich noch über Jahre hinweg auswirken, ist eine Sonderplanung parallel zur jährlichen Investitions- und Instandhaltungsplanung durchzuführen. Wegen der langfristigen Auswirkung der großen Investitionsmaßnahme sollten mehrere Handlungsalternativen untersucht werden. Die Beurteilung der einzelnen Handlungsalternativen erfolgt aufgrund ihrer Zielwirkungen.

Wird bei der Beurteilung der verschiedenen Investitionsalternativen die Wirkung auf die Kosten und das Ergebnis untersucht, können die klassischen Investitionsrechnungsverfahren, wie die Kostenvergleichsrechnung, die Kapitalwertmethode oder die Methode des Internen Zinsfußes angewendet werden. Sind jedoch bei der Beurteilung der Investitionsalternativen neben der Auswirkung auf die Kosten weitere quantitative und nicht quantifizierbare Ziele zu berücksichtigen, so sind die klassischen Investitionsrechnungsverfahren durch die Einbeziehung der weiteren Ziele zu ergänzen.

Dabei kann folgendermaßen vorgegangen werden:

– Auflistung aller Ziele, die bei der Investitionsentscheidung zu berücksichtigen sind
– Gewichtung der einzelnen Ziele entsprechend ihrer Bedeutung

- Bewertung der Investitionsalternativen im Hinblick auf die Erfüllung der einzelnen Ziele
- Auswahl der besten Alternative

Für die Bewertung der Investitionsalternativen und die Auswahl der besten Alternative können verschiedene Methoden wie zum Beispiel die Nutzwertanalyse angewandt werden.

Die Untersuchung von mehreren Investitionsalternativen wird nun am Beispiel dargestellt.

Ein Verein, der Träger verschiedener sozialer Einrichtungen ist, will sein letztmals im Jahr 1959 renoviertes Altenpflegeheim umbauen und dabei den Anforderungen des Heimgesetzes nachkommen. Es stehen dabei folgende zwei Alternativen zur Auswahl:

Alternative 1:

Bei der sogenannten „kleineren Umbaumaßnahme" soll gerade den Anforderungen des Heimgesetzes (Heim Mind Bau V) entsprochen werden. Die derzeitigen Dreibettzimmer sollen in großzügigere Zwei- und Einbettzimmer umgebaut werden, der allgemeine Sanitärbereich soll erneuert und ferner ein Gemeinschaftsraum für die Bewohner erstellt werden.

Daneben ist der Einbau von einigen Naßzellen (eine Naßzelle auf zwei Bewohnerzimmer) vorgesehen. Die Kostenschätzung des Architekten für diese Umbaumaßnahme liegt bei rund 3 300 000 DM.

Alternative 2:

Außer den bei Alternative 1 vorgesehenen Umbaumaßnahmen sollen bei diesem „größeren Umbau" noch folgende Schritte durchgeführt werden:
- die Zahl der Naßzellen wird erhöht; jedes Bewohnerzimmer soll eine Naßzelle bekommen;
- ein größerer Gemeinschaftsraum wird angebaut;
- für jede Station soll ein Aufenthaltsraum eingerichtet werden;
- durch eine Unterkellerung sollen zusätzliche Lagerräume geschaffen werden.

Die Kosten dieser Alternative werden nach einer Hochrechnung des Architekten rund 5 900 000 DM betragen.

Von seiten der Heimleitung werden folgende Ziele als entscheidungsrelevant betrachtet:
- Kostendeckung, inwieweit ist während und nach dem Umbau das Ziel der Kostendeckung gewährleistet?
- Sicherstellung der Liquidität während und nach der Bauphase
- Erleichterung und Verbesserung des Arbeitsablaufes für die Mitarbeiter und Mitarbeiterinnen des Pflegedienstes und des hauswirtschaftlichen Bereichs
- Verbesserung des Schutzes der Persönlichkeitssphäre der Heimbewohner
- Verbesserung der Kommunikationsmöglichkeiten der Heimbewohner

Die Gewichtung der einzelnen Ziele durch die Heimleitung ist in Spalte 1 von Abbildung 8 aufgezeigt. Es werden insgesamt 100 Punkte auf die verschiedenen Ziele verteilt. Nach der Gewichtung der einzelnen Beurteilungskriterien entsprechend ihrer Bedeutung werden die Alternativen bewertet. Dabei wird untersucht, inwieweit die Alternativen die einzelnen Ziele erfüllen. Die Bewertung wird im Beispiel mit Hilfe eines Zielerreichungsgrades vorgenommen, der anhand von Noten wie folgt ermittelt wird:

Note	Zielerreichungsgrad in Prozent
sehr gut	100
gut	80
befriedigend	60
ausreichend	40
mangelhaft	20
ungenügend	0

Die Spalten 2 und 3 von Abbildung 8 geben die Zielerreichungsgrade der beiden Alternativen wieder. In den Spalten 4 und 5 wird schließlich die Gesamtbeurteilung der beiden Alternativen ermittelt. Die Entscheidung fällt im Beispiel zugunsten der größeren Umbaumaßnahme aus.

Ausschlaggebend waren dabei vor allem der bessere Arbeitsablauf für die Mitarbeiter sowie der größere Schutz der Persönlichkeitssphäre und die besseren Kommunikationsmöglichkeiten für die Heimbewohner. Da nach der Umbauphase die höheren Bau-, Energie- und Wasseraufwendungen im Pflegesatz auch bei Alternative 2 übernommen werden – dies hat ein Gespräch mit dem zuständigen Kostenträger ergeben –, werden die Ziele der Kostendeckung und der Liquiditätssicherung nur durch die längere Umbauphase, die damit verbundenen Pflegegeldausfälle und entstehenden Anlaufkosten bei der größeren Umbaumaßnahme in geringerem Umfang erreicht als bei Alternative 1.

Die hier dargestellte Nutzwertanalyse ist in der Praxis durch detaillierte Kostenvergleichs- und Liquiditätsberechnungen zu vervollständigen und zu ergänzen. Die Methode zwingt die Entscheidenden, sich mit den Zielen und ihrer Bedeutung auseinanderzusetzen. Durch die Anwendung der Nutzwertanalyse wird schließlich die Entscheidung systematisiert und nachvollziehbar. Das bedeutet allerdings nicht, daß die Entscheidung objektiv und nicht mehr subjektiv ist. Die Gewichtung der Ziele ist immer subjektiv, weil sie von den Personen abhängig ist, die sie vornehmen.

Da größere Baumaßnahmen meist von öffentlichen Stellen bezuschußt werden, sollte für das geplante Bauvorhaben eine Kostenschätzung nach DIN 276 vom Architekten eingeholt werden und frühzeitig Verbindung mit den öffentlichen Stellen aufgenommen werden, um die Finanzierung der Baukosten und der künftigen Betriebskosten zu klären.

Ziele	Gewichtung in Punkten	Erwarteter Grad der Zielerfüllung in %		Zielerfüllungsgrad - Gewichtungsfaktor	
		Alternative 1	Alternative 2	Alternative 1	Alternative 2
Kostendeckung	15	80	60	12	9
Liquiditätssicherung	15	80	60	12	9
Erleichterung des Arbeitsablaufs	20	40	80	8	16
Schutz der Persönlichkeitssphäre der Heimbewohner	25	40	80	10	20
Kommunikationsmöglichkeiten der Heimbewohner	25	20	60	5	15
Gesamtbeurteilung	100			47	69
Rang				II	I

Abbildung 8: Entscheidungsfindung zwischen den beiden Investitionsalternativen für das Altenpflegeheim

2.4 Die Aufwands- und Ertragsplanung

Die erstellten Teilpläne finden schließlich in der Aufwands- und Ertragsplanung ihren Niederschlag. Aus der Gegenüberstellung geplanter Erträge und Aufwendungen wird das erwartete Ergebnis berechnet. Die Aufwands- und Ertragsplanung ermöglicht, daß sich die soziale Einrichtung bereits vor Beginn des Wirtschaftsjahres auf die zu erwartende Entwicklung einstellen kann und frühzeitig Entscheidungen über notwendige Maßnahmen zur Sicherstellung der Kostendeckung, zum Beispiel Maßnahmen zur Verbesserung der Belegung, Pflegesatzkündigung überlegen kann. Schließlich bildet die Aufwands- und Ertragsplanung die Grundlage der Kontrolle, das heißt der Vergleich zwischen Planzahlen und Ist-Werten, im Managementzyklus. Dadurch kann bei negativen Entwicklungen frühzeitig eingegriffen werden.

2.4.1 Planungssystematik

Damit die Aufwands- und Ertragsplanung einen laufenden Soll-Ist-Vergleich möglich macht, muß der Aufwands- und Ertragsplan in seiner Grundgliederung der Kontenplan-Systematik entsprechen. Der Aufbau sollte sich daher bei Krankenhäusern an dem Kontenrahmen nach der Krankenhausbuchführungsverordnung (KHBV) und bei den anderen Einrichtungsarten der Sozialwirtschaft an den einschlägigen Kontenrahmen, wie zum Beispiel dem Diakoniekontenrahmen, orientieren.

2.4.2 Planung der Ertragsseite

Für die Planung der Ertragsseite gilt folgender Grundsatz: Die Plandaten sollten vorsichtig und eher leicht pessimistisch, jedoch ohne den Einbau von sogenannten stillen Reserven angesetzt werden. Erträge sind daher immer eher zu niedrig als zu hoch anzusetzen.

Die Pflegesatzerträge sind die bedeutendste Erlösquelle der sozialen Einrichtungen. Der Anteil der Pflegesatzerträge am betrieblichen Ertrag liegt im Bereich des Diakonischen Werks Württemberg in Altenhilfeeinrichtungen bei 95 Prozent, bei Einrichtungsarten mit Schulen im Bereich der Jugend- und Behindertenhilfe bei nur 77 Prozent beziehungsweise 79,5 Prozent, da diese Einrichtungen Personalkostenzuschüsse für die Lehrer erhalten.

Die *Planung der Pflegesatzerträge* muß daher besonders sorgfältig durchgeführt werden. Die Planwerte ergeben sich aus der vorangegangenen Belegungsplanung. Neben der Belegungsplanung ist die erwartete Höhe der Pflegesätze festzulegen. Sofern die Einrichtung in der Planperiode ein Selbstkostenblatt vorlegen wird, sollte eine überschlägige Selbstkostenberechnung durchgeführt werden und von dem Ergebnis der Berechnung ein Sicherheitsabschlag abgesetzt werden. Im Falle einer allgemeinen prozentualen Pflegesatzerhöhung werden die bestehenden Pflegesätze mit der erwarteten Erhöhung hochgerechnet.

Die Berücksichtigung der allgemeinen jährlichen Ertragssteigerungen ist im Hinblick auf die Auswertung des Soll-Ist-Vergleichs empfehlenswert.

Im Beispiel der Altenhilfeeinrichtung wird von einer Pflegesatzkündigung und der Vorlage eines Selbstkostenblattes abgesehen. Zum Abschnitt D 1.3 wird aufgrund der Sachkostensteigerung und der geschätzten tariflichen Personalkostensteigerung mit einer allgemeinen Pflegesatzerhöhung in Höhe von 3 Prozent gerechnet, das entspricht einer durchschnittlichen Erhöhung der Pflegesätze im Jahr von 2,5 Prozent.

Die Pflegesatzerträge werden daher im Falle der Altenhilfeeinrichtung wie folgt geplant:

Im laufenden Geschäftsjahr bestehende Pflegesätze:

– Altenheim: 53,40 DM
– Altenpflegeheim: 83,10 DM

In der Planungsperiode durchschnittlich erwartete Pflegesätze (Erhöhung um 2,5 Prozent):

– Altenheim: 54,70 DM
– Altenpflegeheim: 85,20 DM

Planung der Pflegesatzerträge:

Bereich	Zahl der Berechnungstage (1)*	Erwarteter Pflegesatz (2)	Pflegesatzerträge (3) = (1) x (2)
Altenheim	10 805	54,70 DM	591 033 DM
Altenpflegeheim	15 186	85,20 DM	1 293 847 DM
Insgesamt:			1 884 880 DM

* vergleiche Abbildung 5

Die *Planung der Personalkostenzuschüsse* bei sozialen Einrichtungen mit Schulen wird mit Hilfe des Personalplans und der Richtlinien über die Bezuschussung vorgenommen.

Der *Ertrag aus* der Auflösung von Sonderposten kann aus den Jahresabschlußunterlagen unter Berücksichtigung neu zugegangener und erwarteter Zuschüsse berechnet werden.

Die *Planung* der *sonstigen, betrieblichen* Erträge orientiert sich meist an den Ist-Werten der vorangegangenen Jahre und des laufenden Geschäftsjahres. Erwartete Entwicklungen in der Planungsperiode sind zu bedenken und bei der Planung einzubeziehen.

2.4.3 Planung der Aufwandsseite

Bei der Planung der Aufwendungen gilt wie bei der Ertragsplanung der Grundsatz eines leicht pessimistischen Ansatzes der Plandaten, das heißt die Aufwendungen sind vorsichtig und eher höher zu planen.

Die *Planung des Personalaufwands* resultiert aus der Personalplanung. Die in der Personalplanung ermittelten Aufwendungen sind noch durch den sonstigen Personalaufwand zu ergänzen. Am Beispiel der Altenhilfeeinrichtung soll dies kurz dargestellt werden:

Personalaufwand laut Personalplan	1 092 200,–
Sonstiger Personalaufwand (z. B. Beihilfen, Berufsgenossenschaft)	38 500,–
Arbeitsprämien	2 000,–
Personalaufwand insgesamt:	1 132 700,–

Der sonstige Personalaufwand wird mit Hilfe der Zahlen vorangegangener Perioden und unter Berücksichtigung der höheren Zahl an Mitarbeitern im Planungszeitraum ermittelt.

Die Grundlage für die *Planung der Zinsaufwendungen* bildet der Stand der Darlehen im laufenden Geschäftsjahr. Unter Berücksichtigung der planmäßigen Tilgung, der zu erwartenden Entwicklung der Zinssätze und von eventuell neu aufzunehmenden Darlehen werden die Zinsaufwendungen für den Planungszeitraum ermittelt. Die Neuaufnahme von Darlehen ergibt sich aus den Finanzierungsplänen von Bauprojekten und aus dem Finanzplan.

Die Höhe der *Instandhaltungskosten* im Planungszeitraum läßt sich aus dem Instandhaltungsplan ableiten.

Die *Abschreibungen* werden anhand der Anlagenbuchhaltung und des Investitionsplans der Einrichtung berechnet.

Der *sonstige Sachaufwand* wird meist entsprechend den Ist-Werten der vorangegangenen Perioden und des laufenden Geschäftsjahres ermittelt. Die Folgekosten von geplanten und eventuell bereits laufenden Investitionen sind unbedingt in die Planung miteinzubeziehen. Ferner ist die Auswirkung der Belegungsänderung auf die Höhe der zu planenden, variablen beziehungsweise belebungsabhängigen Kosten zu berücksichtigen. Bei der Planung der variablen Kosten sollte daher immer von den Ist-Werten pro Berechnungstag ausgegangen werden.

Beispiel:

Der pflegerische Sachaufwand der Altenhilfeeinrichtung betrug im Vorjahr insgesamt 25 300 DM. Es entfielen dabei auf das Altenheim 4 980 DM beziehungsweise 0,40 DM je Berechnungstag und auf das Pflegeheim 20 320 DM beziehungsweise 1,60 DM je Berechnungstag.

Der pflegerische Sachaufwand ist im Planungszeitraum in folgender Höhe anzusetzen:

Altenheim:	0,40 DM x 10 805 Berechnungstage =	4 322,– DM
Altenpflegeheim:	1,60 DM x 15 186 Berechnungstage =	24 298,– DM
Summe:		28 620,– DM
Planaufwand bei einer erwarteten Preissteigerung in Höhe von 1,3 Prozent		29 000,– DM

Eine Planung, bei der die Belegungsänderung und insbesondere die Verschiebung der Belegung vom Altenheim zum Altenpflegeheim unberücksichtigt bliebe, ginge von zu geringen Aufwendungen aus und wäre falsch.

Neben den Belegungsänderungen sind im Hinblick auf den Soll-Ist-Vergleich bei der Planung aller Aufwandspositionen die erwarteten Tarif- und Preissteigerungen einzuberechnen.

2.4.4 Planung des Ergebnisses

Das Plan-Ergebnis ergibt sich aus der Gegenüberstellung geplanter Aufwendungen und Erträge. Als wirtschaftliches Ziel strebt die Einrichtung die Kostendeckung im betrieblichen Bereich, das heißt ein ausgeglichenes Betriebsergebnis an. Die anderen Erträge (Spenden, Erträge aus Vermögensverwaltung) sollten nur in Ausnahmefällen wie bei der Inbetriebnahme einer sozialen Einrichtung und den damit verbundenen nicht über den Pflegesatz finanzierbaren Anlaufkosten und zur bewußten Finanzierung von nicht über den Pflegesatz abdeckbaren Kosten, wie zum Beispiel von besonderen Betreuungsmaßnahmen, zum Ausgleich des betrieblichen Ergebnisses herangezogen werden.

Der Ertrag aus der Auflösung von Sonderposten (passivierte, zweckgebundene Investitionszuschüsse, die zeitanteilig entsprechend dem Werteverzehr aufgelöst werden) kann nach dem Diakoniekontenrahmen auch im anderen oder betriebsneutralen Bereich ausgewiesen werden.

Da die Investitionszuschüsse auch bei der Berechnung der im Pflegesatz enthaltenen Abschreibungen berücksichtigt werden, ist bei einer sozialen Einrichtung, die die Auflösung im anderen oder betriebsneutralen Bereich vornimmt, das Ziel der Kostendeckung auch bei einem Betriebsverlust bis maximal zur Höhe des Ertrags aus der Auflösung von Sonderposten erreicht.

Das Ziel der Substanzerhaltung ist für die soziale Einrichtung bei dieser Handhabung allerdings nur erreicht, wenn sie bei der Reinvestition des Anlagevermögens wieder in entsprechender Höhe öffentliche Investitionszuschüsse erhält.

Der Aufwands- und Ertragsplan der Altenhilfeeinrichtung ist in Abbildung 9 aufgezeigt. Da in den vorangegangenen Geschäftsjahren nur vereinzelt und in geringem Umfang andere Erträge und Aufwendungen zu verzeichnen waren, werden keine anderen Aufwendungen und Erträge geplant. Es wird davon ausgegangen, daß das geplante Betriebsergeb-

Planaufwand	DM	Planertrag	DM
Betriebliche Aufwendungen		**Betriebliche Erträge**	
1. Personalaufwand	1 132 700,–	1. Pflegesatzerträge	1 884 880,–
2. Lebensmittelaufwand	191 900,–	2. Erstattungen von Behörden	9 600,–
3. Medizinischer und pflegerischer Sachaufwand	29 000,–	3. Sonstige Erstattungen, Mieten, Zinsen	44 500,–
4. Energie, Wasser, Treibstoffe	132 400,–	4. Erträge der Hilfs- und der Nebenbetriebe	–,–
5. Wirtschaftsaufwand, Fremdleistungen	48 900,–	5. Betriebszuschüsse	–,–
6. Betreuungsaufwand	10 900,–	6. Erträge aus der Auflösung von Sonderposten	40 650,–
7. Verwaltungsaufwand	51 600,–		
8. Instandhaltungen	145 500,–		
9. Steuern, Abgaben, Versicherungen	13 000,–		
10. Zinsen	63 400,–		
11. Abschreibungen	135 500,–		
12. Sonstiger Aufwand	3 000,–		
Zwischensumme:	1 957 800,–		
Planergebnis Betrieblicher Gewinn	21 830,–		
Summe:	1 979 630,–		

Abbildung 9: Der Aufwands- und Ertragsplan der Altenhilfeeinrichtung

nis dem zu erwartenden Gesamtergebnis entspricht. Bei dem Plan-Ergebnis der Altenhilfeeinrichtung handelt es sich um einen Gewinn in Höhe von 21 830 DM. Das Ziel der Kostendekkung wird damit erreicht, es besteht sogar die Möglichkeit einer Rücklagenbildung für die geplante Neubaumaßnahme.

2.4.5 Differenzierung der Planung nach Kostenstellen

Die Aufwands- und Ertragsplanung dient der Kontrolle, das heißt dem Soll-Ist-Vergleich im Managementzyklus und dem frühzeitigen Eingreifen bei negativen Abweichungen zwischen den Ist- und den Planwerten. Eine Differenzierung der Planung nach Kostenstellen kann daher unter zwei Gesichtspunkten sinnvoll sein: unter kalkulatorischen und organisatorischen.

Kalkulatorische Gesichtspunkte

Die Planung wird nach Pflegesatzbereichen oder nach Hauptkostenstellen aufgeteilt. Eine eigenständige und vollständige Aufwands- und Ertragsplanung für einzelne Pflegesatzbereiche ermöglicht die laufende Feststellung, ob der bestehende Pflegesatz die Kosten der Einrichtung deckt und damit bei einer Kostenunterdeckung eine rechtzeitige Pflegesatzkündigung.

Organisatorische Gesichtspunkte

Die Planung wird nach Verantwortungsbereichen differenziert. So wird ein Aufwands- und Ertragsplan für den der Hauswirtschaftsleiterin unterstellten Bereich erstellt. Durch den laufenden Soll-Ist-Vergleich ist eine Kontrolle der Wirtschaftlichkeit in den einzelnen Verantwortungsbereichen möglich. Die Planwerte erhöhen das Kostenbewußtsein der verantwortlichen Mitarbeiter und dienen als Leistungsanreiz. Da ein Bereichsleiter oder Kostenstellenleiter nur die direkt zurechenbaren Aufwendungen und Erträge beeinflussen kann, kann die Aufwands- und Ertragsplanung nach organisatorischen Gesichtspunkten auf die Planung der direkt zurechenbaren Aufwendungen und Erträge beschränkt bleiben. Direkt zurechenbare Aufwendungen sind unter anderem der Personalaufwand der im Bereich beschäftigten Mitarbeiter und vom Bereich verursachte Sachaufwendungen wie Lebensmittelaufwand oder auch pflegerischer Sachaufwand.

Ein wichtiges Kriterium bei der Differenzierung der Planung ist auch der mit der Planung verbundene Aufwand. Es dürfte in keinem Fall sinnvoll sein für alle Kostenstellen einzelne Planzahlen zu ermitteln, da der damit verbundene Aufwand in keinem Verhältnis zu den möglichen Einsparungen steht.

Eine differenziertere Planung empfiehlt sich für die verschiedenen Pflegesatzbereiche. Innerhalb der Pflegesatzbereiche sollten jedoch im Hinblick auf den mit der Planung verbundenen Arbeitsaufwand zusätzliche Einzelpläne nur für aufwands- und ertragsmäßig bedeutende Kostenstellen erstellt werden.

Beim Beispiel der Altenhilfeeinrichtung wird auf eine Differenzierung des Aufwands- und Ertragsplans nach Kostenstellen verzichtet, da bei der Pflegesatzkalkulation lediglich der Personalaufwand des Pflegedienstes und des Wirtschaftsdienstes sowie der pflegerische Sachaufwand direkt den beiden Heimbereichen zugerechnet werden. Alle übrigen Aufwands- und Ertragsarten werden nach den Belegungszahlen den beiden Bereichen zugeordnet. Die Bereichsleiter der Altenhilfeeinrichtung (die Hauswirtschaftsleitung, die Pflegedienstleitung, die Verwaltungsleitung) erhalten jeweils den Personalplan für ihren Bereich sowie den Belegungsplan und den gesamten Aufwands- und Ertragsplan der Altenhilfeeinrichtung als Planwerte und zur Orientierung.

2.5 Die Finanzplanung

Bei der Finanzplanung handelt es sich um die Gegenüberstellung von künftigen Einzahlungen und Auszahlungen. Durch die Finanzplanung wird somit die Liquiditätsentwicklung im Planungszeitraum der sozialen Einrichtung geplant und gleichzeitig die Grundlagen für die Liquiditätskontrolle geschaffen. Ziel der Finanzplanung ist die Sicherstellung der Liquidität und der Zahlungsfähigkeit der sozialen Einrichtung.

Der Finanzplan kann erstellt werden, sobald die Entwürfe für den Aufwands- und Ertragsplan und für den Investitionsplan vorliegen.

Ausgangspunkt bei der Finanzplanung ist der Stand der flüssigen Mittel zu Beginn des Planungszeitraumes. Der Anfangsbestand der Zahlungsmittel wird dann durch den Cashflow, das heißt dem liquiditätswirksamen Planergebnis, und durch die Einzahlungen und Auszahlungen aus dem Vermögens- und Kapitalbereich zum Stand der flüssigen Mittel am Ende des Planungszeitraums fortgeschrieben. Abbildung 10 zeigt den Finanzplan der Altenhilfeeinrichtung.

Der Finanzplan gibt zum Ende des Planungszeitraums im Vergleich zum Beginn einen leicht erhöhten Stand der flüssigen Mittel wieder, ohne daß Darlehen aufgenommen wurden oder die anderen Verbindlichkeiten zugenommen haben.

Der Gesamtbestand der flüssigen Mittel beträgt mehr als die Pflegesatzerlöse von zwei Monaten und ist daher ausreichend.

Neben dem Finanzplan für die gesamte Planperiode sollten zur laufenden Sicherstellung der Liquidität auch während des Geschäftsjahres monatlich, jedoch mindestens vierteljährlich Liquiditätsübersichten erstellt werden. Nur bei einer kurzfristigen und regelmäßigen Liquiditätsplanung und -kontrolle können Liquiditätsengpässe rechtzeitig erkannt und bewältigt werden.

Finanzierungsmittel – Mittelherkunft und Mittelverwendung –	DM	DM
1. *Stand der flüssigen Mittel* am 1.1.		+ 364 000
2. *Cash-flow-Planung:* – Plan-Ergebnis – Abschreibungen – Auflösung der Sonderposten – Bildung/Auflösung von Rücklagen – Bildung/Auflösung von Rückstellungen	+ 21 830 + 135 500 – 40 650 0 0	+ 116 680
3. Verwendung und Herkunft der *Mittel aus dem Vermögens- und Kapitalbereich* Investitionen Anlagenabgänge Veränderung der Finanzanlagen Veränderung der Forderungen Veränderung der Vorräte Investitionszuschüsse Aufnahme von Darlehen Tilgung von Darlehen Veränderung der anderen Verbindlichkeiten	– 74 000 + 7 500 0 0 0 + 5 000 0 – 47 550 0	– 109 050
4. *Stand der flüssigen Mittel* am 31.12.		+ 371 630

Abbildung 10: Finanzplan der Altenhilfeeinrichtung

Ferner sollte für größere Bauprojekte neben dem gesamten Finanzplan der Einrichtung eine getrennte Finanzierungsplanung erfolgen. Nur dadurch können der Stand und die Entwicklung der für Bauvorhaben eingesetzten Mittel durchsichtig gemacht, eine Kontrolle des Finanzierungsablaufs vorgenommen und die Gefahr, daß Baugelder zur Finanzierung des laufenden Betriebs eingesetzt werden, gebannt werden.

2.6 Die Planbilanz

Die Planbilanz ist das Ergebnis aller vorgelagerten Planungen. Die Schlußbilanz des Vorjahres bildet den Ausgangspunkt für die Einstellung der Planbilanz. Unter Berücksichtigung der bilanzwirksamen Planungsvorgänge wie zum Beispiel der Investitionen oder der Aufnahme und der Tilgung von Darlehen einschließlich des Plan-Ergebnisses wird die Planbilanz gebildet. In der Praxis spielt die Planbilanz eine untergeordnete Rolle. Häufig wird auf die Erstellung einer Planbilanz verzichtet.

2.7 Koordination und Integration der Pläne

Planung ist eine Folge mehrerer und in ihrer Art unterschiedlicher Planungsschritte. Die Einzelpläne stehen in Beziehung zueinander und sind aufeinander abzustimmen, das heißt zu koordinieren und zu integrieren. Als Koordination wird die Abstimmung zwischen gleichgeordneten Plänen bezeichnet. Unter Integration wird die Abstimmung zwischen über- und untergeordneten Plänen verstanden (vergleiche Wild, J., Grundlagen der Unternehmungsplanung, Seite 162).

Der Personalplan ist beispielsweise mit dem Kapazitäts- und Belegungsplan zu koordinieren. Beide Teilpläne werden in den Aufwands- und Ertragsplan integriert. Eine Integration des Aufwands- und Ertragsplans findet bei der Finanzplanung statt.

Koordination und Integration der Pläne umfaßt

- die Erstellung der Pläne nach einheitlichen Kriterien
- die sachliche und zeitliche Abstimmung der Teilpläne unter sich und mit Aufwands- und Ertragsplan und dem Finanzplan
- die Einbeziehung der Ergebnisse der Teilpläne in den Aufwands- und Ertragsplan und den Finanzplan
- die Verknüpfung der Teilpläne untereinander

Die zeitliche Abstimmung der Planungsschritte kann mit Hilfe eines Terminplans oder Planungskalenders (vergleiche Abbildung 5) vorgenommen werden. Maßstäbe für die sachliche Abstimmung der Planungen sind die mit der Planung verfolgten Ziele. Bei der Wirtschaftsplanung sind dies neben einer bedarfsgerechten Betreuung und Versorgung der Heimbewohner vor allem die wirtschaftlichen Ziele der Kostendeckung, der Substanzerhaltung und der Liquiditätssicherung. Ergibt sich beispielsweise bei der Finanzplanung ein zu niedriger Stand an flüssigen Mitteln und damit eine Gefährdung der Liquidität am Ende des Planungszeitraums, sind der Aufwands- und Ertragsplan, der Investitionsplan und die vorgelagerten Teilpläne nochmals zu überarbeiten und eventuell zu ändern. In gleicher Weise werden auch bei einem negativen Plan-Ergebnis die Aufwands- und Ertragsplanung und die vorgelagerten Teilpläne auf Einsparungsmöglichkeiten oder Steigerung der Erlöse zum Beispiel durch eine Pflegesatzkündigung hin untersucht. Die Pläne werden so lange „geknetet", bis die gesetzten Ziele erreicht sind.

2.8 Entscheidung und Beschlußfassung über den Wirtschaftsplan

Die letzte Stufe des Planungsprozesses ist die Entscheidung und das Inkraftsetzen des Wirtschaftsplanes.

Hier stellt sich zunächst die Frage, wer der Entscheidungsträger der sozialen Einrichtung ist und welche Daten und Unterlagen dem Entscheidungsträger vorzulegen sind.

2.8.1 Entscheidungsträger in sozialen Einrichtungen

In der sozialen Einrichtung sind im wesentlichen zwei Entscheidungsebenen anzutreffen (in Anlehnung an Axtner, Krankenhausmanagement):

- die strategische und die taktische Managementebene (Politiksystem)
- die operative Managementebene und die Ausführungsebene (Operationssystem).

Von der strategischen und der taktischen Managementebene werden die Ziele und die Programme der sozialen Einrichtung festgelegt und der Zielerreichungsprozeß überwacht.

Von der operativen Managementebene und der Ausführungsebene werden die Programme konkretisiert und die Leistungen erstellt. Bei der Wirtschaftsplanung sind in der Regel längerfristige Entscheidungen zu treffen, die sich auf die gesamte soziale Einrichtung auswirken. Die Entscheidung über die Planung wird daher meist von der strategisch-taktischen Managementebene gefällt. Die operative Managementebene liefert die erforderlichen Informationen und Vorlagen für die Entscheidung.

Die Mitwirkung der Entscheidungsebenen ist in der Satzung der sozialen Einrichtung geregelt. Sie gibt darüber Auskunft, wer oder welches Gremium die strategische und die taktische Managementebene bildet und wer Entscheidungsträger bei der Wirtschaftsplanung ist.

In der Praxis sind folgende Organe als strategische und taktische Managementebene anzutreffen:

- geschäftsführender Vorstand (hauptamtlich)
- Vorstand (ehrenamtlich)
- Mischform (Vorstand setzt sich aus hauptamtlichen und ehrenamtlichen Mitgliedern zusammen)
- Verwaltungsrat

In der Praxis wird sehr häufig die strategische und die taktische Managementebene und damit auch die Beschlußfassung über den Wirtschaftsplan von ehrenamtlichen Vorständen oder Verwaltungsräten wahrgenommen.

Im Falle der Altenhilfeeinrichtung ist das entscheidende Gremium der ehrenamtliche Vorstand. In der Satzung des eingetragenen Vereins heißt es:

„Der Vorstand beschließt über alle Angelegenheiten des Vereins, soweit nicht die Mitgliederversammlung zuständig ist. Er leitet den Verein, bereitet die Mitgliederversammlung vor und sorgt für den Vollzug ihrer Beschlüsse. Die laufenden Vereinsgeschäfte werden vom ersten Vorsitzenden erledigt, zu dessen Unterstützung der Vorstand einen Geschäftsführer bestellen kann, der in der Altenarbeit erfahren und zur Führung einer Altenhilfeeinrichtung befähigt ist."

In der Altenhilfeeinrichtung sind die Entscheidungsebenen daher wie folgt angelegt:

– strategische, taktische Managementstufe:	Vorstand
– operative Managementstufe, Ausführungsebene:	Heimleitung oder Geschäftsführung Bereichsleitungen – Pflegedienstleitung – Verwaltungsleitung – Hauswirtschaftsleitung Mitarbeiter und Mitarbeiterinnen in allen Bereichen

2.8.2 Anforderungen an die Beschlußvorlage

Für die Entscheidung und das Inkraftsetzen des Wirtschaftsplanes durch den Entscheidungsträger sind nun die Daten sorgfältig aufzubereiten.

Dem Entscheidungsträger sollten folgende Unterlagen und Daten zur Verfügung stehen:

– Jahreszahlen der Kapazitäts- und Belegungsplanung
– Personalplan (zusammengefaßt)
– Instandhaltungsplan und Investitionsplan
– Aufwands- und Ertragsplan, Vergleich mit den Vorjahreszahlen
– Finanzplan

Die Planzahlen sind mit Hilfe von Kennzahlen zu erörtern. Wesentliche Abweichungen der Planzahlen von den Ist-Werten der vorangegangenen Perioden sind zu erläutern und zu begründen. Darüber hinaus sollte das Entscheidungsgremium über die Unsicherheiten der Planung informiert werden. Bei besonders komplexen und langfristig sich auswirkenden Entscheidungen wie zum Beispiel größeren Investitionsmaßnahmen oder einschneidenden Strukturveränderungen sollte den Gremien nicht nur *ein* Wirtschaftsplan, sondern auch alternative Pläne zur Entscheidung vorgelegt werden.

3. Aktualisierung und Kontrolle des Wirtschaftsplanes

Nach der Verabschiedung und dem Inkrafttreten des Wirtschaftsplanes folgen dem eigentlichen Planungsprozeß die Plankorrektur und die Plankontrolle.

3.1 Aktualisierung des Wirtschaftsplanes

Die dem Wirtschaftsplan zugrunde liegenden Daten und Informationen können sich schnell ändern. Sie sollten daher in gewissen Zeitabständen auf ihre Gültigkeit überprüft werden. Abweichungen und Veränderungen können dann durch eine Anpassung und Aktualisierung des Wirtschaftsplan berücksichtigt werden. Ob eine Planänderung vorzunehmen ist, hängt vom Umfang und von der Bedeutung der Veränderungen ab. Bei kleinen, von ihrer Auswirkung her nicht so gravierenden Abweichungen (zum Beispiel der Tarifabschluß liegt um 0,5 Prozent höher als in der Planung berücksichtigt) kann auf eine Aktualisierung des Wirtschaftsplanes verzichtet werden, da der Verwaltungsaufwand der Plananpassung zu hoch ist.

Bei schwerwiegenden Abweichungen, wie zum Beispiel bei einem sich abzeichnenden Belegungsrückgang, sollte die Planung nochmals vollständig überarbeitet und der neuen Situation angepaßt werden, damit die wirtschaftlichen Ziele der Einrichtung, vor allem Kostendeckung und Liquidität, gesichert werden können.

Beispiel:

Der Umbau der 5 Altenheimplätze in 10 Pflegeplätze wird sich um eineinhalb Monate verzögern, da bereits zu Beginn der Bauarbeiten festgestellt wird, daß über die geplanten Maßnahmen hinaus die Elektroinstallation und die Heizung zu erneuern und weitere Brandschutzauflagen zu erfüllen sind.

Die Planzahlen im Kapazitäts- und Belegungsplan und die zu erwartenden Pflegesatzerträge sind wie folgt zu korrigieren:

	Zahl der Belegungstage	Zahl der Berechnungstage	Erwarteter Pflegesatz DM	Pflegesatz-erträge DM
Altenheim – unverändert	10 981	10 805	54,70	591 033
Altenpflegeheim	14 810	14 788	85,20	1 259 938
Summe:				1 850 971

Die zu erwartenden Pflegesatzerträge betragen somit 1 850 971 DM und liegen mit 33 909 DM unter dem Ansatz im Wirtschaftsplan.

Durch die über die Planung hinausgehenden Umbaumaßnahmen erhöhen sich die dafür geplanten Instandhaltungsaufwendungen um 47 000 DM.

Die geschilderten Abweichungen und Veränderungen der Belegungszahlen und der zu erwartenden Instandhaltungen machen die Überarbeitung der damit verbundenen Planungen erforderlich:

– *Personalplan:* Durch die verzögerte Inbetriebnahme der neuen Pflegeplätze sind der Zeitpunkt der Neueinstellungen und die Höhe der Personalkosten zu ändern.

– *Aufwands- und Ertragsplan:* Neben den bereits geschilderten Änderungen der Pflege-sten die geänderte Belegungssituation zu berücksichtigen und festzustellen, ob noch ein ausgeglichenes Plan-Ergebnis erreicht werden kann oder Einsparungsmöglichkeiten zu erwägen sind.

– *Finanzplan:* Die Änderungen des Aufwands- und Ertragsplans sind zu berücksichtigen.

3.2 Der Soll-Ist-Vergleich

Der Soll-Ist-Vergleich stellt das Kontrollinstrument im Managementzyklus dar (vergleiche Abbildung 1). Beim Soll-Ist-Vergleich werden die Ist-Ergebnisse den Plänen gegenübergestellt. Es lassen sich nach Wild drei Typen von Soll-Ist-Vergleichen unterscheiden:

– die Ergebniskontrolle (am Periodenende, Soll-Ist-Vergleich)
– die Planfortschrittskontrolle (innerhalb der Periode, Soll-Wird-Vergleich)
– die Prämissenkontrolle (innerhalb und am Ende der Periode, Wird-Ist-Vergleich).

Bei der Ergebniskontrolle werden die Plan-Zahlen mit den Ist-Zahlen der gesamten Periode verglichen:

Beispiel:	*Periode*
Plan-Ergebnis der Altenhilfeeinrichtung:	+ 21 830 DM
Ist-Ergebnis der Altenhilfeeinrichtung:	+ 14 750 DM
Abweichung Plan/Ist (unterschritten)	– 7 080 DM

Bei der Planfortschrittskontrolle werden die Pläne in Planabschnitte aufgelöst und kumulierte Ist- und Planzahlen innerhalb des Planungszeitraums einander gegenübergestellt.

Beispiel:	*Kumuliert per 31.3.*
Plan-Personalkosten der Einrichtung:	261 390 DM
Ist-Personalkosten der Einrichtung	253 570 DM
Abweichung Plan/Ist (noch verfügbar)	+ 7 820 DM

Mit der Prämissenkontrolle wird überprüft, inwieweit die Ausgangsannahmen der Planung (Wird-Aussagen) noch zutreffen.

Beispiel:

Trifft die Annahme noch zu, daß die Nachfrage nach Altenheim- und Pflegeplätzen zu den Vorjahren unverändert bleibt?

Dem *Soll-Ist-Vergleich* kommt folgende *Bedeutung im Führungsprozeß der sozialen Einrichtung* zu:

– Der Soll-Ist-Vergleich soll die Wirtschaftlichkeit der sozialen Einrichtung erhöhen und ein frühzeitiges Eingreifen bei negativen Entwicklungen ermöglichen, zum Beispiel kann durch Einsparungen versucht werden, die im ersten Quartal entstandenen, ungeplant hohen Kosten im weiteren Verlauf des Jahres auszugleichen.

– Der Soll-Ist-Vergleich bildet die Grundlage einer Abweichungsanalyse. Ziel des Soll-Ist-Vergleichs ist nicht zu überprüfen, inwieweit der Plan richtig erstellt und die Planzahlen erreicht wurden. Im Ist-Ergebnis unterschrittene Plankosten sollten daher nicht nachträglich ausgeschöpft werden. Die beste Planung kann nicht verhindern, daß Abweichungen auftreten. Es kommt daher vielmehr darauf an, daß rechtzeitig die Ursachen der Abweichung erkannt und Steuerungsmaßnahmen ergriffen werden.

– Der Soll-Ist-Vergleich führt zu einer Stärkung des Kostenbewußtseins der verantwortlichen Mitarbeiter, indem jeder sich selbst kontrollieren kann im Rahmen der durch die Planung festgelegten Maßstäbe und im Hinblick auf die Einhaltung der von der Geschäftsführung oder dem Vorstand gesetzten Ziele. Damit bei Abweichungen rechtzeitig Steuerungsmaßnahmen ergriffen werden können, findet die Planfortschrittsmethode Anwendung.

Die Planfortschrittsmethode sollte in folgenden Zeitabständen angewendet werden:
– quartalsweiser Soll-Ist-Vergleich aller Pläne und aller Positionen
– monatlicher Soll-Ist-Vergleich von wichtigen Daten, in der Regel der Personalaufwendungen und der Belegungszahlen.

4. Die Beteiligung der Leitungsstellen am Planungsprozeß

4.1 Verteilung der Planungsaufgaben

Nachdem bislang der zeitliche Ablauf der Planungsschritte im Vordergrund stand, soll im folgenden auf die Frage der Planungszuständigkeiten eingegangen werden. Wer von den verantwortlichen Mitarbeitern der sozialen Einrichtung ist an der Planung zu beteiligen. Werden die Planungsaufgaben zentralisiert oder dezentralisiert?

Bei der Zentralisation der Planungsaufgaben wird die Planung von der Führungsspitze der sozialen Einrichtung wahrgenommen. Von einer dezentralen Planung spricht man, wenn die Linienstellen der sozialen Einrichtung an der Planung mitwirken (vergleiche Wild, Hrsg., Unternehmungsplanung, Seiten 297-299).

Folgende Gründe sprechen für eine dezentrale Planung:
– Übereinstimmung von Informationsschwerpunkten und Planaufstellung. Für die Planerstellung ist konkretes Erfahrungs- und Fachwissen notwendig; die erforderlichen Informationen liegen vor allem bei großen Organisationen mehr bei den Linienstellen und weniger bei der Führungsspitze vor.

– Übereinstimmung von Verantwortung für Planaufstellung und Planverwirklichung, Durchführungsmotivation der Mitarbeiter. Die Mitarbeiter, die selbst einen Plan erstellt haben, fühlen sich stärker für die Durchführung und die Verwirklichung der Pläne verantwortlich. Generell kann davon ausgegangen werden, daß eine Beteiligung der unteren Ebenen (Mitarbeiter) am Planungs- und Zielbildungsprozeß einen höheren Grad an Ziel- oder Planakzeptanz (-identifikation) bewirkt.

Eine Zentralisierung von Planungsaufgaben kann aus folgenden Gründen sinnvoll sein:

– Notwendigkeit der Planabstimmung an zentraler Stelle, Koordinierungs- und Kommunikationsaufwand: Die Planung ist eine Folge mehrerer Planungsschritte, die aufeinander abgestimmt werden müssen in sachlicher und zeitlicher Hinsicht.

– Die dezentrale Planung verursacht einen wesentlich höheren Koordinations- und Kommunikationsaufwand als die zentrale Planung.

Aus diesen verschiedenen Gründen wird die Planung in der Regel eine Mischform darstellen und mehr oder weniger zentral oder dezentral organisiert sein.

Der Grad der Beteiligung einzelner Stellen hängt von der Aufbauorganisation der sozialen Einrichtung, das heißt der hierarchischen Gliederung in einzelne Führungsebenen und vom Umfang der Führungsverantwortung des einzelnen Mitarbeiters und vom Fachwissen und der Motivation der Linienstellen ab.

4.2 Reihenfolge der Planerstellung

Neben der Frage, welche Leitungsstellen an der Planung mitwirken sollen, ist bei der Beteiligung auch noch entscheidend, in welcher Reihenfolge die verschiedenen Hierarchieebenen der sozialen Einrichtung mitwirken sollen.

Während bei einer kleineren Einrichtung die Möglichkeit besteht, daß die beteiligten Stellen gleichzeitig in einem Team planen, wird dies bei größeren sozialen Einrichtungen nicht mehr realisierbar sein.

Hier gilt es eine Reihenfolge der Planerstellung innerhalb der Organisationshierarchie der sozialen Einrichtung zu entwickeln.

In der Literatur (vergleiche Wild, Grundlagen der Unternehmungsplanung, Seiten 188 ff.) werden drei Möglichkeiten genannt:

– die retrograde Planung oder Top-Down-Planung
– die progressive Planung oder Bottom-Up-Planung
– die Gegenstrom-Planung

Wird bei der Planerstellung von der Spitze der Planungshierarchie ausgegangen, ist eine retrograde Planung oder Top-Down-Planung gegeben. Von einer progressiven Planung oder einer Bottom-Up-Planung spricht man, wenn bei der Planerstellung von der Basis der Planungshierarchie ausgegangen wird. Die Gegenstrom-Planung stellt schließlich eine Kombination der beiden Ansätze dar.

Die retrograde oder Top-Down-Planung

Bei diesem Verfahren setzt die Geschäftsführung die Ziele fest und gibt den nachgeordneten Bereichen, Abteilungen und Referaten Rahmenpläne vor. Die nachgeordneten Bereiche haben diese Zielsetzungen in detaillierte Pläne umzusetzen.

Vorteile:
- klare, durchgängige Zielvorgabe, die Ausrichtung auf das Oberziel ist gewährleistet
- zeitraubende Abstimmungsvorgänge sind nicht erforderlich

Nachteile:
- bei unrealistischer Zielsetzung keine realistische Planung möglich
- sofern das Problem der unrealistischen Zielsetzung weitgehend ausgeschlossen werden soll, muß der Rahmenplan schon weitgehend konkretisiert sein
- geringe Motivation der Mitarbeiter, Gefühl „verplant" zu werden

Die progressive oder Bottom-Up-Planung

Den Ausgangspunkt bei der progressiven Planung bilden die nachgeordneten Teilpläne. Die Bereiche planen auf jeder Stufe ihre Ziele und Maßnahmen. Die Teilpläne werden von den Mitarbeitern erarbeitet, die täglich mit den zu entscheidenden Tatbeständen konfrontiert werden. Die Teilpläne werden an die Geschäftsführung oder an die übergeordneten Instanzen weitergeleitet, die die Abstimmung und Integration der Teilpläne vornehmen.

Vorteile:
- realistische Planung, da der Informationsstand und die Erfahrung derjenigen genutzt werden, die die Pläne zu realisieren haben
- hohe Motivation der Mitarbeiter

Nachteile:
- die Teilpläne der verschiedenen Planungsebenen sind nicht auf ein gemeinsames Ziel ausgerichtet
- daraus können Konflikte resultieren (Anpassung des Oberziels oder Unterdrückung von Zielen und Maßnahmen in Teilbereichen)
- Koordinierungsschwierigkeiten

Die Gegenstrom-Planung

Die Schwierigkeiten der retrograden Planung und der progressiven Planung zeigen auf, daß man über untergeordnete Ziele und Pläne nicht ohne Kenntnis der übergeordneten Ziele und Pläne entscheiden kann und umgekehrt.

Die Gegenstrom-Planung bildet nun eine Synthese der beiden bereits beschriebenen Verfahren.

Die Gegenstrom-Planung wird so gestaltet, daß die Ziele und der Rahmenplan als Entwurf zentral erstellt und vorgegeben werden, soweit dies ohne größere Konkretisierung möglich ist. Die Ziele werden den Mitarbeitern, die schließlich die Pläne zu realisieren haben, vorgegeben. Die Mitarbeiter dürfen diese Vorgaben nicht einfach akzeptieren oder ablehnen, sondern haben diese Pläne zu konkretisieren und auf die Realisierbarkeit zu überprüfen. Wenn sich Schwierigkeiten ergeben und wenn alle in die Planung einzubeziehenden Ebenen erreicht sind, setzt ein Rücklauf ein, der auch zu einer Korrektur der übergeordneten Pläne führen kann. Der Rücklauf wird so oft wiederholt, bis alle Pläne aufeinander abgestimmt sind und ein integrierter Plan für die gesamte Einrichtung entstanden ist.

Vorteile:
– realistische Planung, Rahmenplan und Teilpläne besitzen dieselbe Ausrichtung
– Motivation der Mitarbeiter gegeben, da sie an der Planung beteiligt sind

Nachteile:
– zeitaufwendig, da viele Abstimmungsvorgänge erforderlich sind

4.3 Mögliche Organisationsformen in sozialen Einrichtungen

Als mögliche Organisationsformen für soziale Einrichtungen gelten:
– der Planungsausschuß und
– die Controlling-Organisation.

Bei beiden Konzeptionen handelt es sich um eine Mischform von zentraler und dezentraler Planung. Während die Planaufstellung dezentral in den einzelnen Bereichen der sozialen Einrichtung erfolgt, werden die Planabstimmung und die Plankontrolle zentral durch den Planungsausschuß oder das Rechnungswesen/Controlling durchgeführt.

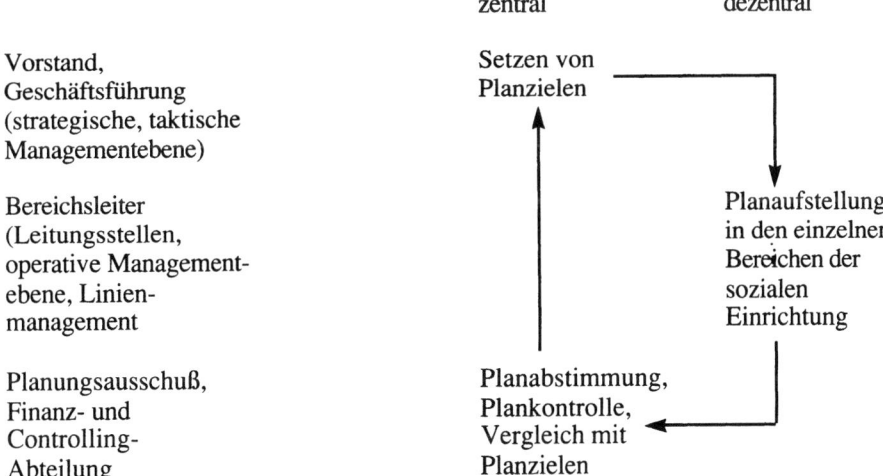

Abbildung 11: Die Kombination von Dezentralisation und Zentralisation bei der Planung (in Anlehnung an Welge, Unternehmensführung, Band 1)

Die verschiedenen Hierarchieebenen werden an der Planung nach dem Gegenstromverfahren beteiligt.

Abbildung 11 zeigt die Kombination von Dezentralisation und Zentralisation bei beiden Organisationsformen auf.

4.3.1 Der Planungsausschuß

Der Planungsausschuß ist ein Arbeits- oder Beratungsausschuß, der sich beispielsweise aus dem Vorstand oder der Geschäftsführung und den Bereichsleitern zusammensetzt. Ein Planungsausschuß ist vor allem bei kleineren und mittleren Einrichtungen sinnvoll, bei denen sich ein spezieller Funktionsbereich für die Koordination und Integration der Teilpläne nicht lohnt und auch aus finanziellen Gründen nicht eingerichtet werden kann.

Abbildung 12 stellt die Aufbauorganisation der Planung in kleinen bis mittleren Einrichtungen nach dem Konzept des Planungsausschusses am Beispiel einer Altenhilfeeinrichtung dar.

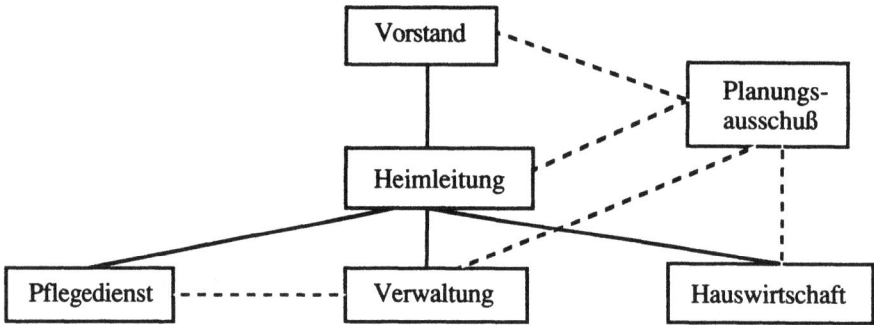

Abbildung 12: Die Aufbauorganisation der Planung in einer kleinen Altenhilfeeinrichtung nach dem Konzept des Planungsausschusses

4.3.2 Die Controlling-Organisation

Mit zunehmender Betriebsgröße der sozialen Einrichtung ist es sinnvoll, die Koordinationsaufgaben einem Funktionsbereich zu übertragen. Im Hinblick auf die Anforderungen bei der Planung und auf die Informationsbeschaffung sind eine Anordnung der Planungstätigkeit in der Verwaltung und hier besonders im Rechnungswesen und die Einrichtung einer Controllerstelle empfehlenswert. Die Tätigkeit des Controllers wurde in den USA entwickelt. Seine wichtigsten Aufgaben sind (vergleiche Hahn, Planungs- und Kontrollrechnung als Führungsinstrument):

– die Beratung bei der Aufstellung und Verabschiedung von laufenden Teilplanungen
– die Koordination der Teilplanung mit Aufstellung der Gesamtplanung

130

- die Durchführung von ergebnisorientierten Kontrollen
- innerbetriebliche Information

Abbildung 13 gibt die Aufbauorganisation nach dem Konzept der Controlling-Organisation für eine größere soziale Einrichtung wieder.

132

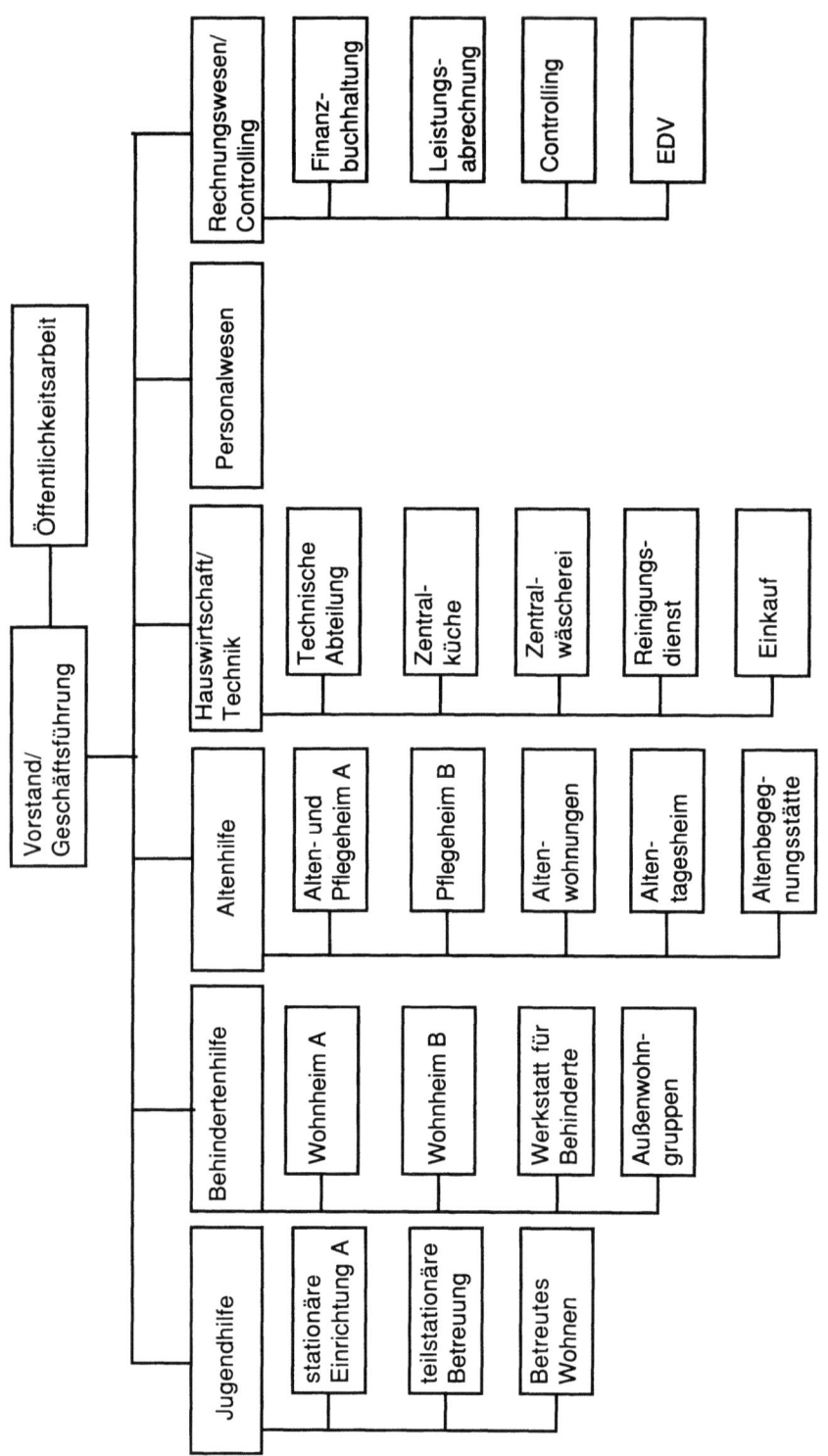

Abbildung 13: Aufbauorganisation in einer größeren sozialen Einrichtung (Beispiel) nach dem Konzept der Controlling-Organisation

E. Praktische Beispiele

1. Wirtschaftsplanung bei dezentraler Unternehmensstruktur

Gerhard Sackmann

1.1 Ausgangssituation

Es handelt sich beispielhaft um eine Behinderteneinrichtung mit rund 500 Werkstattplätzen und 100 Wohnheimplätzen. Die Werkstattplätze sind auf drei Einrichtungen verteilt, um der regionalen Bedarfssituation gerecht zu werden. Die Wohneinrichtungen sind entsprechend den Werkstätten regional gegliedert.

Die Einrichtung wurde in der Rechtsform einer GmbH gegründet, Gesellschafter sind die umliegenden Landkreise, Städte und Behindertenvereinigungen wie Lebenshilfe- und Körperbehindertenvereine.

Die Geschäftsführung hat, laut Satzung, die Jahresplanung und die langfristige Planung unter Berücksichtigung von Aufgaben und Zweck der Gesellschaft vorzulegen. Das Aufsichtsgremium wird darüber einen Beschluß fassen.

1.2 Organisatorische Grundlagen

Die Aufbauorganisation ist nach funktionalen und regionalen Gesichtspunkten in Form einer Matrixorganisation gegliedert. Die einzelnen daraus entstehenden Bereiche (Region A, B, C; Funktion Soziale Dienste, Materialwirtschaft und Vertrieb, Verwaltung) stehen auf derselben Hierarchiestufe. Abbildung 1 zeigt vereinfacht die Aufbauorganisation.

Die Werkstätten und Wohneinrichtungen sind in Betreuungsbereiche und Hauswirtschaftsbereiche untergliedert. In Werkstätten wird noch zwischen Arbeits- und Arbeitstrainingsbereich unterschieden.

Die Ablauforganisation soll die Verwirklichung vorgegebener Ziele ermöglichen. Dabei sollen die Arbeitsabläufe (Arbeitsprozesse) rationell strukturiert werden.

Wichtige Hilfsmittel sind der Aktenplan und das Organisationshandbuch. Im Organisationshandbuch werden wiederkehrende Arbeitsprozesse beschrieben (in Richtlinien, Anweisungen, Vorschriften) und graphisch dargestellt. Auch das Verfahren und die Regelung für die Planungserstellung und Plankontrolle sollten im Organisationshandbuch festgelegt sein.

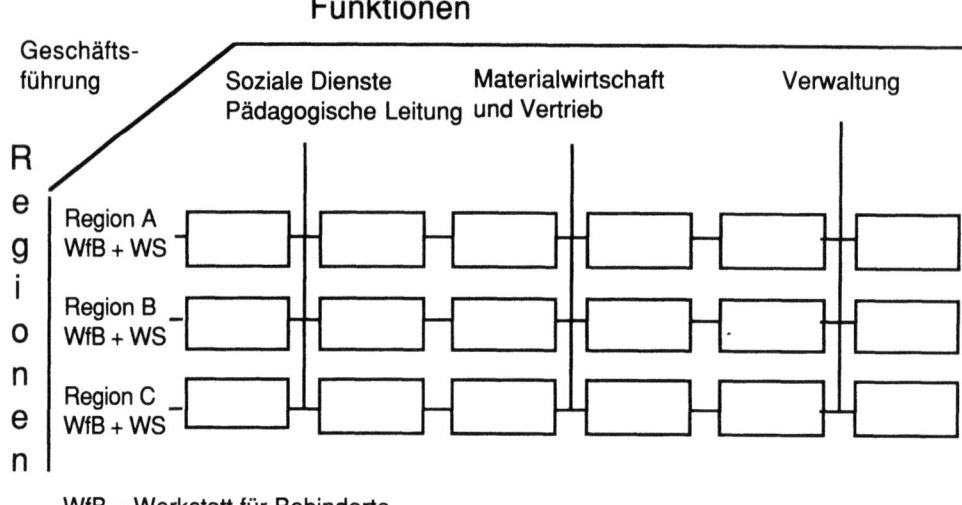

WfB = Werkstatt für Behinderte
WS = Wohnstätten (Wohnheime, Wohngruppen, Außenwohngemeinschaften)

Abbildung 1: Aufbauorganisation der Behinderteneinrichtung

1.3 Verfahren der Planung

1.3.1 Planungsstruktur

Im Beispiel der Behinderteneinrichtung wird die Planung wie folgt untergliedert:

- Kurzfristige Planung: zehntägige Einnahmen- und Ausgabenplanungen, monatliche Finanzplanungen, Jahresplanungen

- Mittelfristige Planung: Planung des Personalbedarfs für die nächsten fünf Jahre im Rahmen der langfristigen Planung

- Langfristige Planung: Planung der konzeptionellen und institutionellen Bedingungen, wie zum Beispiel die Verbesserung der Betreuungsqualität oder die Errichtung von Gebäuden

- Grundsatzplanung: Betreuungskonzeption, Philosophie der Einrichtung, Satzung

Jahrespläne werden zeitlich isoliert aufgestellt, also ohne Überlappungen, und sind gleichzeitig in die langfristige Planung integriert. Die kurzfristigen Planungen, besonders die Schwerpunktaufgaben, werden aus der langfristigen Planung abgeleitet. Dabei ist folgende Frage zu beantworten: Welche Maßnahmen und Ergebnisse müssen geplant werden, damit die Realisierung der langfristigen Planung garantiert werden kann?

1.3.2 Planungsablauf

Wer, wie, wann und in welcher Funktion am Planungsgeschehen beteiligt ist, wird in einem Ablaufdiagramm festgehalten. Dieses Ablaufdiagramm ist ähnlich aufgebaut wie das in Teil C.

Die Erstellung der Jahresplanung ist primär eine Linienfunktion und damit schwerpunktmäßig Aufgabe des mittleren Managements. Die zuständigen Sachbearbeiter und das Betreuungspersonal werden bei der Planung mit einbezogen. Die Hauptaufgabe der Geschäftsleitung besteht in der Überprüfung, Abstimmung und Genehmigung der Planungen.

Die langfristige Planung erstellt die Geschäftsleitung in Kooperation mit dem mittleren Management und externen Stellen.

Die Kontrolle der Plandaten erfolgt in erster Linie durch das mittlere Management, letztendlich durch die Geschäftsleitung unter Zuarbeitung der Verwaltung.

Die Abstimmung zwischen über- und untergeordneten Planungen geschieht durch das Gegenstromverfahren: Die übergeordneten Ziele sind in der längerfristigen Planung definiert, die Teilpläne werden jedoch von den einzelnen Bereichen erstellt. Die Teilpläne werden nach entsprechender Durchsprache ebenenweise in den Gesamtplan integriert. Beispiel: neue sozialpädagogische Konzepte wie Außenwohngemeinschaften, Außenarbeitsgruppen.

Die Abstimmung zwischen gleichgeordneten Planungen, zum Beispiel zwischen den einzelnen Werkstätten, erfolgt durch

- Kennzahlen
- Budgetvergleiche
- Plan-Gewinn- und Verlustrechnung
- Planungsbesprechungen

Bei den Kennzahlen sind vor allem Durchschnittszahlen wichtig. Die Ansätze der einzelnen Zweigeinrichtungen werden für einen Planungsträger und für einen bestimmten Zeitraum festgelegt. So erhält man schließlich ein Gesamtbudget. Die Kosten werden dem jeweiligen Nutzen gegenübergestellt.

Man faßt die einzelnen Ansätze bezogen auf die Gesamteinrichtung zusammen und entwickelt daraus die Plan-Gewinn- und Verlustrechnung. Das Ergebnis sollte ausgeglichen sein.

Planungsbesprechungen dienen der Abstimmung der monetären Plangrößen und – besonders wichtig – der Absprache der zukünftigen qualitativen Schwerpunkte der einzelnen Bereiche.

1.3.3 Planungsanpassung

Die Jahrespläne werden kontinuierlich überprüft. Die Planbesprechungen finden vierteljährlich statt, ebenso die Anpassung der Korrekturen. Bei der Überprüfung werden Ergebnis- und Planfortschrittskontrollen durchgeführt. Die periodengerechte Erfassung oder Abgrenzung bereitet dabei das größte Problem (zum Beispiel Heizkosten, Lagerbestände, Pflegegelderträge bei noch nicht erfolgter Pflegesatzverhandlung).

Ergeben sich bei der Prüfung notwendige Korrekturen, werden die Jahresplanungen entsprechend angepaßt und die Auswirkungen auf das Jahresergebnis ermittelt. Bei langfristigen Planungen werden die Änderungen alle fünf Jahre in einer neu zu erstellenden Planung eingearbeitet.

Für problematischen Situationen (Auftragsrückgang, Verschlechterung der sozialen Randbedingungen etwa 1982) wurden Schubladenpläne als Alternativen entwickelt.

Die kybernetische Verknüpfung, das heißt der Vergleich von Plan- zu Ist-Daten erfolgt durch die Einführung eines aussagefähigen Berichtswesens. Momentan werden Soll/Ist-Vergleiche vornehmlich im Rechnungswesen (Kostenstellen-, Kostenartenauswertung, Plan-Gewinn- und Verlustrechnung, Personalschlüsselstatistik) erstellt. Das Berichtswesen sollte jedoch einrichtungsumfassend sein (Stichwort: Sozialberichtswesen, Berichtswesen im Bereich Fertigung wie Produktivitätskennzahlen, Auftragseingänge).

1.3.4 Instrumente aus funktionaler Sicht

Leistungsplan

Einerseits geht der Produktionsplan von dem Leistungsvermögen und den Anforderungen der behinderten Mitarbeiter aus, andererseits von dem Auftragsbestand und dem Auftragspotential vorhandener und potentieller Kunden. Die Kapazität wird nach der Gesamtzahl der möglichen Fertigungsstunden ermittelt, wobei von einem durchschnittlichen Leistungsgrad ausgegangen wird. Um den behinderten Mitarbeitern möglichst die richtige Arbeit anbieten zu können, ist die Entwicklung neuer Produktionsbereiche unabdingbar. Dadurch soll die Produktpalette erweitert werden, um möglichst vielen Anforderungen gerecht zu werden. Bei der Produktionsplanung ist diese Betrachtung notwendig, um frühzeitig entsprechende Aktivitäten auszulösen (siehe Abbildungen 2 und 3).

Personalplan

Die Personalplanung wird entsprechend dem Formular in Abbildung 4 in der Jahresplanung dargestellt. Gleichzeitig wird der Organisationsplan (Organigramm) nach dem Besprechungsergebnis entsprechend gestaltet (siehe Abbildung 4).

Investitionsplan

Bei der Investitionsplanung werden die Bauinvestitionen aus der längerfristigen Planung abgeleitet und getrennt dargestellt. Die sonstigen Investitionen werden quartalsweise nach Kostenstellen zusammengefaßt, um die Investitionstätigkeit überwachen zu können.

Aufwands- und Ertragsplan

Die Aufwendungen und Erträge werden bereichsweise erfaßt und bereichsbezogen für das Aufsichtsgremium dargestellt (siehe Abbildung 5).

Finanzplan

Neben der zehntägigen und monatlichen Finanzdisposition wird in der Jahresplanung eine Kapitalflußrechnung mit folgendem Aufbau durchgeführt:

> Anfangsbestand liquide Mittel
> + Anteil der zurückfließenden Abschreibung
> + Überschuß/Aufwands- und Ertragsplanung
> − Fehlbetrag der Aufwands- und Ertragsplanung
> − geplante Bauinvestitionen
> − sonstige Investitionen
> − Tilgung
> + Kreditaufnahme
> ─────────────────────────────
> voraussichtliche Liquidität per Stichtag

Der Liquiditätsstatus wird quartalsweise dargestellt.

Bereich: **Abteilung:** **Bearbeiter:** **Blatt-Nr.**

Zeitraum:	Jahres-summe:	Jan.	Feb.	März	April	Mai	Juni	Juli	Aug.	Sept.	Okt.	Nov.	Dez.
Belegung (Behinderte) Zugang / Abgang (Behinderte)													
Anzahl Betreuer geplant													
Schlüssel IST (ohne Neuein-stellungen) Normalschlüssel 1:													
Schlüssel SOLL (entsprechend Planung)													
Betreuungstage 1) (Anzahl pro Monat)													
abzurechnende Pflegetage 2)													
Bearbeitungshinweise:	je Kostenstelle mit getrenntem Schlüssel (Vorgabe Bereichsleiter/Geschäftsführer) Gesamtblatt pro WfB (Prod.) mit Gesamt-Schlüssel Personalplanung Sozialdienst/Verwaltung/Geschäftsführer aufgrund Gesamtzusammenstellung 3 Werkstatt für Behinderte und Wohnstätten												
Bemerkungen:	1) Belegung x Monatstage 2) max. 230 Tage/Behinderter												

Abbildung 2: Belegungsplan

( ) = einschließlich Zivildienstleistende und Praktikanten

Bereich	Schlüssel ø 1 = Belegung 2 = Betreuer/Person 3 = Pers. Schlüssel	ø 1987	Januar	Februar	März	April	Mai	Juni	Juli	August	Sept.	Oktober	Nov.	Dez.
WfB 1 Trainingsbereich														
Produktionsbereich														
WfB 2 Trainingsbereich														
Produktionsbereich														
WfB 3 Trainingsbereich														
Produktionsbereich														

Abbildung 3: Personalplanung – Übersicht

Kosten-stelle/ Nummer	Stellenbezeichnung	Stellenbelegung	Einstufung		Dienstliche Inanspruch-nahme	kalk. Kosten-aufwand einschließ-lich Arbeitgeber-aufwendungen	Bemerkungen
			1985	1986			

Abbildung 4: Personalplanung

142

Aufwand/Ertrag Art	Therapie-gruppe	Wohnheime			Werkstätten			Material-wirtschaft Vertrieb	Soziale Dienste	Gesch. f./ Verwaltung Neutrale Betriebsr.	S u m m e	Gliederung geplant
		1	2	3	1	2	3					
Gehälter												
Sold Zivildienstleistende												
Praktikantenvergütung												
Honorar/Aushilfe												
Personalaufwand Zw.Su.												
Aufw. f. Fort- u. Weiterb.												
Soziale Leistungen												
Personalnebenkosten												
Zwischen-Summe												
Löhne Behinderte												
Betreuungskosten												
Freizeiten u.ä.												
Sonst. Pers.-Kosten Beh.												
Summe Aufw. Beh. MA												
Ges. Summe Pers. Aufw.												

Abbildung 5: Ertrags- und Aufwandsplanung

1.4 Berichtssystem

Aus den einzelnen Abteilungen stehen der Einrichtung folgende Ist-Daten zur Verfügung:

Ergebnisse Rechnungswesen
- Kreditoren- und Debitorenliste
- Sachkontenliste
- Anlagevermögen, Zu-/Abgangsliste
- Kostenstellenliste
- Kostenartenliste
- Bilanz
- Gewinn- und Verlustrechnung (GuV)

Ergebnisse Personalwesen
- Personalstatistik

Ergebnisse Leistungsabrechnung
- Belegungsstatistik

Ergebnisse Materialwirtschaft und Vertrieb
- Auftragseingänge
- produzierte Einheiten
- Produktionsstunden
- Verkaufserlöse
- Lagerbestände

Die Ist-Daten werden nun den Plan-Daten gegenübergestellt, teilweise geschieht dies mit Hilfe entsprechender EDV-Programme, teilweise manuell. Eine besondere Problematik stellt die zeitliche und sachliche Übereinstimmung der Ist-Daten mit den Plan-Daten dar. Voraussetzung für die richtige Abgrenzung ist, daß alle betroffenen Personen und Abteilungen über die Verfahren und Regelungen informiert sind und danach arbeiten.

Als Ergebnisse dieses Prozesses stehen der Einrichtung folgende Steuerungsinformationen zur Verfügung:

- kurzfristige Erfolgsrechnung mit Planvergleich (Basis: GuV Plan)
  (vergleiche HGB § 276)
  - mit Ausdruck dazugehörender Einzelkonten
  - Ausdruck nur GuV-Positionen (siehe Abbildung 6)
- Bilanz ohne Planvergleich
- Kostenartenliste mit Planvergleich
  (Kostenart aufgeteilt nach Kostenstellen, Basis Finanzbuchhaltungs-Budgetansätze)
- Kostenstellenliste mit Planvergleich
  (Kostenstelle aufgeteilt nach Kostenarten, Basis Finanzbuchhaltungs-Budgetansätze)
- Betriebsabrechnungsbogen
  (Abgrenzung Pflegesatzbereich zu Produktionsbereich, Gegenüberstellung gedeckte Kosten durch Pflegesatz zu den nicht gedeckten Kosten, gleichzeitig Grundlage zur Kalkulation)

144

- Betriebswirtschaftliche Analyse
  - Kennzahlen wie Liquidität, Cash flow
- Belegungsstatistik mit Planvergleich
- Personalstatistik
- Personalschlüsselstatistik (Gegenüberstellung Belegung/Personal)
- Kapazitätsauslastung
  (Gegenüberstellung geplante Produktionsstunden zu Ist-Produktionsstunden)
- Deckungsbeitrag/Artikelgruppe oder Stück
- Wertschöpfung pro Produktionsstunde

Wichtig ist, daß die Ergebnisse zu bestimmten Zeitpunkten zur Verfügung stehen und für den Empfänger entsprechend aufbereitet sind. Ein Hilfsmittel dazu ist ein Ablaufdiagramm (siehe Abbildung 7).

Pos-Nr.	Konto-Nr. Bezeichnung	Monat	%	Jahr	%	Plan Jahr Abw.	%
2000	Gesamtkostenverfahren						
2100	Betrieblicher Rohertrag						
2110	1. Umsatzerlöse		%		%		%
2115	2. Bestandsänderung		%		%		%
2120	3. andere aktivierte Eigenleistungen		%		%		%
2130	– Aufw. f. Roh- Hilfs u. Betriebsstoffe		%		%		%
2140	– Aufwand für bezogene Leistungen		%		%		%
	Summe: 2100		%		%		%
2200	4. Sonstige betriebliche Erträge						
2210	a) Pflegegelderträge		%		%		%
2220	b) Erstattung Sozialversicherung nach Gesetz Sozialversicherung Behinderter		%		%		%
2230	c) Erstattung von Mitarbeitern und Personal		%		%		%
2240	d) Betriebszuschüsse		%		%		%
2250	e) Sonstige betriebliche Erträge		%		%		%
	Summe: 2200		%		%		%
2300							
2320	g) Erträge aus Abgang Anlagevermögen		%		%		%
2340	i) Erträge aus der Auflösung von Rückstellungen		%		%		%
2350	j) Erträge aus der Auflösung von Sonderposten		%		%		%
	Summe: 2300		%		%		%
2400	6. Personalaufwand						
2410	a) Gehälter		%		%		–%
2430	c) Löhne		%		%		–%
	Summe: 2400		%		%		–%
2500	7. Abschreibungen						
2510	– auf Anlagevermögen		%		%		%
	Summe: 2500		%		%		%
2600	8. Sonstiger betrieblicher Aufwand						
2610	a) Lebensmittelaufwand		%		%		%
2620	b) Energieaufwand		%		%		%
2630	c) Wirtschaftsaufwand		%		%		%
2640	d) Betreuungsaufwand		%		%		%
2650	e) Verwaltungs- und Vertriebsaufwand		%		%		%

146

Pos-Nr.	Konto-Nr. Bezeichnung	Monat	%	Jahr	%	Plan Jahr Abw.	%
2670	g) Versicherungsaufwand		%		%		%
2680	i) Mietaufwand		%		%		%
2690	j) Aufwand aus dem Abgang von Gegenständen		%		%		%
	Summe: 2600		%		%		%
2700	9. Finanzergebnis						
2720	11. Sonstige Zinserträge		%		%		%
2740	13. Zinsen und ähnliche Aufwendungen		%		%		%
	Summe: 2700		%		%		%
2800	Außerordentliches Ergebnis						
2800	15. Außerordentliche Erträge		%		%		%
2810	16. Außerordentliche Aufwendungen		%		%		%
	Summe: 2800		%		%		%
	Summe: 2000 = Gesamtergebnis		%		%		%

Abbildung 6: Gewinn- und Verlustrechnung

Ablaufdiagramm (monatlich)			
Verarbeitung	Durchführender	Termin	Empfänger
Abschluß Buchhaltung	Rechnungswesen	10. d. folg. Mon.	Bereichsleiter (BL) Verwaltung
Abschluß Lagerbuch-haltung	Materialwirtschaft	10. d. folg. Mon.	BL Material-wirtschaft BL Verwaltung
Einbuchen wiederkehrende Buchungen/Abgrenzungs-buchungen	Rechnungswesen	15. d. folg. Mon.	–
Abstimmung Kosten-rechnung/Fibu	Rechnungswesen	15. d. folg. Mon.	BL Verwaltung
Verteilung Kostenstellenausdrucke	Rechnungswesen	15. d. folg. Mon.	alle BLs
Durchsicht der Kosten-artenliste	Rechnungswesen/ BL Verwaltung	20. d. folg. Mon.	Geschäftsführung
Aufstellung kurzfristige Erfolgsrechnung	BL Verwaltung	20. d. folg. Mon.	Geschäftsführung
Durchsprache Bereichs-leiterkonferenz	BL Verwaltung/ Geschäftsführung	30. d. folg. Mon.	alle BLs
Ablaufdiagramm (Quartalsweise)			
Verarbeitung	Durchführender	Termin	Empfänger
Betriebsabrechnungs-bogen	Kostenrechnung/ BL Verwaltung	30. d. folg. Mon.	Geschäftsführung
Betriebswirtschaftliche Analyse	Rechnungswesen/ BL Verwaltung	30. d. folg. Mon.	Geschäftsführung
Investitionsübersicht	Anlagenbuch-haltung	30. d. folg. Mon.	BL Verwaltung/ Geschäftsführung
Belegungsstatistik	Leistungsabrech-nung	30. d. folg. Mon.	Geschäftsbetroffene Bereiche
Personalstatistik	Personalwesen	30. d. folg. Mon.	Geschäftsbetroffene Bereiche
Personalschlüssel-statistik	Leistungsab-abrechnung/ Personalwesen	30. d. folg. Mon.	Geschäftsbetroffene Bereiche
Kapazitätsauslastungs-statistik	Materialwirtschaft	30. d. folg. Mon.	Geschäftsführung, Werkstattleiter
Deckungsbeitrag/Artikel-gruppe	Materialwirtschaft	30. d. folg. Mon.	Geschäftsführung, Werkstattleiter
Wertschöpfung/Stunde	Materialwirtschaft	30. d. folg. Mon.	Geschäftsführung, Werkstattleiter

Abbildung 7: Ablaufdiagramm

1.5 Phasen der Planung

Wie schon erwähnt, wird bei der Beispieleinrichtung das Gegenstromverfahren angewendet.

Die Planungsabstimmung gliedert sich in fünf Phasen:

- Absprache über grundsätzliche Ziele und Schwerpunkte der einzelnen Bereiche
- Planung der einzelnen Bereiche, wobei innerhalb der einzelnen Bereiche die zuständigen Mitarbeiter miteinbezogen werden
- Abstimmung der Bereichsplanungen regional und funktional mit Geschäftsführung. Eine Überprüfung anhand Vergangenheitswerten, aktuellen Ist-Werten und Kennzahlen wird vorgenommen
- Überarbeitung der Bereichsplanungen und Abänderung der vorgegebenen Ziele
- Schlußabstimmung und Erläuterung der Teilplanungen in einer Planungskonferenz

Dies ist kein einmaliger Vorgang: es werden zuerst Teilplanungen zusammengefaßt, die übergeordnete Bedeutung haben. Sind diese Teilplanungen verabschiedet, werden die anschließenden Teilplanungen erstellt (zum Beispiel Belegungsplanung und Organisationsplanung, anschließend Personalplanung, Investitionsplanung und Aufwands- und Ertragsplanung). Es kann durchaus sein, daß Rückkopplungen zu den schon verabschiedeten Teilplanungen notwendig werden.

Der Verwaltung obliegt die Organisation und Durchführung der Planung. Notfalls ist für den einzelnen Bereichsverantwortlichen die notwendige Hilfestellung zu geben. Dagegen liegt die Entscheidung über die Annahme bei der Leitungsrunde und dabei hauptsächlich bei der Geschäftsführung. Das Aufsichtsgremium verabschiedet letztendlich die Planung.

Bei der langfristigen Planung sind die internen Mitarbeiter zum größten Teil Informationslieferanten aber es werden auch externe Stellen eingeschaltet. Nach der Erstellung wird die langfristige Planung auf den verschiedenen Ebenen und in den verschiedenen Bereichen diskutiert. Aufgrund dieser Diskussionen kann es nochmals zu Änderungen kommen. Verabschiedet wird die langfristige Planung vom Aufsichtsgremium und damit für verbindlich erklärt.

2. Planung im komplexen Unternehmen

Siegfried Glowiak

> „Niemand will ein Schuster sein,
> jedermann ein Dichter,
> alle kommen sie gerennt,
> möchtens gerne treiben;
> doch wer keinen Leisten kennt,
> wird ein Pfuscher bleiben."
>
> Johann Wolfgang von Goethe

In diesen Zeilen verwendet Johann Wolfgang von Goethe den *Leisten* in seiner positiven Bedeutung als Bild des Maßes und der maßvollen Beschränkung. Unabhängig vom Unternehmenstyp könnten sie für das Denken und die Aktivitäten im Rahmen des Planungsprozesses ein solides Fundament sein. Dies um so mehr unter Berücksichtigung der Zielvorstellung, daß der Plan ein quantitativer und auch qualitativer Maßstab für das gegenwärtige und zukünftige Denken und Handeln sein soll.

Die Differenziertheit des hier zu behandelnden komplexen Unternehmens soll durch das Bild „Alles über einen Leisten schlagen" veranschaulicht werden.

In gleicher Weise wie für die individuellen „Füße" signalisiert dieses Verhalten Gefahren für das Unternehmen und die darin arbeitenden Menschen: Das Schuhwerk und der Plan können unnötige und unerträgliche Schmerzen verursachen, wenn sie nicht „passen".

Auch in einem „nicht-komplexen" Unternehmen kann Komplexität herrschen, weil ein Zusammenwirken von quantitativ und qualitativ unterschiedlichen Komponenten erreicht werden muß. Im *komplexen* Unternehmen könnte man in diesem Sinne von der Existenz einer „Meta-Komplexität" sprechen.

Im Blickfeld sind hier solche Unternehmen, die sich, zumindest von der Tendenz her gesehen, um eine *umfassende* und *zusammenhängende Bedienung* sowie Gestaltung der *sozialwirtschaftlichen Märkte* bemühen. In den weiteren Ausführungen steht die konkrete Beschreibung der Planung in einer sogenannten „Komplexeinrichtung unter einem Dach" im Vordergrund. Neben der lokalen Zentralisierung (= unter einem Dach) gibt es auch Formen der räumlichen Dezentralisierung (Zweigunternehmen, -werke). Die Grundlage der weiteren Erörterungen sind diese Ausprägungen sowie ihre Mischvarianten.

2.1 Ausgangssituation

Die Charakterisierung eines *komplexen* Unternehmens wird im folgenden präzisiert. Die Merkmale eines solchen Unternehmens werden zusammengetragen. Die Anpassung an diese Merkmale ist wichtig für eine sachgerechte und erfolgreiche Planung.

Abbildung 1 soll anhand von drei *Dimensionen* das „komplexe Unternehmen" veranschaulichen. Das Ergebnis läßt sich graphisch aus der Kombination der Dimensionen ableiten.

In dem durch die Dimensionen gebildeten Rauminhalt präsentiert sich die Summe aller gegenwärtigen und/oder zukünftigen Tätigkeiten. In der auf den Zeitpunkt bezogenen Perspektive einer Augenblicksaufnahme besitzt dieser *Rauminhalt* sowohl innerlich als auch äußerlich festgelegte Strukturen und Grenzen. Sobald man jedoch die Perspektive eines Prozesses, in dem Schrumpfung und Wachstum stattfinden, wählt, stellt man fest, daß zumindest die Grenzen nicht mehr gerade verlaufen müssen. Man kann davon ausgehen, daß das Innenleben durch Verwerfungen geprägt ist. Nach außen werden Ausstülpungen, Verschiebungen oder Vertiefungen sichtbar. Diese Charakterisierung kann als eine vielschichtige Dynamik interpretiert werden, deren Ergebnis ein permanentes Festsetzen, Zurücknehmen und Verschieben der Grenzen ist.

Auf der horizontalen Achse sind die *Hilfearten* abgetragen. Ein komplexes Unternehmen ist dadurch gekennzeichnet, daß es sich gleichzeitig mit verschiedenen Zielgruppen und damit Arbeitsinhalten beschäftigt. Es können dies die Felder der Jugend-, Behinderten- und

Abbildung 1: Dimensionen eines komplexen Unternehmens

Altenhilfe, der Nicht-Seßhaften-Hilfe, der Kriegsopferfürsorge, der Rehabilitation allgemein, der Straffälligenhilfe, der Reichsversicherungsordnung (Krankenhausleistungen) oder der Arbeitsförderung sein. Eine eventuell ausgebildete therapeutische Kette ist Ausdruck der Vorstellung, daß *Vielfalt* als Hilfe wirken und erlebt werden soll.

Auf der vertikalen Achse sind die Märkte abgetragen. In dieser Dimension werden zwei *Märkte* unterschieden, auf denen verschiedene Bedingungen herrschen. Zum einen sind dies die Austausch-Prozesse, die größtenteils durch Gesetze oder Verordnungen vorgegeben und geregelt werden. Auf diesem Markt ist die eigentliche Klientel zu finden, also die Jugendlichen, Behinderten, Schüler oder Patienten: Sie sind die direkten Nachfrager des Betreuungs- und Förderangebots. Mit Ausnahme von Selbstzahlern hat der Klient die Bezahlung der Leistungsinanspruchnahme an den nach dem Sozialrecht zuständigen Sozialleistungsträger abgetreten. In Form einer Kostenverpflichtung treten diese als Vertragspartner auf, unter Umständen als Aufsichtsorgane. Als Verhandlungspartner übernehmen sie in irgendeiner Form die Bewertung der angebotenen Leistungen. Als Sozialleistungsträger treten Landeswohlfahrtsverbände, Landschaftsverbände, Sozialämter, Krankenkassen oder die Bundesanstalt für Arbeit auf. Ein komplexes sozialwirtschaftliches Unternehmen sieht sich noch einem anderen Markt gegenüber. Dies kann der *Binnen-* wie auch der *Weltmarkt* sein; als Abnehmer treten andere Unternehmen, Konsumenten und der Staat auf. Dieser Teilmarkt hat Bedeutung für den Absatz der Werkstätten (WfB) und Regiebetriebe. Im Rahmen der Beschaffung von Arbeitskräften und Sachmitteln ist das komplexe Unternehmen seinerseits Nachfrager auf verschiedenen Branchen-Märkten.

Die diagonale Achse nimmt die Dimension der *Funktionen* auf. Es sind dies diejenigen Inhalte, Abläufe und Strukturen, die notwendig sind, um das differenzierte Leistungsangebot erstellen zu können. Im Rahmen der Kosten- und Leistungsrechnung werden die Funktionen in *Kostenstellen* übersetzt. In der Anordnung eines Betriebsabrechnungsbogens können dies sein: als allgemeine Kostenstellen Gebäude, Sozialleistungen oder Verwaltung; als Hauptkostenstellen die Plätze der einzelnen Pflegesatzbereiche (zum Beispiel Heim, Krankenhaus, Ambulanz); als Dienstleistungsbereiche Einheiten wie Beraten und Behandeln, Beschulen und Ausbilden, Seelsorge, Erwachsenenbildung, Arbeit und Beschäftigung oder Versorgung. In diesen Kostenstellen werden Leistungen zum Teil mehrstufig und nach Art der Kuppelproduktion hergestellt. Entsprechend vernetzt werden Kosten verursacht. Zwischen den mitunter umfangreichen und eigenständigen Kostenstellen-Bereichen bestehen teilweise sehr intensive innerbetriebliche Leistungsbeziehungen.

Aus dem Umfang der Kostenstellen läßt sich ein weiteres Merkmal der komplexen Einrichtung ableiten: Um nämlich eine an die differenzierten Anforderungen angepaßte Handhabung und Führung leisten zu können, muß man die Denkweisen eines heilpädagogischen Heims, eines Pflegeheims, eines Krankenhauses, einer Schule, eines Industriebetriebs oder eines Handwerkbetriebs integrieren. Organisatorisch bedingt diese Differenzierung ein Minimum an quantitativer *Größe* und die Ausbildung von *zentralen* und *dezentralen* Einheiten. Es ist notwendig, die Beziehungen zwischen den zentralen und dezentralen Einheiten zu gestalten.

Der organisationale Aspekt beinhaltet einen weiteren Sachverhalt: Alle Einheiten repräsentieren das Gesamtunternehmen, das seinerseits als gemeinsame Basis die entsprechenden *Ressourcen* erhält und darüber verfügt. Die einzelnen Einheiten stehen um diese Ressourcen zueinander im *Wettbewerb*. Ein Gleichgewicht kann nur dann entstehen, wenn die unterschiedlichen Deckungsbeiträge zum Ausgleich gebracht werden können.

Aufgrund des nicht nur additiven, sondern differenzierten Zusammenwirkens der Dimensionen werden *Synergieeffekte* vermutet. Im ganzen kann für die Klientel ein größerer Nutzen dadurch entstehen, daß durch das Vorhandensein verschiedenartiger Teileinheiten und deren Beziehungen zueinander eine umfassend-effektive Arbeit möglich ist. Dieselbe Vermutung müßte für die Teilsysteme selbst gelten. Anhaltspunkte für diese Hypothese sind einmal das nach der therapeutischen Kette abgestimmte Angebot (Vielfalt als Hilfe), zum anderen der hohe Grad der interdisziplinären Kompetenz. Ein Indikator für diese ganzheitliche Kompetenz kann in der Vielzahl der Berufe gesehen werden.

Der Begriff "komplexes Unternehmen" kann zusammenfassend so geklärt werden: Die einzelnen Hilfearten und Funktionen für die Klienten sind innerhalb eines Unternehmens *durchlässig*. Der Nutzen, den das Gesamtsystem stiftet, wird durch synergetische Beziehungen auf ein hohes Niveau gebracht sowie dort stabilisiert. Betriebswirtschaftlich erfolgt dies durch einen Ausgleich der qualitativen und quantitativen Beiträge der Teilsysteme.

Durch Umbenennung von zwei Achsen in der Abbildung 1 kann man den Planungsprozeß und sein Ergebnis, den Plan, veranschaulichen: Die horizontale Achse wird zur zeitlichen Dimension ("Jahre"), die vertikale Achse zur Dimension der "Ebenen" (dispositiv, operativ, strategisch).

2.2 Organisatorisches Umfeld

Hier wird ein komplexes Unternehmen beschrieben, das der Verfasser aus eigener Erfahrung kennt. Die Darstellung entspringt der eigenen theoretischen und gestalterischen Durchdringung.

Es wäre hilfreich, die organisatorischen Strukturen und Abläufe insgesamt darzustellen. In irgendeiner Art und Weise haben diese immer einen Einfluß auf die Planung. Um den Überblick nicht zu verlieren, sollen jedoch nur diejenigen organisatorischen Grundlagen erwähnt werden, die auf die Prozesse der Planung einen herausragenden Einfluß haben.

Neben der in erster Linie inhaltlichen Einflußnahme durch die Unternehmensführung ist das nach kaufmännisch-betriebswirtschaftlichen Gesichtspunkten geführte *Finanz- und Rechnungswesen* die organisatorische Einheit, die für den Planungs-Prozeß in erster Linie Verantwortung trägt.

Abbildung 2 gibt Einblick in die möglichen und im vorliegenden Falle vorfindbaren Aufgabenstellungen und Dimensionen des Organisationsbereiches Finanz- und Rechnungswesen. Die gewählte Form der Darstellung weist hin auf das Veränderungspotential, dem dieses ausgesetzt ist, und auf die Dynamik, die von dieser Einheit ausgehen sollte/muß.

Organisatorisch betrachtet stehen die Abteilungen oder Aufgabengruppen Buchhaltung, Leistungsabrechnung sowie Kosten- und Leistungsabrechnung im Mittelpunkt. Als Aufgaben-Erledigungen fallen u.a. an:

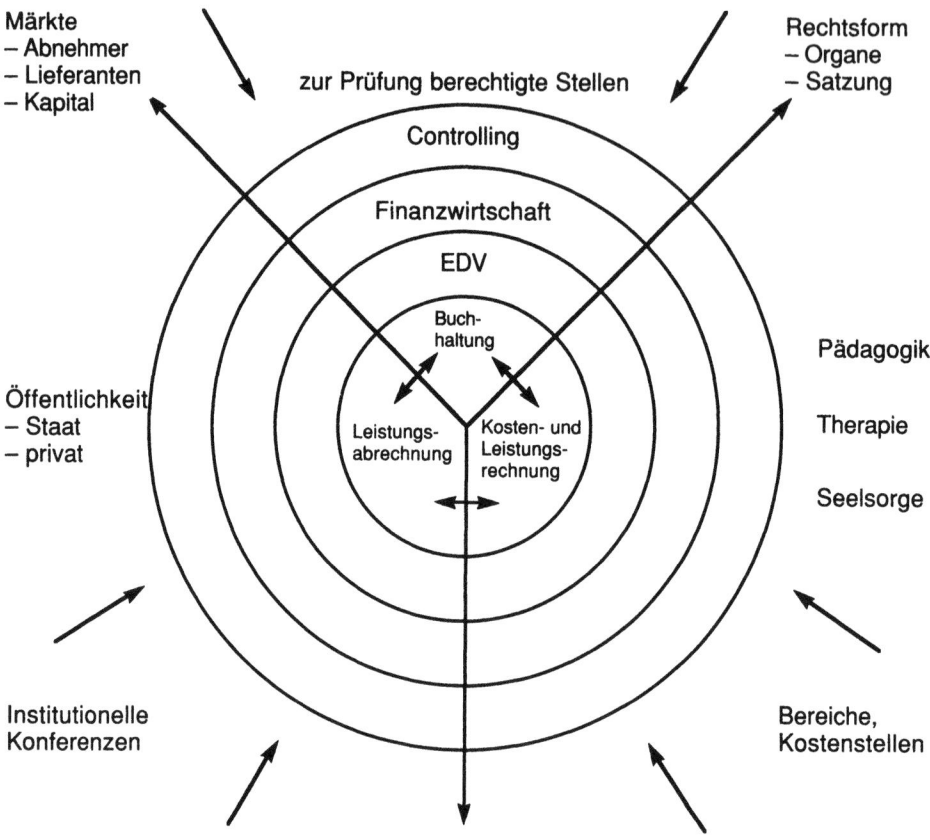

Märkte
– Abnehmer
– Lieferanten
– Kapital

zur Prüfung berechtigte Stellen

Rechtsform
– Organe
– Satzung

Controlling

Finanzwirtschaft

EDV

Buch-
haltung

Leistungs-
abrechnung

Kosten- und
Leistungs-
rechnung

Pädagogik

Therapie

Seelsorge

Öffentlichkeit
– Staat
– privat

Institutionelle
Konferenzen

Bereiche,
Kostenstellen

Abbildung 2: Finanz- und Rechnungswesen: Aufgaben und organisatorisches Umfeld

– in der *Buchhaltung* der Zahlungsverkehr, die Dokumentation der Geschäftsvorfälle durch Kontierung (Finanzbuchhaltung, Lagerbuchhaltung), Spenden- und Adreßverwaltung, Verwalten der Darlehen und Zuschüsse, Anlagenbuchführung und Steuern;

– in der *Leistungsabrechnung* Verwaltung der für Controlling-Zwecke notwendigen Daten der Klientel, Fakturierung einschließlich Debitorenbuchhaltung, Selbstverwaltung und Statistik;

– in der *Kosten- und Leistungsrechnung* Betriebsabrechnung (innerbetriebliche Leistungsbeziehungen), Kostenarten-, Kostenstellen-, Kostenträgerrechnung als Voll-, Teil- und Grenzkostenrechnung, Statistik, Wirtschaftlichkeitsberechnungen.

Diese Zentren der Erfassung, Aufbereitung und Dokumentation umfaßt die *EDV*. Diese ist nicht Selbstzweck, sondern ein rationelles Hilfsmittel, mit dem die Zentren sowie die nachfolgenden Ringe wirkungsvoll unterstützt werden. Der EDV obliegen die Aufgaben der Systembetreuung (Hard-, Software), die in erster Linie EDV-technisch bedingte Integration und Koordination des laufenden Betriebes sowie von Projekten und die Verfahrens-Dokumentation. In diesem Sinne kann die EDV als eine Art „Basis-Methode" begriffen werden - neben der kaufmännischen Buchführung.

Der weitere, als *Finanzwirtschaft* bezeichnete Ring enthält die Aufstellung des Jahresabschlusses (Bilanz, Gewinn- und Verlustrechnung), die Führung von Verwendungsnachweisen, das Management von Prüfungen (Betriebs- und Einzelsteuerprüfungen), Sonderprüfungen (zum Beispiel Pflegesätze), innerbetriebliche Prüfungen, die Finanzplanung und-disposition, die Bilanzpolitik sowie die laufende Überprüfung und Beachtung der Bedingungen, die sich aus dem steuerlichen Tatbestand der Gemeinnützigkeit ergeben. Die Finanzwirtschaft hat das Ziel, das finanzielle Gleichgewicht zu erhalten oder ein solches zu schaffen und damit die Zahlungsfähigkeit aufrecht zu erhalten.

In dem Ring des *Controlling* kommt zweierlei zum Ausdruck: einmal die Funktion der Steuerung(shilfe) für das Gesamtunternehmen, zum anderen die Führungskonzeption – zumindest was das Finanz- und Rechnungswesen betrifft. Dieser Ring ist nach außen gerichtet und auf das reibungslose Funktionieren der weiter innen liegenden Schichten angewiesen. Seine Aufgaben sind die Schaffung eines problem- und entscheidungsorientierten Informationssystems sowie des dazu gehörenden Informationsmanagements, die operative und strategische Planung, das Berichtswesen, das Pflegesatzwesen (Kalkulation, Verhandlung, Erarbeitung und Erläuterung von Konsequenzen, kritisches Verfolgen der einschlägigen Verordnungen und Gesetze), die Investitionsrechnung und Dokumentation. Dem Controlling obliegen die Rechnungs- und Informationsverantwortung. Letztendlich kann dies nicht ohne Auswirkung auf die Zuarbeitungsstellen und -systeme bleiben; die Einflußmöglichkeit auf diese muß in diesem Sinn vorhanden sein.

Das *externe Umfeld* des Finanz- und Rechnungswesens besteht in der Hauptsache aus den Märkten, den zur Prüfung berechtigten Stellen und der Öffentlichkeit allgemein. Als Märkte sind wesentlich die Käufer der angebotenen Leistungen (Kostenträger, Industrieunternehmen, private Kunden), die Lieferanten der Beschaffungsmärkte sowie die Finanz- und Kapitalmärkte.

Zur Prüfung berechtigt sind in der Regel beauftragte Wirtschaftsprüfungsgesellschaften, Finanzämter oder Rechnungshöfe. Umstritten ist das Prüfungsrecht von Kostenträgern oder deren Verbänden. Neben der allgemeinen staatlichen und privaten Öffentlichkeit dürfen beauftragte Beratungsgesellschaften nicht vergessen werden.

Als wesentliche Komponenten des *internen Umfeldes* sind zu nennen:

- die sich aus der Rechtsform ergebenden Organe,
- die institutionellen Konferenzen,
- die mehr oder weniger selbständig operierenden Bereiche oder Stellen und
- die organisatorischen Einheiten, die sich aus den Themenfeldern Pädagogik, Therapie und Seelsorge ergeben.

Letztere Einheiten werden hier deshalb besonders erwähnt, weil sie gegenüber der allgemeinen Bereichsbetrachtung einen besonderen qualitativen Charakter aufweisen.

Damit das Finanz- und Rechnungswesen eine *zuverlässige* und *aktive* organisatorische *Einheit* sein kann, ist es erforderlich, sowohl die internen als auch die Beziehungen zum Umfeld sorgfältig aufzubauen, zu pflegen und, wo erforderlich, zu verändern und zu gestalten.

2.3 Methodische Grundlagen

Bevor die Grundzüge des methodischen Vorgehens im engeren Sinne dargestellt werden, sollen drei Punkte betont werden:

1. Dieses methodische Vorgehen muß sich dem Maßstab der „Wahrheit" stellen (vergleiche Abschnitt F. 5).

2. Ein wirksames System der Kosten- und Leistungsrechnung sowie funktionierende Zuarbeitungssysteme sind unumstößliche Grundanforderungen.

3. Eine systematisch zu erarbeitende und zugleich umfassende EDV-Unterstützung ist unumgänglich.

In dem der Beschreibung zugrunde liegenden Fall weist die *Kosten- und Leistungsrechnung* u.a. folgende Komponenten und Merkmale auf:

Sie wird in der Differenzierung „Grundrechnung" und „Selbstkostenblattrechnung" durchgeführt. Die Variante der *Grundrechnung* ist eine rein kaufmännisch-betriebswirtschaftliche und entspricht im Grundanliegen der einer industriellen Unternehmung.

Die Variante der *Selbstkostenblattrechnung* basiert auf der Grundrechnung und nimmt diejenigen Korrekturen und Ergänzungen vor, die in einem sozialwirtschaftlichen Unternehmen notwendig sind. Dies ist beispielsweise eine abweichende Abschreibungsregelung oder die Nicht-Zulässigkeit kalkulatorischer Kosten im Pflegesatz.

Die *Kostenstellen* sind für beide Varianten identisch. Der Kostenstellenplan umfaßt folgende organisatorische Einheiten (momentane Anzahl etwa 110), die Leistungen hervorbringen oder Kosten verursachen:

Allgemeine Kostenstellen
– Grundstücke und gemischt genutzte Gebäude
– Verwaltung

Hauptkostenstellen: Pflegesatzbereiche
– Ambulante Beratung und Behandlung
– Kinder- und Jugendpsychiatrie
– Heimbereiche (Wohnen)
– Teilstationäre in den Arbeitsbereichen
– Eingangsverfahren und Arbeitstrainingsbereich
– Berufliche Förderung
– Ambulante Nachsorge

Hilfskostenstellen: Dienstleistungsbereiche im Hinblick auf die Pflegesatzbereiche
- Landwirtschaft
- Betriebe des Technischen Bereichs
- Betriebe der Hauswirtschaft-Textiles/Hausreinigung
- Betriebe der Hauswirtschaft-Ernährung
- Abteilungen der Werkstatt für Behinderte (WfB)
- Abteilungen des Beratungs- und Behandlungszentrums
- Sonderschulen
- Berufskolleg „Schule für Heilerziehungspflege"
- Forschungsprojekte

Teilweise führen die Betriebe dieser Dienstleistungsbereiche auf der direkten Ebene eine innerbetriebliche Leistungsverrechnung durch.

Die Verarbeitung der Kosten- und Erlösarten wird in drei *Stufen* vorgenommen:

- die *direkte Erfassung* pro Einzel-Kostenstelle;
- die *direkte Verrechnung* pro Einzel-Kostenstelle und ausgewählter Kosten- und Erlösarten. Die Auswahl wird nach dem Kriterium vorgenommen, ob einzelne Kostenstellen oder Kosten- und Erlösarten durch eine Umlage unnötig verzerrt werden. Mit diesem Vorgehen sollen Informationsverluste vermieden werden;
- die im Ziel verursachungsgerechte *Umlage* von Kostenstellen. Die einzelnen Kosten- und Erlösarten bleiben pro Kostenstelle erhalten. Als Grundlagen der Umlagen dienen bevorzugt Daten, die an Mengen gebunden sind.

Diese kostenrechnerischen Schritte werden getrennt nach Personal- und Sachkosten sowie Erlösen durchgeführt.

Bei Bedienung dieses Systems mit den erforderlichen Daten ist, außer der Betriebsabrechnung nach Kostenstellen, die Kalkulation von Preisen und Pflegesätzen sowohl in der Ist- als auch Soll-Variante machbar. Es ist die ausdrückliche Absicht, mit diesem System die Grundlage dafür zu schaffen, in problem- und entscheidungsorientierte Systeme der Kosten- und Leistungsrechnung einsteigen zu können.

Schon der Umfang der Kostenstellen signalisiert, daß eine *integrierte Handhabung* der erforderlichen Vorgänge ohne ein entsprechendes EDV-System nicht möglich ist. Das EDV-System enthält die Verarbeitung der sogenannten Massendaten in einem externen Rechenzentrum sowie die Vor-Ort-EDV. Für die im Zusammenhang mit der Planung anstehenden Probleme und Aufgaben gewinnt die Vor-Ort-EDV immer mehr an Bedeutung. Die Anforderungen reichen von einer leistungs- und entwicklungsfähigen Hardware bis zur integrierten Software - und hier der sehr gewichtige Anteil der Programmierung in eigener Verantwortung.

Im engeren Sinn läßt sich nun der derzeit praktizierte methodische Ansatz zur Planung in seinen Grundzügen wie folgt beschreiben:

Im Vordergrund steht die Betrachtung des *laufenden Betriebes*. Die damit verbundene Konzentration auf Kosten, Leistungen und Erlöse erlaubt methodisch den umfassenden Anschluß an die weiterführenden Systeme der Kosten- und Leistungsrechnung (Teilkosten, Standardkosten, Deckungsbeitragsrechnung ...).

Begrifflich wie inhaltlich wird bewußt eine Abkoppelung von der an der Bilanz ausgerichteten Gewinn- und Verlustrechnung vorgenommen. Es soll möglich sein, in der Planung mit kalkulatorischen Werten zu arbeiten.

Die Grundwerte des ersten Entwurfs („Wunsch-Plan") und damit aller weiteren Entwürfe werden mit dem Ziel des „Zero-Base-Budgeting" ermittelt. Dieses *Von-Null-Her-Planen* soll zunächst verhindern, daß bisher im laufenden Betrieb eventuell vorhandene Unwirtschaftlichkeiten in eine neue Periode fortgeschrieben werden. Des weiteren wird dadurch immer wieder die Frage aufgeworfen: Welche Leistungen verursachen normalerweise welche Kosten (Normal- oder Standardkosten)? Um diesen Absichten näher zu kommen, werden den Berechnungen pro Kostenstelle *Leistungsdaten* zugrunde gelegt. Leistungsdaten können sein: Quadratmeter, Betreuungsplätze, Arbeitsplätze, Normalplätze (Umwidmung aller Betreuungsplätze auf eine Basis), Ausbildungsplätze oder Mitarbeiterstellen. Die per EDV durchgeführte Rechnung wird im Detail auf ihre Korrekturbedürftigkeit hin durchgesehen. Notwendige Änderungen werden manuell erarbeitet und in die EDV als Ergebnis neu eingegeben.

Ein Ergebnis dieser Rechnung sind *Budgets pro Kostenstellen* gemäß den direkten kostenrechnerischen Stufen. Die einzelnen Budgets enthalten die von dem Kostenstellenverantwortlichen direkt beeinflußbaren Kosten- und Erlösarten. Wählt man den Zeitraum entsprechend lang, so kann man davon ausgehen, daß im Zeitpunkt fixe Kosten von der Kostenstelle beeinflußt werden können und deshalb auch an diese delegierbar sind. Die Budgets der Einzelkostenstellen werden zu umfassenderen Einheiten verdichtet - bis hin zur Gesamtunternehmung.

Ein weiteres Ergebnis ist der Ausweis des jeweiligen Budget-Ergebnisses auf der ersten kostenrechnerischen Stufe. Dieses wird als *Deckungsbeitrag der Kostenstelle* bezeichnet. Er kann positiv, negativ oder ausgeglichen sein. Die Summe der Deckungsbeträge ergibt das betriebliche Ergebnis des gesamten Unternehmens. Im Deckungsbeitrag ist die eigentliche Größe einer ergebnisorientierten Steuerung zu sehen.

In Ergänzung zu diesen übergeordneten Budgets sind die Budgetierung der *Selbstverwaltung* und die *Projektabrechnung* zu sehen. Erstere bezieht sich auf das Verfahren, den Gruppen auf der Basis von Betreuungsplätzen ausgewählte Kostenarten (z.B. Lebensmittel, Hausverbrauch oder pädagogischer Bedarf) zur eigenverantwortlichen Bewirtschaftung zu übergeben. Über die Abrechnung der angefallenen Ausgaben (Soll-Ist-Vergleich der Kosten) ist dieses Verfahren mit der Projektabrechnung "verwandt". In dieser werden die Ausgaben für projektartige Maßnahmen im Rahmen des Bauens und Instandhaltens erfaßt. Die Ausgaben und die verursachten Kosten werden pro Kostenstelle geplant.

Das *nicht-betriebliche Ergebnis* und seine Faktoren werden nicht geplant. Es wird die Auffassung vertreten, daß sich aufgrund ihrer *Zufälligkeit* diese Faktoren der Planung entziehen. Die *Irrtums*wahrscheinlichkeit im Rahmen der Planung ist unvertretbar hoch. Unter der Berücksichtigung des Zusammenhangs zur Rücklagenbildung aus dem Gesamtergebnis (betrieblich und nicht-betrieblich) wird an dieser Stelle für folgendes Vorgehen plädiert: Die ausschlaggebenden Faktoren des nicht-betrieblichen Ergebnisses können mit der zeitlichen Verzögerung von mindestens einem Jahr in der zu planenden Periode wirksam werden; sie sollen dabei in erster Linie im Finanzplan eingebracht werden. Im Bewußtsein, daß der geordnete laufende Betrieb einschließlich seiner Finanzierung die Gesamtunternehmung die wirtschaftliche Basis und den Spielraum zugleich verschaffen, kann eine größtmögliche Realisierung der Ziele und Möglichkeiten angestrebt werden.

Jede Planung muß sich irgendwann dem Problem der *Bewertung* stellen. Im vorliegenden Falle wird dies in der Weise gelöst, daß sämtliche Bewertungsvorgänge auf die *Preisbedingungen der laufenden Periode* bezogen werden: Eine Planung für das Jahr 1989 wird, sofern sie im Jahr 1988 angefertigt wird, auf dem Preisniveau des Jahres 1988 vorgenommen; eine Langfristplanung (zum Beispiel bis zum Jahre 2000) hätte ebenfalls das Preisniveau des Jahres 1988 zur Grundlage. Mit diesem Vorgehen soll sichergestellt werden, daß monetäre Verzerrungen vermieden und im Gegenzug Entscheidungen auf der realen Basis getroffen werden. Den Entscheidungen sollen möglichst klare Mengenwirkungen zugrunde liegen. Die Veränderungen im *Mengengerüst* sollen klar zu erkennen und nachzuvollziehen sein.

Dieses Prinzip entspricht didaktischem Vorgehen: Es wird Bezug genommen auf Bekanntes, die *Preise der Erstellungsperiode* sind jedermann bekannt und geläufig; es muß lediglich die Einsicht wachsen, daß diese bei der Beurteilung in der Regel nicht maßgeblich sind.

Einige Beispiele sollen die Auswirkungen dieser Bewertung aufzeigen:

– Bei einer 5-Prozent-Abweichung der Personalkosten im Budgetjahr sind 3 Prozent Tariferhöhungen einschließlich Sozialversicherung (Arbeitgeberanteil) zu berücksichtigen.
– Bei der pauschalen Pflegesatzanpassung sind etwaige Sparabschläge als real zu bedenken.
– Bei außerordentlichen Preisbewegungen einzelner Kostenarten sind die über die normalen Preisbewegungen hinausgehenden als real zu berücksichtigen. Schwerwiegend ist, wenn auf diesem Weg eigentlich nicht vorhandene Reserven in anderen Kostenarten verbraucht werden; solche Vorgänge sind nur sehr schwer rückgängig zu machen.
– Wann soll im Fortschritt der Plandurchführung die Anpassung an die herrschenden Preise vorgenommen werden?

2.4 Planungshorizont

In der Abbildung 1 zu den Dimensionen eines komplexen Unternehmens ist im Sinne eines Planungswürfels horizontal die Zeitachse eingezeichnet. Sie gibt an, für wieviel Monate oder Jahre die Planung gelten soll; man spricht in diesem Zusammenhang vom Planungshorizont. Neben der Angabe des Zeitraumes ist hier auch die Planung von konkreten Erledigungen einzubeziehen (Projektmanagement).

Unter der graphischen Vorstellung des Rauminhalts vermittelt der *Planungswürfel* einen Eindruck von der Komplexität, die sich aus dem Zusammenwirken der Kostenstellen, der

Planungsebenen (operativ, strategisch) und der Zeiträume ergibt. Es ist wichtig, eine Verzahnung der Mehr-Jahres-Planung mit der jährlichen Planung und umgekehrt herzustellen. Im vorliegenden Fall wird eine wesentliche Abstimmung über die Planung von konkreten Projekten und deren Erledigungstermine versucht.

Die Fünf-Jahres-Planung umfaßt das gesamte Unternehmen (Gesamtplanung) und ist, wie die Jahresplanung, pro Kostenstelle aufgebaut. Die Berechnungen setzen auf dem laufenden Planjahr und dessen Durchführung auf. Die Bewertung erfolgt mit dessen Preisniveau.

Den Charakter einer Problemanzeige erhält die Frage, wie die Gesamtplanung fortgeschrieben und vermittelt werden soll. Grundsätzlich wird davon ausgegangen, daß Veränderungen, die über den Zeitraum eines Jahres hinausgehen, zur allgemeinen Überarbeitung der Planung führen. Entscheidend ist, diese Veränderungen benutzerfreundlich zu dokumentieren und zu erläutern.

Im Rahmen des Wirtschaftsberichts für das abgeschlossene Geschäftsjahr wird die ursprüngliche Gesamtplanung auf das Ende des Planungshorizonts hin (derzeit 1990) hochgerechnet.

2.5 Berichtssystem

Die Grundlage des praktizierten Berichtssystems ist der zum abgeschlossenen Geschäftsjahr vorgelegte *Wirtschaftsbericht* . Er soll die Funktionen der Dokumentation sowie des Nachschlagewerkes und des mittel- und langfristigen Arbeitsmittels wahrnehmen. In seinen Standardteilen enthält er die Kapitel Problemanzeigen, statistische Angaben, Kurzfassungen und Erläuterungen zur Bilanz und Ergebnisrechnung, Kosten- und Leistungsrechnung, Analysen und Anlagen. Im Rahmen der Analysen werden Auswertungen und Kommentierungen zum Wirtschaftsplan sowie zur erwähnten Gesamtplanung erarbeitet. Aus der Sicht der aktuellen Daten des laufenden Geschäftsjahres hat der Wirtschaftsbericht historischen Charakter.

Diese Eigenschaft wird durch die *speziell* für die Planung entworfene *Informationsaufbereitung* aufgelöst. Im Zentrum derselben steht die Ergebnis-Entwicklung des laufenden Betriebes.

Unabhängig vom Informationsfluß innerhalb des Finanz- und Rechnungswesens gehen an *interne Empfänger* als Rückkopplung folgende schriftliche Auswertungen oder mündliche Erläuterungen:

– Der aufgrund der gelieferten Ausgangswerte erarbeitete Entwurf sowie dessen Teilpläne werden der Bereichsleiterkonferenz und Vertretern der Mitarbeitervertretung in einer gemeinsamen Sitzung vorgestellt.
– Die Leitungskonferenz erhält den schriftlichen Entwurf.
– Die für die entsprechenden Kostenstellen verantwortlichen Bereichsleiter erhalten ihre Kostenbudgets (von den Personal- bis zu den Abschreibungskosten).
– Der Technische Bereich erhält die aufbereiteten Projekte im Bereich des Bauens und Instandhaltens.

- Als vierteljährliche Rückmeldung erhalten die Bereichsleiter die Nutzungsgrade, die Erlöse der Hilfs- und Nebenbetriebe, die Instandhaltungen einschließlich der Projekte sowie den Stand der Projekte des Bauens.
- Vierteljährlich erhalten die Kostenstellenverantwortlichen den Soll-Ist-Vergleich zu den Kostenbudgets (Personal- und Sachkosten).
- Vierteljährlich erhalten die Wohnbereiche den Soll-Ist-Vergleich zu den Fahrtkosten (pädagogische Fahrten, Heimfahrten, Dienstfahrten).
- Monatlich erhalten die betroffenen Bereichsleiter und der geschäftsführende Vorstand die Kapazität und deren Belegung (Pflegesatzbereiche).
- Die Gruppen, die nach einem Budget selbstverantwortlich wirtschaften, erhalten nach Abrechnung ihren Soll-Ist-Vergleich (in der Regel monatlich).
- Neben der vierteljährlichen Auswertung der Projekte (Ausgaben des Bauens, Kosten des Instandhaltens, Finanzierungen) wird diese nach Bedarf vorgenommen.
- Ad-hoc-Befragungen sind jederzeit möglich.
- Alle Bereichsleiter erhalten eine Übersicht über die jeweils gültigen Pflegesätze.

Mehr an den Bedürfnissen der *Vereinsorgane* sind folgende Unterlagen und Erläuterungen ausgerichtet:

- Die Entwürfe zum Wirtschaftsplan erhält der Vorstand; dem Verwaltungsrat wird der endgültige Entwurf vorgelegt.
- Zu seinen Sitzungen (2 - 3 pro Jahr) erhält der Verwaltungsrat einen zum Jahresende hochgerechneten Soll-Ist-Vergleich. Im 4. Quartal enthält dieser eine Vorschau des kommenden Planjahres.
- Die Mitgliederversammlung erhält die Kurzfassung des beschlossenen Plans (am Jahresanfang), die entsprechende Hochrechnung zum Jahresende.
- In der Leitungskonferenz und Bereichsleiterkonferenz wird über die dem Verwaltungsrat vorgelegten Hochrechnungen und über das tatsächliche Vorjahres-Ergebnis berichtet.

In allen diesen *Unterlagen und Aufbereitungen* werden negative Trends für das Gesamtunternehmen gekennzeichnet. Ihre „öffentliche" Kommentierung verfolgt die Absicht, alle auf die Frage hinzuführen, wie es weitergeht. Eine Hilfe hierfür könnte ein derzeit noch nicht vorhandenes Controller-Handbuch sein; dieses müßte für den theoretisch-praktischen Unterbau sorgen.

2.6 Arbeitsbeispiele zu Phasen der Planung

Bezogen auf die Ein-Jahres-Planung werden nun Beispiele zu Arbeitsmitteln beschrieben, wie sie derzeit konkret Anwendung finden. Zugrunde gelegt wird ein Schema, das die Aktivitäten der Phasen widerspiegelt.

Als einzelne *Phasen* werden angenommen:

- Entstehung,
- Beschlüsse,

- Durchführung und
- Steuerung.

Diese Schritte werden systematisch vollzogen. Man kann nicht davon ausgehen, daß ihre Reihenfolge feststeht. Im Wege der *Rückkopplung* setzen die Arbeiten im Zeitablauf entweder in der ersten Phase oder in irgendeiner Phase wieder ein. Allen Phasen ist gemeinsam, daß sämtliche Arbeitsschritte sowie ihre Ergebnisse dokumentiert werden.

Am Ende der Phase der Entstehung liegen sehr viele Unterlagen vor, zumindest sind die Grundlagen für die weiteren Phasen gelegt. Im Grunde werden sämtliche Unterlagen ihrem Ansatz nach in jeder Phase benötigt. Insofern ist es etwas schwierig, einzelnen Schritten bestimmte Unterlagen zuzuordnen. Im folgenden wurden solche Beispiele ausgewählt, die für die jeweilige Phase im allgemeinen eine herausragende Rolle spielen.

2.6.1 Entstehung

Ursprungsliste

Die Ursprungsliste (Abbildung 3) ist ein Beispiel aus der Ursprungsrechnung, die dem Ziel des „Von-Null-Her-Planens" (Zero-Base-Budgeting) folgt. Hier ist sie das *Ursprungsbudget* eines Betriebes aus dem Technischen Bereich. Als Leistungsdaten sind die auf eine gemeinsame Basis umgewidmeten Betreuungsplätze (Normalplätze) eingesetzt. Der Bezug auf die Entwicklung dieser Plätze hat zur Folge, daß die in dieser Kostenstelle vorkommenden Kosten- und Erlösarten auf die Veränderungen unmittelbar reagieren. Die Entwicklung dieses Betriebes ist zunächst einmal an die Veränderungen des *Mengengerüstes* gekoppelt – diese Zielrichtung gilt allgemein. Es ist klar, daß die Entwicklung eines technischen Betriebes nicht nur an die Normalplätze gebunden werden darf, sondern auch an seine Produktivität.

Der Rechenvorgang bezieht sich auf drei Jahre: auf das Vorjahr, das laufende Jahr (= Basisjahr) und das Planjahr. Die Kosten- und Erlösarten des Vorjahres werden durch die Platzzahl dividiert. Diese Platzkosten werden, getrennt nach Personal- und Sachkosten, dem Preisniveau des laufenden Jahres angepaßt und mit den Soll-Plätzen des Planjahres multipliziert. Die Erlöse pro Platz erfahren aus Gründen der kaufmännischen Vorsicht zunächst keine Anpassung an das Preisniveau des laufenden Jahres. Das Ergebnis dieses Budgets ist der *Ursprungs-Deckungsbeitrag* dieser Kostenstelle.

Von dieser Rechnung kann derzeit noch nicht behauptet werden, daß sie auch tatsächlich von dem Punkt Null ausgeht. Es ist nicht auszuschließen, daß in dem Vorjahr Unwirtschaftlichkeiten enthalten sind. In diesem Zusammenhang kann vermutet werden, daß das Prinzip des Von-Null-Her-Planens im Zeitablauf aus sich heraus bereinigend wirkt.

Über den Weg der *Verdichtung* der Einzelkostenstellen zu dem Budget der übergeordneten Bereichskostenstelle sowie deren Zusammenfassung erhält man die Werte der einzelnen Kosten- und Erlösarten des Gesamtunternehmens.

Aufgrund der Allgemeinheit des Verfahrens bedürfen diese Ursprungswerte der Korrektur. Eine Art der Korrektur ist die Überprüfung, ob die einzelnen Werte plausibel sind. Eventuelle Veränderungen werden, unter Umständen unterstützt durch Nebenrechnungen, über manuelle Änderungen in das System eingebracht. Der Absicherung der *Plausibilität* dient die Aufnahme der Werte des Vor-Vor-Jahres. Die andere Art der Korrektur ist die Ausarbeitung von *Teilplänen* zu ausgewählten Kosten- und Erlösarten. Ihre Ergebnisse werden ebenfalls als neue Werte in das System eingebracht.

Pflegesatzbereiche

Im Teilplan Pflegesatzbereiche (Abbildung 4) wird die Erlösart Hauptleistungen als DM-Angabe errechnet sowie ihre Mengenkomponenten festgelegt. Nicht zuletzt gehen aus den Mengenangaben die später zu steuernden *Nutzungsgrade* hervor.

Der Ausgangspunkt der Berechnungen ist der einzelne Betreuungsplatz und deren Summe. Diese wird mit der Unternehmensleitung und den Bereichsleitern der betreuenden Wohnbereiche abgestimmt. Der Zusatz *Erlösplätze* in der Überschrift bringt zum Ausdruck, daß das Wohnen und die entsprechende Pflegesatzabrechnung nicht identisch sein müssen. Die Kosten für einen solchen Platz entstehen in einem anderen Kostenstellenbereich.

Durch die Multiplikation der *Belegungstage* pro Platz und den Plätzen erhält man unter der Berücksichtigung des Nutzungsgrades (Belegung der Kapazitäten in Prozent) die geplanten Berechnungstage. Die Multiplikation dieser mit dem Durchschnittspflegesatz des laufenden Jahres ergibt die Soll-*Hauptleistungen*. Durch die Aufführung des laufenden Jahres und des Vorjahres soll die Einschätzung des Planjahres erleichtert werden.

Aus Gründen der Nachvollziehbarkeit wird folgende Differenzierung vorgenommen: Einzelplatz, Gruppe oder Abteilung, betreuender Bereich, Gesamtunternehmen. In dieser Reihenfolge werden entsprechende *Verdichtungen* (Absummierungen) durchgeführt.

Der dargestellte Auszug enthält in einem betreuenden Wohnbereich zwei verschiedene Pflegesätze. Die Bezeichnungen Vollverpflegung und Bettengeld entsprechen der Pflegesatzvereinbarung des Landes Baden-Württemberg. Bei längerer Abwesenheit dürfen nur 75 Prozent des Pflegesatzes abgerechnet werden.

Hilfs- und Nebenbetriebe

Die Belegungstage der Pflegesatzbereiche korrespondieren mit den in den Regiebetrieben in Form von innerbetrieblichen Leistungen und Verkäufen nach außen erbrachten Arbeiten (Abbildung 5). Die *Roherlöse* sind frei von einer Verzerrung durch in den Erlösabrechnungen enthaltene Materialien und gelten deshalb als Steuergröße. Um zu einer für das *Pflegesatzwesen* wichtigen Ergebniszahl zu kommen, werden die Roherlöse der Werkstatt für Behinderte (WfB) und der Landwirtschaft in der *Nettoarbeitserlös*rechnung weitergeführt.

Die Erlöse sowie der Materialeinsatz werden derzeit von den betreffenden Bereichen geschätzt. Die angegebenen Werte werden in die Ursprungsrechnung übernommen.

Stellenplan

Der Stellenplan ist die Vorarbeit für die kostenrechnerische Auswertung (Abbildung 6). Für die rein kostenrechnerische Auswertung wird *pro Personalfall* ab der Spalte Stellenbezeichnung eine - sofern nötig - direkte Verrechnung erfaßt. Die Dienstarten können - vor allem im Hinblick auf die Selbstkostenblattrechnung - um das Merkmal der Berufsgruppe ergänzt werden.

Der vorliegende Auszug ist eine Einzelkostenstelle. In dieser werden die Personalfälle alphabetisch sortiert ausgedruckt. Es ist klar, daß auch hier andere Sortierungen (zum Beispiel nach Dienstarten (DA)) möglich und auch notwendig sind. Über die bestehenden Kostenstellen hinaus sind die Personalfälle in noch kleineren Einheiten erfaßbar. Dies gilt in erster Linie für die in Gruppen aufgeteilten Wohnbereiche.

Für die Handhabung des Stellenplans ist es wichtig, daß die Besetzung einer Gruppe sowie deren Personalkosten übersichtlich dargestellt sind. Da es für kostenrechnerische Zwecke unumgehbar ist, neben der "nominellen" Stelle den entsprechenden Durchschnitt zu verwenden, werden pro Personalfall etwaige Ein- oder Austritte vermerkt und erfaßt. Über die Wochenstunden kann dann eine rein mengenbezogene Verbindung zu den Platzzahlen der Wohngruppen oder Wohnbereiche erfolgen.

Auch hier sind *Verdichtungen* von der Gruppe über den Bereich bis zum Gesamtunternehmen möglich (zum Beispiel nach dem Kriterium der Dienstart).

Um den jeweiligen Stellenplan leichter einschätzen zu können, wird in den Planunterlagen eine *kostenrechnerische Orientierung* hinzugefügt. Neben der Darstellung der Personalkosten, deren Veränderungen sowie der Stellen enthält diese auf der Grundlage der Analysen des Vorjahres eine Schätzung darüber, wie viele sogenannte Vollstellen und Stellen von sogenannten Geringverdienern mit den geplanten Personalkosten (Tarifbasis des laufenden Jahres) realisierbar sind. Es wird dadurch auch deutlich, wie sich etwaige (pauschale) Abschläge bei gegebener Dienstartenstruktur und kostenrechnerischem Durchschnitt auswirken. Diese Basis erlaubt eine zuverlässige Beurteilung der realen Veränderungen.

Bauen, Instandhalten, Beschaffen

Für den planerischen Nutzen der Abbildung 7 ist eine sorgfältige und vollständige Erfassung der *Maßnahmen* entscheidend. Weiterhin müssen diese - soweit vertretbar - in *Einzelprojekten* dargestellt sein. Nur auf diese Weise wird es möglich, auf der Preisbasis des laufenden Jahres die entsprechenden Ausgaben festzustellen und daraus pro Kostenstelle die Kosten zu ermitteln. Zugleich sind diese Angaben außerordentlich wichtig für die richtige und zeitsparende buchhalterische Zuordnung und Erfassung; dies ist nicht zuletzt für die sichere Bewältigung des Problems der *Bewertung* entscheidend.

Soweit *eigene Betriebe* an der Durchführung der Maßnahmen beteiligt sind, müssen unbedingt hierfür Hinweise gegeben werden. Sie sind maßgeblich für die Einschätzung der Leistungsfähigkeit derselben und damit für den Ansatz der internen Erlöse.

Über die nicht als Projekte darstellbaren Beträge sind auf der Grundlage nachvollziehbarer Berechnungen zuverlässige Schätzungen erforderlich („Sockelbeträge").

Durch die vollständige Auflistung der Projekte, des Bauens wie des Instandhaltens, sowie deren „Nicht-Streichen", wenn sie nicht realisiert werden, entsteht im Laufe der Zeit ein Überblick über die *zukünftigen Belastungen* aus diesem Sektor.

2.6.2 Beschlüsse

Die aus der Phase der Erstellung hervorgehenden Unterlagen müssen von den Beteiligten „geknete" werden. Die ersten Unterlagen werden wohl immer einen Wunschplan repräsentieren. Im Anschluß an die „Knet-Phase" geht es dann darum, autorisierende Beschlüsse herbeizuführen.

Die Beschlußvorlage, der in der Regel eine die Hauptkomponenten betrachtende Vorschau-Rechnung vorausging, enthält derzeit folgenden Inhalt (Überschriften):

– Auf einen Blick
– Zur Entstehung und Situation (Problemanzeigen)
– Gesamtunternehmen: Betriebliches Ergebnis
– Kostenstellen-Budgets
– Pflegesatzbereiche (Erlös-Plätze): Kapazität, Belegung, Hauptleistungen
– Hilfs- und Nebenbetriebe: Erlöse-Roherlöse-Nettoarbeitserlöse
– Stellenplan
– Personalkostenentwicklung (KLR)
– Bauen, Instandhalten, Beschaffen
– Bestehende Pflegesätze: Deckungsbeiträge
– Finanzplan

Das Papier „Auf einen Blick" enthält absolute und relative Kennzahlen zu den Sachverhalten Wirtschaftlichkeit, betriebliches Ergebnis der Gesamtunternehmung, Nettoarbeitserlöse, Cash-flow, Investitionen, Investitionsdeckung, Tilgungen, Summe Erlöse und ausgewählte Anteile von Erlösarten am Erlösvolumen, Summe Kosten und ausgewählte Anteile von Kostenarten am Kostenvolumen, Normalplätze, Erlöse und Kosten pro Normalplatz, Normaltage, Mitarbeiterstellen, Summe Personalkosten, Normalplätze pro Stelle und Nutzungsgrade pro Pflegesatzbereich.

Gesamtunternehmung: Betriebliches Ergebnis

Für eine Beschlußfassung (zum Beispiel eines Gremiums wie dem Verwaltungsrat) wird es unerläßlich sein, die zahlenmäßig erfaßte, zukünftige Entwicklung des Gesamtunternehmens darzustellen. Die vorliegende Fassung (Abbildung 8) orientiert sich an den *Erlös- und Kostenarten*. Sie faßt diese zusammen und ist ihrerseits eine *Verdichtung* der EDV-Unterlage. Die Aufnahme des Vorjahres, des laufenden Jahres (als Soll-Ist-Vergleich) und des Planjahres soll wiederum eine vergleichende Beurteilung möglich machen und eine solche anregen.

Die *Anmerkungen* enthalten Erläuterungen zu den Teilplänen, zu Sprüngen einzelner Erlös- und Kostenarten oder zu den Abschreibungen aus der Perspektive des Pflegesatzrechtes.

Finanzplan

Ebenfalls aus der Sicht des Gesamtunternehmens untersucht der Finanzplan (Abbildung 9) die Auswirkungen auf die *Zahlungsströme*. Da die Abschreibungen (einschließlich der geringwertigen Wirtschaftsgüter - GWG) und die durch eigene Betriebe durchgeführten Instandhaltungen sowie die daraus entstehenden Erlöse der Hilfs- und Nebenbetriebe keine Zahlungswirkung haben, müssen diese bei den Ausgaben bzw. den Einnahmen eliminiert werden. Die eingesetzten nicht-betrieblichen Ausgaben und Einnahmen entsprechen dem Vorjahr.

2.6.3 Durchführung

Die Ergebnisse der Beschlußphase müssen *klar autorisieren*, was durchgeführt werden kann, soll oder darf. In dieser Phase sollen Beispiele solcher Autorisierungen dargestellt werden.

Kostenstellen-Budgets

Die Kostenstellen-Budgets (Abbildung 10) sind als Ergänzung zu dem betrieblichen Ergebnis des Gesamtunternehmens zu verstehen. Es geht hierbei nämlich um die Antwort, *wo* die einzelnen Kosten und Erlöse sowie die Deckungsbeiträge in gleicher Höhe *entstehen*. Als Verdichtungsstufe ist die der Bereichskostenstellen gewählt.

In allen Phasen gibt diese Aufbereitung in geraffter Form Hinweise dafür, *wo gesteuert werden kann*. Als weiteres Merkmal ist zu erkennen, wie sich die *Deckungsbeiträge* zueinander verhalten.

Beschlossenes Budget

Das vorliegende Beispiel (Abbildung 11) ist das Budget eines betreuenden Wohnbereiches. Die lineare Aufteilung der *Jahres*sollwerte auf das *Quartal* und den *Monat* hat sicherlich Mängel; zum Beispiel in der Richtung, daß sich nicht alle Kosten- und Erlösarten gleichmäßig über die Tage und Monate hinweg entwickeln. Die Aufteilung hat aber den Vorteil, daß der Empfänger Zahlen erhält, die aufgrund der besseren Überschaubarkeit näher bei seinem Zeitempfinden liegen.

2.6.4 Steuerung

Die Phase der Steuerung könnte als ein Teil der Durchführung angesehen werden. Sie unterscheidet sich von dieser jedoch mindestens durch die Tatsache, daß sie zu dieser zeitverschoben stattfindet. Es ist die Aufgabe, diese Zeitverschiebung zu verkürzen. Dies kann durch das rechtzeitige und aktuelle Avisieren von Abweichungen geschehen sowie durch das damit verbundene Antwort-Suchen auf die Frage, *wie es weitergeht* („Feed-forward").

Soll-Ist-Vergleich

Der Soll-Ist-Vergleich in Abbildung 12 stammt aus dem Kostenstellenbereich Hauswirtschaft-Ernährung. Bei der Beurteilung der Abweichung ist stets zu berücksichtigen, daß die Sollwerte nach dem Preisniveau des Vorjahres erstellt wurden. Zum Jahresende hin werden diese in der Regel auf das *Preisniveau* des laufenden Jahres abgeändert.

Hochrechnung Gesamtunternehmung: Betriebliches Ergebnis

An der Spalte *Vorschau* wird deutlich, daß diese *Hochrechnung* („Fore-cast") (Abbildung 13) im vierten Quartal des laufenden Jahres präsentiert und bearbeitet wird.

Stellenplan-Status

Die Auswertung „Stellenplan-Status" (Abbildung 14) wird derzeit noch nicht praktiziert. Sie ist aber die fällige Konsequenz aus der EDV- und kostenrechnungsgerechten Aufstellung des Stellenplans. In den Mengenkomponenten (Stelle, Wochenstunden) ist sie auf jeden Fall entwicklungsbedürftig.

Nutzungsgrade, Erlöse der Hilfs- und Nebenbetriebe, Instandhalten, Bauen, Beschaffen

Im vierteljährlichen Rhythmus erhalten alle Bereichsleiter Unterlagen über Nutzungsgrade und so weiter (Abbildung 15). Nach Möglichkeit werden sie in der Bereichsleiterkonferenz besprochen. Die Weiterleitung dieser Informationen hat zum Ziel, daß *alle* davon in Kenntnis gesetzt sind, wo Engpässe vorhanden oder zu erwarten sind und wohin sich einzelne Bereiche sowie das Gesamtunternehmen voraussichtlich entwickeln. Das Anliegen ist, *gemeinsam* die Frage zu bedenken, wie es weitergeht oder weitergehen soll.

Abschließend sei zu den vorstehenden Beispielen und deren Beschreibung nochmals betont, daß diese lediglich exemplarisch zu verstehen sind. Sie können keineswegs als eine erschöpfende Darstellung des Gesamtsystems verstanden werden. Der Verfasser hofft, daß das Ausgewählte die wesentlichen Einblicke für die eigenständige Erkenntnis gewährt.

Wirtschaftsplan 1989 – '1. Entwurf
– Ursprungsliste („Voll-Null-Her")
Budget WXYZ (0000)

.........., den 00.00.88
Seite 1

	Plätze 1987:	0,0		Plätze 1989:	0,0
	PK-Steigerung 1988:	0,0 %			
	Preissteigerung 1988:	0,0 %			

Kosten/ Erlöse	Ist 1986	Ist 1987	pro Platz	Anpassung an 1988 pro Platz	absolut	Soll 1989 pro Platz	absolut
Personalkosten	00.000	00.000	0,000	0,000	00.000	0,000	00.000
Personalnebenkosten	00.000	00.000	0,000	0,000	00.000	0,000	00.000
Hausverbrauch	00.000	00.000	0,000	0,000	00.000	0,000	00.000
H + N-Betr. Rohstoffe	00.000	00.000	0,000	0,000	00.000	0,000	00.000
H + N-Betr. Verbr. Mat.	00.000	00.000	0,000	0,000	00.000	0,000	00.000
Bürobedarf	00.000	00.000	0,000	0,000	00.000	0,000	00.000
Instandhaltg. – Eigen –	00.000	00.000	0,000	0,000	00.000	0,000	00.000
Instandhaltg. – Fremd –	00.000	00.000	0,000	0,000	00.000	0,000	00.000
ErsBes. b. 100 DM Fremd	00.000	00.000	0,000	0,000	00.000	0,000	00.000
Steuern, Abgab., Vers.	00.000	00.000	0,000	0,000	00.000	0,000	00.000
Abschreibungen	00.000	00.000	0,000	0,000	00.000	0,000	00.000
Beschaffungen GWG	00.000	00.000	0,000	0,000	00.000	0,000	00.000
Summe Kosten:	0.000.000	0.000.000	0.000,000	0.000,000	0.0000.000	0.000,000	0.000.000
Erl. H + N-Betr.Intern	0.000	00.000	0,000	0,000	00.000	0,000	00.000
Erl. H + N-Betr.Verkauf	0.000	00.000	0,000	0,000	00.000	0,000	00.000
Skonti, Boni	0.000	00.000	0,000	0,000	00.000	0,000	00.000
Summe Erlöse:	0.000.000	0.000.000	0.000,000	0.000,000	0.000.000	0.000,000	0.000.000
Ergebnis:	0.000.000	0.000.000	0.000,000	0.000,000	0.000.000	0.000,000	0.000.000

Abbildung 3: Ursprungsliste („Voll-Null-Her")

..........., den 00.00.89

Wirtschaftsplan 1989
Pflegesatzbereiche (Erlösplätze):
Kapazität, Belegung, Hauptleistungen

Pflegesatzbereich	Kapazität/Belegung					Hauptleistungen (Erlöse) DM			
	1. Plätze			2. Berechnungstage					Basis 1988
	1987	1988	1989	1987	1988	1989	1987	1988	1989
	Vorjahr	Laufd. Jahr	Plan-Jahr	Plan-Jahr					
Nutzungsgrad (%): Durchschnittspflegesatz:	0,00	0,00	0,00	0,00		Belegungstage pro Platz p.a.: 365			
A	0,00	0,00	0,00	0.000	0.000	0.000	00.000	00.000	00.000
B	0,00	0,00	0,00	0.000	0.000	0.000	00.000	00.000	00.000
C	0,00	0,00	0,00	0.000	0.000	0.000	00.000	00.000	00.000
D	0,00	0,00	0,00	0.000	0.000	0.000	00.000	00.000	00.000
Summe	0,00	0,00	0,00	00.000	00.000	00.000	0.000.000	0.000.000	0.000.000
Nutzungsgrad (%): Durchschnittspflegesatz:	0,00	0,00	0,00	0,00		Belegungstage pro Platz p.a.: 365			
– Vollverpflegung	0,00	0,00	0,00	0.000	0.000	0.000	00.000	00.000	00.000
– Bettengeld				0.000	0.000	0.000	0.000	0.000	0.000
Summe E				000.000	00.000	00.000	0.000.000	0.000.000	0.000.000
Summe	0,00	0,00	0,00	00.000	00.000	00.000	0.000.000	0.000.000	0.000.000
– Bettengeld				00.000	00.000	00.000	0.000.000	0.000.000	0.000.000
Insgesamt				00.000	00.000	00.000	0.000.000	0.000.000	0.000.000

Abbildung 4: Pflegesatzbereiche (Erlösplätze): Kapazität, Belegung, Hauptleistungen

Wirtschaftsplan 1989

Hilfs- und Nebenbetriebe: Erlöse- Roherlöse- Nettoarbeitserlöse

Auf den einzelnen Kostenstellen (Betrieben) ergeben sich folgende *R o h e r l ö s e* (Differenz aus Erlöse und Materialeinsatz):

Betrieb	Erlöse	Material	Roherlös
Bereich A	0.000.000	0.000.000	0.000.000
Bereich B – Betriebe . . .	0.000.000	0.000.000	0.000.000
	0.000.000	0.000.000	0.000.000
Bereich C – Betriebe . . .	0.000.000	0.000.000	0.000.000
	0.000.000	0.000.000	0.000.000
Bereich D – Abteilungen . . .	0.000.000	0.000.000	0.000.000
	0.000.000	0.000.000	0.000.000
Summe	0.000.000	0.000.000	0.000.000

Die Roherlöse geben u. a. Hinweise auf die Wertschöpfungsspielräume (Personalkosten...).

Nettoarbeitserlös des Bereichs/Betriebs xy

Erlöse		0.000.000
Produktionsbezogene Kosten		
– Personal	0.000.000	
– Material, Fremdleistungen	0.000.000	
– Instandhaltung Maschinen	0.000.000	
– Abschreibung Maschinen	0.000.000	
– Sonstige	0.000.000	– 0.000.000
N e t t o a r b e i t s e r l ö s I		+/– 0.000.000
Arbeitsentgelte für Behinderte		– 0.000.000
N e t t o a r b e i t s e r l ö s e II		+/– 0.000.000
kaltulatorische Kosten		– 0.000.000
N e t t o a r b e i t s e r l ö s e III		+/– 0.000.000

Abbildung 5: Hilfs- und Nebenbetriebe: Erlöse- Roherlöse- Nettoarbeitserlöse

Wirtschaftsplan 1989: Stellenplan
XYXYXY (0000)

.........., den 00.00.89
Lfd. Blatt-Nr.: 00

| Name | DA | Stelle 1989 | Wochen-Stunden | | Personalkosten | | Stellenbez. (Funktion) | Eingruppierung | | | Ein-/ |
			Soll	Ist	Soll 1989	HDR 1988		Fallgr.	Soll von bis	Ist	Austr.
A	07	0,00	00,0	00,0	00.000	00.000		/	–		. .
B	11	0,00	00,0	00,0	00.000	00.000		/	–		.
C	05	0,00	00,0	00,0	00.000	00.000		/	–		01.09.E
D	07	0,00	00,0	00,0	00.000	00.000		/	–		.
E	20	0,00	00,0	00,0	00.000	00.000		/	–		10.03.A
F	11	0,00	00,0	00,0	00.000	00.000		/	–		31.05.A
G	11	0,00	00,0	00,0	00.000	00.000		/	–		20.08.E
H	11	0,00	00,0	00,0	00.000	00.000		/	–		.
I	11	0,00	00,0	00,0	00.000	00.000		/	–		.
Summe XYXYXY		0,00	000,0	000,0	0.000.000	0.000.000					

Abbildung 6: Stellenplan

Wirtschaftsplan 1989

Bauen, Instandhalten, Beschaffen

Bauen

Projekt – Projekt-Nr.: 0000000	Projekt- summe Soll TDM	1989 Ausgaben TDM	Kosten TDM	Kosten- stelle
Maßnahme – Termin: 00.00.198. ...	00.000,0	00.000,0	00.000,0	0000
Summe B a u e n	00.000,0	00.000,0	00.000,0	

Instandhalten – Projekte

Folgende Projekte (= größere und in sich zusammenhängende Maßnahmen der Instandhaltung) werden benannt:

P r o j e k t	Projekt- summe Soll TDM	1989 Ausgaben TDM	Kosten TDM	Kosten- stelle	I E
Maßnahme – Termin: 00.00.198. – Projekt-Nr.: 0000000 ...	00.000,0	00.000,0	00.000,0	0000	E
Summe P r o j e k t e	00.000,0	00.000,0	00.000,0		
davon interne Betriebe (= I)			00.000,0		
davon externe Betriebe (= E)			00.000,0		

Instandhalten – Sockel

Als sog. Sockelbetrag (= laufend und unumgänglich) werden eingesetzt:

P r o j e k t	Projekt- summe Soll TDM	1989 Ausgaben TDM	Kosten TDM	Kosten- stelle
intern		00.000,0	00.000,0	
extern		00.000,0	00.000,0	
Summe S o c k e l	00.000,0	00.000,0	00.000,0	
Summe I n s t a n d h a l t e n		00.000,0	00.000,0	
– davon intern			00.000,0	
– davon extern			00.000,0	

172

Wirtschaftsplan 1989

Bauen, Instandhalten, Beschaffen

Bauen

Projekt	Projekt-summe	1989 Ausgaben	Kosten	Kosten-stelle
– Projekt-Nr.: 0000000	Soll TDM	TDM	TDM	

Beschaffen

Entsprechend den bisherigen Durchschnitts-Erfahrungswerten:

	Projekt-summe Soll TDM	1989 Ausgaben TDM	Kosten TDM	Kosten-stelle
1. Ersatzbeschaffungen				
– bis 100,00 DM				
– intern		00.000,0	00.000,0	
– extern		00.000,0	00.000,0	
3. Geringwertige Wirtschaftsgüter (GWG)				
– bis 800,00 DM		00.000,0	00.000,0	
4. Sonstige				
– größer als 800,00 DM				
– Gegenstand A	00.000,0	00.000,0	00.000,0	
Termin: 00.00.1989				
...				
– Sonstige		00.000,0	00.000,0	
Summe B e s c h a f f e n	00.000,0	00.000,0	00.000,0	
G e s a m t s u m m e	00.000,0	00.000,0	00.000,0	

Abbildung 7: Bauen, Instandhalten, Beschaffen

Wirtschaftsplan 1989

Gesamtunternehmung: Betriebliches E r g e b n i s
– 1. Entwurf, 3. Fassung

Nr. Positionen	1987	Plan 1988	HOR 1988	1989 Entwurf	An-mer
		Basis '88	Basis '88	Basis '88	
	TDM	TDM	TDM	TDM	
1 Hauptleistungen	00.000,0	00.000,0	00.000,0	00.000,0	(1)
2 Erstattungen	00.000,0	00.000,0	00.000,0	00.000,0	
3 Erst. Soz.vers. Beh.	00.000,0	00.000,0	00.000,0	00.000,0	
4 Erlöse Hilfsbetriebe	00.000,0	00.000,0	00.000,0	00.000,0	(2)
5 Betriebszuschüsse	00.000,0	00.000,0	00.000,0	00.000,0	
6 Mieten	00.000,0	00.000,0	00.000,0	00.000,0	
7 Boni, Sonstige	00.000,0	00.000,0	00.000,0	00.000,0	
Summe ERLÖSE	00.000,0	00.000,0	00.000,0	00.000,0	
8 Personal	00.000,0	00.000,0	00.000,0	00.000,0	(3)
9 Arbeitsentgelte Beh.	00.000,0	00.000,0	00.000,0	00.000,0	
10 Sozialvers. Beh.	00.000,0	00.000,0	00.000,0	00.000,0	
11 Lebensmittel	00.000,0	00.000,0	00.000,0	00.000,0	
12 Med. Bedarf	00.000,0	00.000,0	00.000,0	00.000,0	
13 Wasser, Energie	00.000,0	00.000,0	00.000,0	00.000,0	(4)
14 Rohstoffe	00.000,0	00.000,0	00.000,0	00.000,0	(2)
15 Verbrauchsmaterial	00.000,0	00.000,0	00.000,0	00.000,0	(2)
16 Fremdleistungen	00.000,0	00.000,0	00.000,0	00.000,0	(2)
17 Allg. Wirtsch.bed	00.000,0	00.000,0	00.000,0	00.000,0	
18 Betreuung	00.000,0	00.000,0	00.000,0	00.000,0	
19 Verwaltung	00.000,0	00.000,0	00.000,0	00.000,0	
20 Steuern, Abg., Vers.	00.000,0	00.000,0	00.000,0	00.000,0	
21 Zinsen	00.000,0	00.000,0	00.000,0	00.000,0	
22 Mieten, Pachten	00.000,0	00.000,0	00.000,0	00.000,0	
23 Instandhaltungen	00.000,0	00.000,0	00.000,0	00.000,0	(5)
24 Ersatzbeschaffungen	00.000,0	00.000,0	00.000,0	00.000,0	(5)
25 Ger.w. Wirtsch.güter	00.000,0	00.000,0	00.000,0	00.000,0	
26 Instandh.projekte	(00.000,0)	(00.000,0)	(00.000,0)	(00.000,0)	(5]
27 Abschreib., Wertber.	00.000,0	00.000,0	00.000,0	00.000,0	(6]
28 Vorsteuer-Korrektur	–00.000,0	–	–	–	
Summe KOSTEN	00.000,0	00.000,0	00.000,0	00.000,0	
E R G E B N I S +/–	0.000,0	0.000,0	0.000,0	0.000,0	(8)

Anmerkungen (Anmer):
(1) . . .
. . .

Abbildung 8: Gesamtunternehmung: Betriebliches Ergebnis

Wirtschaftsplan 1989

Finanzplan

Der Wirtschaftsplan wirkt sich in seiner Gesamtheit finanzwirtschaftlich (= *Zahlung*sgrö-
ßen) wie folgt aus:

	TDM	TDM	TDM
1. Ausgaben			
laufender Betrieb		00.000,0	
Bauen		00.000,0	
Beschaffen (einschließlich GWG)		00.000,0	
nicht-betrieblicher Bereich		00.000,0	
Rückstellungen			
(70 % des Bestandes)		00.000,0	
Tilgungen		00.000,0	00.000,0
2. Einnahmen			
laufender Betrieb		00.000,0	
nicht-betrieblicher Bereich		00.000,0	00.000,0
3. Zusatzbedarf Einnahmen			00.000,0
Investitions-Zuschüsse			
– Projekte	00.000,0		
. . .	00.000,0	00.000,0	
Darlehen			
– Projekte	00.000,0		
. . .	00.000,0	00.000,0	
Verfügbare Mittel			
– Vorfinanzierung			
– Projekte	00.000,0		
. . .			
– Zuschüsse, Darlehen	00.000,0		
– Restfinanzierung	00.000,0	00.000,0	00.000,0
4. Kreditlinie			00.000,0

Abbildung 9: Finanzplan

Wirtschaftsplan 1989

Kostenstellen – Budgets

Aufgrund der direkten Verursachung (Direct Costing) ergeben sich in den einzelnen
(z. T. verdichteten) Kostenstellen folgende, im Detail ausgearbeitete, Budgets:

Kostenstelle	Kosten TDM	Erlöse TDM	Ergebnis TDM
1 . Allgemein			
. . .	00.000,0	00.000,0	+/– 00.000,0
	00.000,0	00.000,0	+/– 00.000,0
2 . Pflegesatzbereiche			
. . .	00.000,0	00.000,0	+/– 00.000,0
	00.000,0	00.000,0	+/– 00.000,0
3 . Dienstleistungsbereiche			
. . .	00.000,0	00.000,0	+/– 00.000,0
	00.000,0	00.000,0	+/– 00.000,0
4 . Gesamtunternehmung	00.000,0	00.000,0	+/– 00.000,0

Abbildung 10: Kostenstellen-Budgets

Wirtschaftsplan 1989

Beschluß .. 1/89, 00.00.1989

Budget XYZ

	Soll 1989 pro Jahr	pro Quartal	pro Monat
Personalkosten	00.000	00.000	00.000
Personalnebenkosten	00.000	00.000	00.000
Arbeitsentgelte Beh.	00.000	00.000	00.000
Lebensmittel	00.000	00.000	00.000
Medizinischer Bedarf	00.000	00.000	00.000
Putzmaterial	00.000	00.000	00.000
Hausverbrauch	00.000	00.000	00.000
Bekleidung neu	00.000	00.000	00.000
Hygienischer Bedarf	00.000	00.000	00.000
Gebühren	00.000	00.000	00.000
Reisen, Tagungen	00.000	00.000	00.000
Sonst.Verwaltungsko.	00.000	00.000	00.000
Instandhaltg. – Fremd –	00.000	00.000	00.000
Instandhltg. – Frem –	00.000	00.000	00.000
ErsBes. b. 100 DM Eigen	00.000	00.000	00.000
ErsBes. b. 100 DM Fremd	00.000	00.000	00.000
Steuern, Abgab., Vers.	00.000	00.000	00.000
Abschreibungen	00.000	00.000	00.000
Beschaffungen GWG	00.000	00.000	00.000
Summe Kosten:	0.000.000	0.000.000	0.000.000
Erst.Mitarb. u. Dritte	00.000	00.000	00.000
Erl. H+N-Betr.Verkauf	00.000	00.000	00.000
Betriebszuschüsse	00.000	00.000	00.000
Skonti, Boni	00.000	00.000	00.000
Sonst. Erlöse	00.000	00.000	00.000
Summe Erlöse:	0.000.000	0.000.000	0.000.000
Ergebnis:	0.000.000	0.000.000	0.000.000

Abbildung 11: Beschlossenes Budget

........., den 00.00.89

Wtschaftsplan – Status zum 00.0089
X Y

	Soll 1989	Ist 1989	Abrechnung	%
Personalkosten	00.000	00.000	0.000	0,00
Lebensmittel	00.000	00.000	0.000	0,00
Zehrgeld	00.000	00.000	0.000	0,00
Medizinischer Bedarf	00.000	00.000	0.000	0,00
Brennstoffe	00.000	00.000	0.000	0,00
Treibstoffe	00.000	00.000	0.000	0,00
Strom	00.000	00.000	0.000	0,00
Wasser	00.000	00.000	0.000	0,00
Putzmaterial	00.000	00.000	0.000	0,00
Wäschereinigung	00.000	00.000	0.000	0,00
Hausverbrauch	00.000	00.000	0.000	0,00
Bekleidung neu	00.000	00.000	0.000	0,00
Bekleidung Instandh.	00.000	00.000	0.000	0,00
Hygienischer Bedarf	00.000	00.000	0.000	0,00
Pädagog. Bedarf	00.000	00.000	0.000	0,00
Kulturelle Betreuung	00.000	00.000	0.000	0,00
Unterrichtsmittel	00.000	00.000	0.000	0,00
Beschäft.-Therapie	00.000	00.000	0.000	0,00
Fahrtkosten Betreute	00.000	00.000	0.000	0,00
Heimfahrten	00.000	00.000	0.000	0,00
Pädagog. Fahrten	00.000	00.000	0.000	0,00
Dienstfahrten	00.000	00.000	0.000	0,00
Freizeiten	00.000	00.000	0.000	0,00
Paten	00.000	00.000	0.000	0,00
Bürobedarf	00.000	00.000	0.000	0,00
Gebühren	00.000	00.000	0.000	0,00
Reisen,Tagungen	00.000	00.000	0.000	0,00
Sonst. Verwaltungsko.	00.000	00.000	0.000	0,00
Mieten Betriebsgeb.	00.000	00.000	0.000	0,00
Mietnebenk.Betr.geb.	00.000	00.000	0.000	0,00
Mietnebenk.Ma-Wohn.	00.000	00.000	0.000	0,00
Instandhaltg. – Eigen –	00.000	00.000	0.000	0,00
Instandhaltg. – Fremd –	00.000	00.000	0.000	0,00
ErsBes. b. 100 DM Eigen	00.000	00.000	0.000	0,00
ErsBes. b. 100 DM Fremd	00.000	00.000	0.000	0,00
Steuern, Abgab., Vers.	00.000	00.000	0.000	0,00
Abschreibungen	00.000	00.000	0.000	0,00
Beschaffungen GWG	00.000	00.000	0.000	0,00
Summe Kosten	0.000.000	0.000.000	00.000	0,00
Hauptleistungen	00.000	00.000	0.000	0,00
Erstattg. Bekleidung	00.000	00.000	0.000	0,00
Erstatt. Freizeiten	00.000	00.000	0.000	0,00
Erstattung Paten	00.000	00.000	0.000	0,00
Erstattung Sonstige	00.000	00.000	0.000	0,00
Erst.Mitarb.u. Dritte	00.000	00.000	0.000	0,00
Betriebszuschüsse	00.000	00.000	0.000	0,00
Skonti, Boni	00.000	00.000	0.000	0,00
Versicherungsleistg.	00.000	00.000	0.000	0,00
Summe Erlöse	0.000.000	0.000.000	00.000	0,00
Ergebnis	0.000.000	0.000.000	00.000	0,00

Abbildung 12: Soll-Ist-Vergleich: Status zu...

. . . ., den 00.00.1989

Wirtschaftsplan 1989/90

Gesamtunternehmung: Betriebliches E r g e b n i s

Nr. Positionen	1988	Plan 1989	HOR 1989	1990 Entwurf	
		Basis '89	Basis '89	Basis '89	An-
	TDM	TDM	TDM	TDM	mer
1 Hauptleistungen	00.000,0	00.000,0	00.000,0	00.000,0	(1)
2 Erstattungen	00.000,0	00.000,0	00.000,0	00.000,0	
3 Erst. Soz.vers. Beh.	00.000,0	00.000,0	00.000,0	00.000,0	
4 Erlöse Hilfsbetriebe	00.000,0	00.000,0	00.000,0	00.000,0	(2)
5 Betriebszuschüsse	00.000,0	00.000,0	00.000,0	00.000,0	
6 Mieten	00.000,0	00.000,0	00.000,0	00.000,0	
7 Boni, Sonstige	00.000,0	00.000,0	00.000,0	00.000,0	
Summe ERLÖSE	00.000,0	00.000,0	00.000,0	00.000,0	
8 Personal	00.000,0	00.000,0	00.000,0	00.000,0	(3)
9 Arbeitsentgelte Beh.	00.000,0	00.000,0	00.000,0	00.000,0	
10 Sozialvers. Beh.	00.000,0	00.000,0	00.000,0	00.000,0	
11 Lebensmittel	00.000,0	00.000,0	00.000,0	00.000,0	
12 Med. Bedarf	00.000,0	00.000,0	00.000,0	00.000,0	
13 Wasser, Energie	00.000,0	00.000,0	00.000,0	00.000,0	(4)
14 Rohstoffe	00.000,0	00.000,0	00.000,0	00.000,0	(2)
15 Verbrauchsmaterial	00.000,0	00.000,0	00.000,0	00.000,0	(2)
16 Fremdleistungen	00.000,0	00.000,0	00.000,0	00.000,0	(2)
17 Allg. Wirtsch.bed	00.000,0	00.000,0	00.000,0	00.000,0	
18 Betreuung	00.000,0	00.000,0	00.000,0	00.000,0	
19 Verwaltung	00.000,0	00.000,0	00.000,0	00.000,0	
20 Steuern, Abg., Vers.	00.000,0	00.000,0	00.000,0	00.000,0	
21 Zinsen	00.000,0	00.000,0	00.000,0	00.000,0	
22 Mieten, Pachten	00.000,0	00.000,0	00.000,0	00.000,0	
23 Instandhaltungen	00.000,0	00.000,0	00.000,0	00.000,0	(5)
24 Ersatzbeschaffungen	00.000,0	00.000,0	00.000,0	00.000,0	(5)
25 Ger.w. Wirtsch.güter	00.000,0	00.000,0	00.000,0	00.000,0	
26 Instandh.projekte	(00.000,0)	(00.000,0)	(00.000,0)	(00.000,0)	(5)
27 Abschreib., Wertber.	00.000,0	00.000,0	00.000,0	00.000,0	(6)
28 Vorsteuer-Korrektur	00.000,0	–	–	–	
Summe KOSTEN	00.000,0	00.000,0	00.000,0	00.000,0	
E R G E B N I S +/–	0.000,0	0.000,0	0.000,0	0.000,0	(8)

Anmerkungen (Anmer):
(1) . . .
. . .

Abbildung13: Hochrechnung Gesamtunternehmung: Betriebliches Ergebnis

Wirtschaftsplan 1989: Stellenplan
Status zum 00.00.89
XYXYXY (0000)

Name	DA	Stelle 1989	Wochen-Stunden	Personalkosten Soll	Ist	Abweichung DM	%	Hochrechnung DM
A	07	0,00	00,0	00.000	00.000	00.000	0,0	00.000
B	11	0,00	00,0	00.000	00.000	00.000	0,0	00.000
C	05	0,00	00,0	00.000	00.000	00.000	0,0	00.000
D	07	0,00	00,0	00.000	00.000	00.000	0,0	00.000
E	20	0,00	00,0	00.000	00.000	00.000	0,0	00.000
F	11	0,00	00,0	00.000	00.000	00.000	0,0	00.000
G	11	0,00	00,0	00.000	00.000	00.000	0,0	00.000
H	11	0,00	00,0	00.000	00.000	00.000	0,0	00.000
I	11	0,00	00,0	00.000	00.000	00.000	0,0	00.000
Summe XYXYXY		00,00	000,0	0.000.000	0.000.000	0.000.000	0,0	0.000.000

Abbildung 14: Stellenplan-Status zum ...

Wirtschaftsplan 1989: Status zum <u>00.00.1989</u>

1. Nutzungsgrade (NGR)
2. Erlöse der Hilfs- und Nebenbetriebe
3. Instandhalten, Bauen, Beschaffen

1. Nutzungsgrade (NGR)

	NGR %	O-Plätze Abw. abs.	Erlösabweichung (1), TDM NGR Wiplan (2)	NGR 100 %
1.1. <u>Bereich A</u>	x 000,0	+/– 00,0	+/– 0.000,0	0.000,0
. . .				
1... <u>Normalpl., -tage (3)</u>	xx <u>000,0</u>	<u>+/– 00,0</u>	<u>+/– 0.000,0</u>	<u>0.000,0</u>
stationär	000,0	+/– 00,0	+/– 0.000,0	0.000,0
teilstationär	000,0	+/– 00,0	+/– 0.000,0	0.000,0

	Soll	Ist	Abweichung absolut	%
1... „Heim-Bereiche"				
– Gesamttage	000.000	000.000	+/– 00.000	000,0
– Vollverpflegungstage	000.000	000.000	+/– 00.000	000,0
– Bettengeldtage	000.000	000.000	+/– 00.000	000,0
– Anteil Bettengeldtage an Gesamttagen (4)	00,0 %	00,0 %	+/–	000,0
– Berechnungstage	000.000	000.000	+/– 00.000	000,0
– Durchschnittsplätze	0.000,0	0.000,0	+/– 000,0	000,0
1... <u>Ferienaufnahmen (Tage)</u>	00.000	00.000	+/– 00.000	000,0

2. Erlöse der Hilfs- und Nebenbetriebe

Werkstatt für Behinderte (WfB)

– Umsatz	00.000.000	00.000.000	+/– 0.000.000	000,0
– Roherlös	00.000.000	00.000.000	+/– 0.000.000	000,0
Übrige				
– Umsatz	00.000.000	00.000.000	+/– 0.000.000	000,0
– intern	00.000.000	00.000.000	+/– 0.000.000	000,0
– extern	00.000.000	00.000.000	+/– 0.000.000	000,0
– Roherlös	00.000.000	00.000.000	+/– 0.000.000	000,0
– intern	00.000.000	00.000.000	+/– 0.000.000	000,0
– extern	00.000.000	00.000.000	+/– 0.000.000	000,0
Instandhaltung Bekleidung	00.000.000	00.000.000	+/– 0.000.000	000,0
Summe Umsätze	00.000.000	00.000.000	+/– 0.000.000	000,0
Summe <u>Roherlöse</u>	<u>00.000.000</u>	<u>00.000.000</u>	<u>+/– 0.000.000</u>	<u>000,0</u>

3. Instandhalten, Beschaffen, Bauen

Instandhaltungen – intern	00.000.000	00.000.000	+/– 0.000.000	000,0
Instandhaltungen – extern	00.000.000	00.000.000	+/– 0.000.000	000,0
Instandhaltungsprojekte	(00.000.000)	00.000.000	+/– 0.000.000	<u>000,0</u>
	00.000.000	00.000.000	+/– 0.000.000	000,0

Beschaffungen (b. 100,00)

– intern	00.000.000	00.000.000	+/– 0.000.000	000,0
– extern	00.000.000	00.000.000	+/– 0.000.000	000,0
	00.000.000	00.000.000	+/– 0.000.000	000,0
Beschaffungen (GWG: bis 800,00)	00.000.000	00.000.000	+/– 0.000.000	000,0
Summe Kosten	00.000.000	00.000.000	+/– 0.000.000	000,0
Beschaffungen über 800,00	00.000.000	00.000.000	+/– 0.000.000	000,0
Im Bau befindliche Anlagen – Projekt A	00.000.000	00.000.000	+/– 0.000.000	000,0
…				
	00.000.000	00.000.000	+/– 0.000.000	000,0
Summe Ausgaben	00.000.000	00.000.000	+/– 0.000.000	000,0

x Gravierende Abweichung (= Defizit-Tendenz)!
(1) ...

Abbildung 15: Nutzungsgrade, Erlöse Hilfs- und Nebenbetriebe,
Instandhalten, Bauen, Beschaffen

182

2.7 Moderation

In Anlehnung an die Darstellung des organisatorischen Umfeldes (Abschnitt E. 2.2) enthält der Ring des Controlling auch die Aufgabe der Moderation des Planungsprozesses – in all seinen Schritten.

Der Vorgang der Moderation umfaßt zweierlei: Auf der einen Seite bedeutet die Erledigung einer Aufgabe die Wahrnehmung einer – organisatorisch festgelegten – Funktion, auf der anderen Seite ist die Moderation eine spezifische Vorgehensweise dafür, wie ein Prozeß, an dem verschiedene Personen beteiligt sind, unter Einsatz spezieller Techniken zu bestimmten Ergebnissen geführt werden kann. Diese Vorgänge bedürfen selbst der Planung; sie sind in allen Planungs-Phasen zu berücksichtigen.

Als *Funktion* bedeutet Moderation die zielgerichtete und ergebnisorientierte Begleitung und Beratung (Katalysator), das In-Gang-Halten des Planungsprozesses, die in die Zukunft gerichtete – und die Vergangenheit beachtende – Analyse von Abweichungen sowie das Aufzeigen und Initiieren notwendiger Veränderungen. Konkret geschieht dies, indem unter Einhaltung von Terminen eine teamorientierte Aufbereitung des Zahlenwerks im Finanz- und Rechnungswesen stattfindet und dieses entsprechend kommentiert an Einzelpersonen, Arbeitsgruppen oder Gremien herangetragen wird. Über das Weitergeben von Problemanzeigen wird versucht, Prozesse der Organisationsentwicklung anzuregen und zu unterstützen.

Das Ziel der *Vorgehensweise* sollte sein, daß sich die angesprochenen Personen und Gremien selbst Aufträge erteilen. Elemente der Methodik hierfür sind eine ungestörte Workshop-Atmosphäre, ein Themenspeicher, der die einfließenden Meinungen und Ideen aufnimmt, sowie Media-Werkzeuge wie das Meta-Plan-Verfahren („Brainwriting").

Das Ausschöpfen der sich aus der Moderation ergebenden Möglichkeiten im weitesten Sinne ist eine Frage der pädagogischen Kompetenz und des praktizierten Führungsstils.

2.8 Weiterentwicklung

Eine sehr allgemein gehaltene Bemerkung soll vorangestellt werden: Alles Bemühen muß darauf ausgerichtet sein, die *Möglichkeiten* im weitesten Sinne zur *Entfaltung* zu bringen und gleichzeitig die begrenzenden Faktoren weitestgehend abzubauen.

Auf der Grundlage des vorhandenen Systems ist es wichtig, an der Lösung folgender Aufgaben und Problemstellungen zu arbeiten – die Reihenfolge ist nicht gleichbedeutend mit der Priorität:

- aus dem Finanz- und Rechnungswesen heraus Verstärkung des Informationsmanagements
- Integration des EDV-Systems: Vor-Ort-Entwicklung in Richtung Daten-, Methoden- und Modellbank
- vermehrt Controlling-gerechtes Finanz- und Rechnungswesen
- Zentralisierung kaufmännischer Systeme (zum Beispiel Einkaufs- und Auftragsabwicklung) im Finanz - und Rechnungswesen
- Entwicklung reibungsarmer und damit wirkungsvoller „Zuarbeitungssysteme" im Umfeld der Planung

- Benutzerfreundlichkeit des Berichtssystems: EDV-unterstützte graphische Darstellungen, verständliches Kennzahlensystem, Controlling-Handbuch
- verfügbarmachen von planungsbezogenen Lernsystemen, einschließlich Simulationen
- Kosten- und Leistungsrechnung: weitere Öffnung der Planung für Teilkostenrechnungssysteme, Einbauen von Opportunitätskosten
- nachvollziehbare Bestimmung der Kapazitäten der Hilfs- und Nebenbetriebe
- Verbesserung der Grundlagen der Ursprungsrechnung („Von-Null-Her-Planen"): Erarbeitung von allseits akzeptierten Standards (zum Beispiel Normalkosten einer erbrachten oder der zu erbringenden Leistung)
- Ausbau der Fähigkeiten und des Instrumentariums für Reorganisationen und für die Organisationsentwicklung
- vermehrter (quantifizierender) Umgang mit den qualitativen Faktoren
- Hereinnahme pädagogischer Elemente zur Konstituierung eines Planungsdenkens, das es erlaubt, pro Verantwortungsbereich ein Investitionsbudget zur selbständigen Bewirtschaftung zu praktizieren oder das auf Kosten beschränkte Budget durch das Deckungsbeitrags- (= Ergebnis-) Budget zu ergänzen.
- Ausformung der Planung unter der Leitidee einer wissenschaftlichen Unternehmensführung
- Kein Haarschneideautomat, sondern ein differenzierter Leisten!

Möglichkeiten und Grenzen der Planung werden in Teil F behandelt.

F. Möglichkeiten und Grenzen der Planung

Siegfried Glowiak

In diesem Teil geht es um die Klärung und *Abwägung* der *Chancen* einerseits sowie der *Engpässe* und *Grenzen* einer Planung andererseits.

Ausgehend von der Notwendigkeit, die Planung in ein Führungskonzept einzufügen oder aus einem solchen hervorgehen zu lassen, wird dabei der Versuch unternommen, die mehr *kaufmännisch-betriebswirtschaftlichen* Faktoren mit den eher *verhaltenswissenschaftlich* orientierten und begründbaren Aspekten zu verbinden. Bei den letzteren geht es in erster Linie um Hinweise aus der Pädagogik, Psychologie und Sozialpsychologie.

Von den Möglichkeiten zu den Grenzen: In dieser Reihenfolge soll auch der anklingende *Optimismus* des Eingangszitates zum Ausdruck kommen. Der Verfasser ist sich darüber im klaren, daß einmal Möglichkeiten positiv formulierte Grenzen sein können und zum anderen die zu beschreibenden Vorgänge nicht isoliert voneinander betrachtet werden dürfen. Es handelt sich sicherlich des öfteren um parallel und integrativ verlaufende Prozesse, zwischen denen ständig Rückkopplungen und Entwicklungen stattfinden.

Zusammenhänge sollen hier nicht detailliert und wissenschaftlich belegt dargestellt werden. Die folgenden Ausführungen wollen vielmehr relativ feststehende Sachverhalte beschreiben und dazu anregen, über diese und ihre (Weiter-)Entwicklung nachzudenken. Des weiteren will der Verfasser dazu beitragen, daß nur Erahntes bewußt erkannt wird.

1. Sicherheit und Effektivität

Im Bundesland Baden-Württemberg gilt für die Abrechnung der Pflegekosten im Rahmen der Jugend-, Behinderten-, Alten- und Nichtseßhaftenhilfe eine Pflegesatzvereinbarung. In dieser wird u.a. festgelegt, daß nur diejenigen Kosten in einen Pflegesatz eingehen dürfen, die durch eine sachgerechte und sparsame Wirtschaftsführung verursacht werden – wobei diese Maßstäbe nicht näher definiert werden.

Den folgenden Ausführungen liegt die Annahme zugrunde, daß eine ordentliche Planung ein solides Wirtschaften positiv beeinflußt und dieses überhaupt erst ermöglicht.

1.1 Management-System und Effektivität

Vereinfacht dargestellt besteht ein Management-System aus den drei Komponenten: Führung (Bezug: Personen), Leitung (Bezug: Sachen) und Konzeption.

Die Realisierung eines solchen Systems bedeutet die Erarbeitung einer Vielzahl von Bausteinen und Werkzeugen, die insgesamt durch eine Konzeption miteinander verknüpft werden. Controlling kann diese Aufgabe erfüllen; es wird hier nicht nur als Instrument gesehen, sondern als eine umfassende Führungskonzeption.

Aus dieser Perspektive wird die operative wie strategische Planung als ein System betrachtet, das den elementaren Prozeß der Zielsetzung, Planung und Steuerung – von der Sache wie von den Personen her – sicherstellt. Der Plan als Ergebnis der Planung unterstützt die Navigation zu den Zielen und in die Zukunft des Unternehmens. Die Zielvorstellungen sollen auf diese Weise optimal verwirklicht werden.

Unter wirtschaftlichen Gesichtspunkten ist dabei zu beachten, daß die sich in vielfältiger Weise durchdringenden Aktivitäten der Planung, Information, Analyse, Kontrolle und Steuerung für sich genommen effektiv ablaufen und insgesamt ein größtmögliches „Dienstleistungs-Ergebnis" hervorbringen.

Nach dem traditionellen betriebswirtschaftlichen Verständnis wird die Wirtschaftlichkeit als Erfolgsrelation in dem Quotienten aus Output und Input dargestellt: Leistung zu Kosten. Als *ökonomisches Prinzip* oder Rationalprinzip gehört hierzu das Optimumprinzip (mit gegebenen Mitteln die größtmögliche Leistung erzielen) oder das Sparprinzip (eine angestrebte Leistung mit möglichst geringen Mitteln erreichen).

Ergänzend zu diesem Verständnis der Wirtschaftlichkeit soll hier ein Ansatz zur *organisationalen Effektivität* vertreten werden. Bei diesem kommt es darauf an, die Organisation als ganzheitliche Einheit, die Beziehungen zu ihrer Umwelt unterhält, zu betrachten.

Die Organisation befindet sich demnach in einer Verhandlungsposition, in der sie ihre Fähigkeit unter Beweis stellen muß, durch den Erwerb knapper und wertvoller *Ressourcen* ihre Umwelt zu nutzen. Neben dieser notwendigen Bedingung des Ressourcen-Erwerbs sind der Durchlauf, die Verarbeitung und Verteilung dieser Ressourcen sowie der Output von Bedeutung. Bei dem letzteren ist zu beachten, daß dieser in die Umwelt hineinwirkt und so in veränderter Form zu neuem Input (Ressourcen) für die Organisation werden kann.

Als Beispiele für Ressourcen seien genannt: Personal, Aktivität und Engagement des Personals, Fluktuation, politischer Einfluß, Organisationsklima, Technologie und sachliche Ausstattung oder Geld und Kredit.

Diese Ressourcen besitzen in der Regel verschiedene Eigenschaften. Sie können liquide, stabil, relevant (Eignung zur Transformation und zum Tausch, symbiotische Beziehungen), universal (unumgänglicher Erwerb) und substituierbar (Konkurrenz) sein.

Indem die Planung die beschriebenen Ressourcen mit den Zielen in Verbindung bringt sowie diese quantifiziert, trägt sie unmittelbar zur Wirtschaftlichkeit sowie Sicherheit des Unternehmens bei und ist damit ein mittelbarer Garant für die gegenwärtige und zukünftige Existenz desselben.

1.2 Transparenz der Prozesse

Die Planung trägt in ihrer konsequenten Realisierung letztlich zur *Führung durch in Zahlen übersetzte Ziele* bei. Wichtig ist, daß Einzelziele so festgelegt werden, daß sie die zu beeinflussenden Leistungen unmittelbar wiedergeben. Der Erfolg der Dekomposition des Unternehmensziels in Einzelziele hängt wesentlich von der Klarheit und Realisierbarkeit dieser Einzelziele ab. Dies gilt in gleicher Weise für die Erarbeitung des Unternehmensziels aus Teil- oder Einzelzielen.

Wählt man nun den Weg der partizipierenden Festlegung der Ziele, entsteht die Gestaltungsform der Führung durch *Zielvereinbarung (Management by Objectives)*. Betroffene Organisationseinheiten, Instanzen und deren Mitarbeiter(innen) werden in den Prozeß der Zielbildung, -vorgabe und -erreichung direkt einbezogen und nehmen an diesem teil.

Man kann gewiß davon ausgehen, daß bei einer solchermaßen offenen Handhabung des Planungs- und Realisiserungsprozesses für die Betroffenen die zur Durchführung anstehenden Maßnahmen sowie das Unternehmensgeschehen durchsichtig und nachvollziehbar sind.

Inkonsistenzen im Zielsystem, die durch den partizipativen Prozeß hervorgerufen werden können, sollte man jedoch vermeiden.

Zur Durchsichtigkeit des Geschehens trägt auch das Bestreben bei, das Zahlenwerk der Planung zu verbalisieren, es also zu beschreiben, zu kommentieren und verständlich zu machen. Dies umfaßt den zeitlichen Ablauf des Planungsprozesses, die Ziele sowie ihre Autorisierung, die gegenwärtigen und zukünftigen Maßnahmen und Problemanzeigen. Problemanzeigen können kritische Anmerkungen zu den Zielen und Prämissen, zu den positiven und negativen Entwicklungstendenzen oder zu Notwendigkeiten einer Reorganisation im allgemeinen oder im besonderen umfassen.

Es ist sicherlich nützlich, sowohl das Zahlenwerk als auch seine Verbalisierung in verständlicher und vor allem nachvollziehbarer Form zu dokumentieren.

1.3 Absorption von Ungewißheit

Im allgemeinen zeichnet sich die Situation eines Unternehmens durch viele voneinander abhängige Faktoren aus. Insgesamt erzeugt dies hohe Komplexität, die *Unsicherheit* hervorbringt. Entscheidungen müssen unter der Bedingung mehrdeutiger Erwartungen gefällt werden; es fehlen Wahrscheinlichkeitsvorstellungen über den Eintritt zukünftiger Situationen.

Sofern die Planung ein in sich stimmiges Modell der Unternehmung schafft, kann man erwarten, daß der Plan im vorgesehenen Planungshorizont wesentlich zur Reduzierung der Ungewißheit beiträgt.

Das Wissen um die Zukunft wird für alle erhöht, die gemeinsamen Anstrengungen aller werden auf eine bestimmte Zukunft hin ausgerichtet, die gleichsam „überschaubar" wird.

Man kann davon ausgehen, daß sich der Effekt der Reduzierung von Ungewißheit dann erhöht, wenn neben den Maßnahmen die entsprechenden Planprämissen ebenfalls veröffentlicht werden. Dies könnte in der Dokumentation von Prognosen über die zukünftige Situation oder die Erwartungen darüber geschehen.

Allerdings birgt das Streben nach Reduzierung von Ungewißheit die Gefahr, daß die Planung eine gewisse Starrheit annimmt oder zumindest die Flexibilität eingeschränkt wird. Dies wird dann besonders deutlich, wenn dem Plan der Charakter eines Vertrages gegeben wird.

Die Planung stellt eine Hilfe bei der Entscheidungsfindung dar. Durch die systematische Analyse von Erwartungen, durch Schätzungen und Rechnungen wird das *Risiko von Fehlentscheidungen* minimiert sowie die beiden notwendigen Voraussetzungen der Sicherung der Unternehmensexistenz kurz- und langfristig erreicht: die Erhaltung der Liquidität einerseits und die Deckung der Kosten durch die Erlöse (als Minimum) andererseits.

Die Auswahl von Alternativen führt zu deren Durchführung und diese wiederum zu Zuständen, die des *Vergleiches* bedürfen. In diesem Zusammenhang ist der Plan die Grundlage für die *Kontrolle*. Die Überprüfung der Zielerreichung kann dabei in zweierlei Hinsicht sichtbar werden: Einmal geht es um die Sicherstellung des „Commitment", somit um die Frage, inwieweit von den Organisationsmitgliedern der Plan zur Grundlage ihrer (nachgelagerten) Entscheidungen gemacht wird. Zum zweiten befaßt sich die Kontrolle mit der Überprüfung der Planprämissen. Im Vordergrund steht dabei die Frage, ob die Planungsentscheidungen der Entwicklung der Realität standhalten.

Ein negatives Kontrollergebnis zu den Planprämissen trägt dazu bei, daß ein schlechter Plan rechtzeitig aufgegeben wird. Man muß sich allerdings darüber im klaren sein, daß eine laufende Kritik der Planprämissen dazu führen kann, daß sich das Commitment verflüchtigt. Es ist deshalb nötig, daß der Plan – a priori – in gewissem Umfang der Kritik entzogen wird.

1.4 Koordination und Integration

Der Begriff „Koordination" wird hier auf die Abläufe bezogen, der Begriff „Integration" auf die Prozeß-Inhalte.

In der Regel läuft der Prozeß der Aufgabenerledigung arbeitsteilig ab; die einzelnen Organisationseinheiten können dabei in einem mehr oder weniger dezentralen Verhältnis zueinander stehen. Die *Abstimmung* dieser Erledigungen und interdependenten Entscheidungen kann durch eine entsprechende Planung wesentlich unterstützt werden. Indem durch den

Plan eine Ausrichtung an Teil-Zielen erfolgt, wird durch den Austausch von Feedback-Informationen die erforderliche Abstimmung bewirkt. In der Regel versuchen die Beteiligten, im Rahmen von Verhandlungen gegenseitig die *Entscheidungsprämissen* zu beeinflussen; die anderen sollen ihren Entscheidungen Beschränkungen auferlegen – so etwa bei der Festlegung von Terminen oder bei Maßnahmen, die im Rahmen des Kontrollprozesses (Soll-Ist-Vergleich) zu ergreifen sind. Der Erfolg der Koordinierung dürfte dabei wesentlich von der Fähigkeit der Organisation und der Organisationsteilnehmer(innen) zur offenen Kommunikation abhängen.

Eine funktionsfähige Planung muß die Integration sicherstellen. Durch die *Vernetzung* der Teilpläne wird die Übereinstimmung der Inhalte und Programme mit dem Zielsystem des Unternehmens herbeigeführt. Durch die umfassende und integrative Planung werden Zusammenhänge in den Teilbereichen berücksichtigt und die ganzheitliche Unternehmensführung unterstützt.

An diesem Punkt kommt es letztlich darauf an, daß die *Synergie,* die in den einzelnen Teilbereichen „schlummert", voll zur Entfaltung gebracht wird. Das Zusammenwirken der Teilbereiche sollte das Gesamtsystem im Gleichgewicht halten oder dieses auf ein höheres Niveau bringen. Die durch die Planung bewirkte Koordination und Integration stellt nicht nur eine hinreichende, sondern eine notwendige Bedingung für die Sicherheit und Effizienz der in dem Unternehmen stattfindenden Prozesse dar.

2. Erschließung und Mobilisierung von Potentialen

Unter Potentialen sollen die Möglichkeiten von Aktionen verstanden werden. Es wird davon ausgegangen, daß durch die Planung diese Möglichkeiten zielgerichtet geweckt, erschlossen und gepflegt werden. Voraussetzung dürfte sein, daß ein Minimum an individueller und organisationaler Leistungsfähigkeit vorhanden ist.

Die Handhabung von Potentialen kann nicht losgelöst von dem jeweils praktizierten Führungsstil und -konzept betrachtet werden. Des weiteren müssen Aspekte mit in die Betrachtung einbezogen werden, die sich einerseits an der Ebene der Person orientieren und andererseits an der der Organisation oder Institution.

2.1 Lernprozesse

Das Erkennen, Auslösen, Durchführen, Durchsetzen oder Anmahnen von Lernprozessen ist – für den Einzelnen wie für die Institution – eine wesentliche Funktion und damit eine angestrebte Folge der Planung.

Eine chinesische Weisheit sagt:

„Wer exakt plant, irrt genauer."

Einen ähnlichen Spruch hört oder sieht man in der Praxis des öfteren:

„Planung ersetzt den Zufall durch den Irrtum."

Die Skepsis, die in diesen Aussagen gegenüber der Planung mitschwingt, ist verständlich. Planung ist aber der Ausgangspunkt dafür, durch Lernen (etwa durch Versuch und Irrtum) *Veränderungen* herbeizuführen.

Letztlich dürfte es im Sinne einer ökonomischen Verhaltensweise wirkungsvoller sein, kalkulierbare Irrtümer zu begehen und aus diesen zu lernen. Man sollte nicht alles dem Zufall überlassen, sondern vielmehr den Prozeß des individuellen und organisationalen Lernens beginnen und durchstehen.

Ein unmittelbar einsichtiger Auslöser von Lernprozessen ist die Tatsache, daß der Plan Grundlagen für eine Kontrolle sein kann. Anhand von festgestellten und analysierten *Abweichungen* setzen systematische Prozesse ein, deren Ziel es ist, Veränderungen zu initiieren – entweder bei den Planprämissen oder bei den „Commitments". Von Abweichungen ausgehend, entsteht so die zielgerichtete Steuerung des Gesamtsystems Unternehmen. Werden Abweichungen aber als Schuldbeweise gehandhabt, so besteht die Gefahr, daß die notwendigen Lernprozesse verhindert werden. Es geht unter anderem auch darum, die Fähigkeit zu erwerben, entlang den Abweichungen zu steuern.

Die Analyse von Abweichungen bringt möglicherweise Lernanlässe hervor, die eine umfassende Orientierung erfordern. Es werden Lösungen und *Ideen* verlangt, die nur aus innovativen und kreativen Prozessen hervorgehen können.

Zur Bewältigung solcher Problemlösungsprozesse ist es hilfreich, *heuristisch* vorzugehen. Als heuristisch wird ein Suchverfahren bezeichnet, das – im Gegensatz zum Algorithmus – keine direkte Problemlösung garantiert. Ziel heuristischer Verfahren ist es, Informationen zu produzieren, zu systematisieren und zu kombinieren. Beispiele sind: das Brainstorming, die Synektik, die Morphologie, die Funktionsanalyse, die Delphi-Methode oder die Methode SEER (System for Event Evaluation and Review).

Eine weitere Wirkung der Planung im Sinne des Lernens wird dadurch erreicht, daß eine *intensive Auseinandersetzung mit der Zukunft* des Unternehmens stattfinden muß. Dies kann nur dann erfolgreich geschehen, wenn Wert auf das Denken in Zusammenhängen gelegt und dieses auch geübt wird. Der Umgang mit der Zukunft setzt die hinreichend genaue Kenntnis des Ist-Zustandes voraus. Die intensive Beschäftigung damit dürfte auch zu tragfähigen Planungsergebnissen führen. Lernpsychologisch betrachtet können die unterstützenden Auswirkungen auf die neuen Ist-Zustände durchaus die Funktion der Verstärkung (Reinforcement) wahrnehmen.

Von einer im Ergebnis positiven und produktiven Auseinandersetzung kann weiterhin ein nicht unerhebliches Maß an *Sozialisation* erwartet werden. Der Einzelne hat – zumal bei offenen Strukturen – die Möglichkeit, durch eigenständiges Überlegen und Tun den Prozeß seiner Anpassung an das Wertsystem, die Normen und die geforderten Verhaltensmuster des Unternehmens zu steuern. Dadurch kann er die Chance erhalten, auf solche Kriterien verändernd einzuwirken.

2.2 Motivation

Planung soll zeigen, was man sich vorstellen kann. In der Metaphysik gibt es hierzu ein uraltes Gesetz, das aussagt:

"Was Du dir vorstellen kannst, kannst Du auch erreichen."

Es handelt sich um das Phänomen der *inneren Vorstellungskraft*. Sie führt mitten in den Mechanismus hinein, der in der Psychologie als Motivation bezeichnet wird. Es geht um die inneren Dinge, die als Verlangen, Bedürfnisse, Triebe oder Wünsche beschrieben werden. Von einem Endverhalten ausgehend, werden hierfür innere Quellen oder Zustände (Motive) angenommen, die aktivieren, antreiben oder bewegen und damit das Verhalten kanalisieren und auf Ziele ausrichten. Zur Veranschaulichung seien beispielhaft die Motive des Durstes, des Hungers, der Schmerzvermeidung, der Paarung, des sozialen Ansehens, der Macht, der Zuneigung oder der Selbstverwirklichung erwähnt.

Im unmittelbaren Zusammenhang zur Planung ist die Frage ausschlaggebend, ob und wieviel Kreativität und Energie die Betroffenen in ihre Entscheidungen und ihre tägliche Arbeit investieren. Im Idealfall erfolgt diese Investition aus eigenem Antrieb.

Unter dem Aspekt der *Leistungsmotivation* kann man festhalten, daß das durch die Planung entstehende Zukunfts-Modell den Einsatz an Kreativität und Energie positiv beeinflußt. Ein entsprechender Ansporn wird dann mobilisiert, wenn ein relativ schwierig zu realisierendes Modell partizipativ entwickelt wurde. Ein solches Modell unterstützt die laufende Überprüfung des Anspruchsniveaus; von der Tendenz her verhindert es eine Anpassung des Anspruchs nach unten.

Trotz dieser positiven Wirkung eines schwierigen Modells darf man nicht übersehen, daß die ausführenden Mitarbeiter(innen) zunächst an realistischen Modellen interessiert sind. Werden diese – aus irgendwelchen Gründen – als unrealistisch eingeschätzt, besteht die Gefahr, daß die Realisierung nicht ernst genommen wird. Die vorhandene Energie wird weniger für die Verwirklichung eingesetzt als vielmehr für die Frage, wie der Plan und die entsprechende Kontrolle unterlaufen werden könnten.

Als weitere positiv wirkende Faktoren seien folgende genannt: Der Führungsstil und das Führungskonzept ist auf Partizipation sowie Selbstverantwortung vor Ort (Dezentralisation) angelegt und unterstützt damit die Arbeitszufriedenheit des Einzelnen sowie seine *Identifikation* mit dem Unternehmen. Aus der deutlichen Herausarbeitung und Proklamation der Möglichkeit, daß durch die Planung die Sicherheit und Effektivität des Unternehmens erhöht wird, wird dem Einzelnen unmittelbar deutlich, daß er sein Bedürfnis nach Sicherheit befriedigen kann.

Ein Management, das den Fragen des Warum und Wozu nicht aus dem Wege geht, befriedigt weitere Grundlagen der Motivation. Durch eine solche Klärung wird den Zielen und Maßnahmen der Unternehmensführung, dem Unternehmen selbst sowie seinem zukünftigen Tun ein *Sinn* gegeben. Über die zugrunde gelegten Werthaltungen und Einstellungen kann genauso nachgedacht werden wie über das eigene Interesse und Tun im Dienste des Unternehmens. Die Bewertung solcher Fragen durch den Einzelnen dürfte nicht ohne Auswirkungen auf seinen Energieeinsatz bleiben.

2.3 Mentalität der Ergebnissteuerung

Der am Ende des Prozesses der Planung autorisierte Plan faßt das zukünftige Verhalten in Zahlen zusammen und ist die Grundlage der entsprechenden Steuerung. Für den Prozeß der Steuerung ist es sehr hilfreich, wenn alle Beteiligten von der gleichen Mentalität geprägt werden. Durch einen Konsens im Denken wird die Zielerreichung mit Sicherheit beeinflußt.

Die favorisierte Denkweise ist die, daß *Ergebnisgrößen zur gemeinsamen Basis* aller Handlungen und Bestrebungen gemacht werden. Durch sie dürfte im Prozeß der Steuerung nahezu ausgeschlossen sein, daß zwischen den Beteiligten Sprach- und Verständnisschwierigkeiten auftreten.

In der Mentalität der Ergebnissteuerung dürfte ein Motor für rasche, problemadäquate und effektive Einigungsprozesse zur Verfügung stehen; die Arbeit an der Sache steht im Vordergrund. Das ganzheitliche Denken wird gefördert. Hieraus resultiert bei der Planung von Maßnahmen und deren Durchführung ein Spielraum, der als Flexibilität im Detail beschrieben werden kann. Er beinhaltet eine gewisse Großzügigkeit, erfordert allerdings auch ein nicht unbeträchtliches Maß an Eigenverantwortung – und die Fähigkeit dazu.

Um die skizzierte Denkweise im Sinne einer „feed-forward"-orientierten Ergebnissteuerung nutzbar machen zu können, ist es unabdingbar, daß die Beteiligten ein *Bewußtsein für Erlöse und Kosten* haben oder sich ein solches aneignen. Dieses darf allerdings nicht bei den Details und deren Beeinflussung stehen bleiben: Es kommt auf das Ergebnis und damit auf die Vernetzung der Einzelfaktoren an. Ein lohnendes Ziel ist die Überführung dieses Bewußtseins in unternehmerisches Handeln. In solchen Situationen sind die Beteiligten wach und aufmerksam, um Gelegenheiten und Möglichkeiten wahrzunehmen sowie aktiv zu ergreifen.

2.4 Bedarf und Allokation

Das Geschehen in einem (sozialwirtschaftlichen) Unternehmen ist im allgemeinen durch eine Vielzahl von Arbeitsfeldern und Handlungen geprägt, die wirtschaftlichen, personalen und ethischen Gesichtspunkten folgen. In der Regel sind diese Arbeitsfelder mit bestimmten Kompetenzen ausgestattet; in einem vorgegebenen Rahmen werden in diesen Feldern eigenverantwortlich und selbständig Entscheidungen getroffen.

Die Anforderungen, Absichten und Maßnahmen der verschiedenen Arbeitsfelder treffen sich auf dem unternehmensinternen Markt. Sie stehen dort um die knappen *Ressourcen* des Gesamtunternehmens im *Wettbewerb*.

Die Aufgabe und zugleich Chance der Planung besteht nun darin, die Faktoren dieses Wettbewerbs objektiv zu bewerten und sie möglichst ohne Verzerrungen zum Ausgleich zu bringen. Dieser *Ausgleich* findet unter den Randbedingungen der sozial-, gesamt- und weltwirtschaftlichen Märkte statt. Sowohl nach außen wie nach innen kann eine gewisse Stabilität nur dann erreicht werden, wenn die Interessen und deren konkrete Ausprägungen in ein allseits akzeptiertes *Gleichgewicht* gebracht werden können.

Damit dieser durch die Planung sichtbar gemachte Ausgleichsprozeß zum Wohle der Teileinheiten wie auch der Gesamtheit stattfinden kann, müssen alle Beteiligten für *zukünftige Entwicklungen* sensibel und zu *strategischem Handeln* bereit sein. Es ist unumgänglich, in gegenseitiger Offenheit die Leistungs- und Erfolgspotentiale (Stärken, Schwächen, Schlüsselfaktoren) miteinander zu analysieren und festzulegen. Die hierfür notwendige Wissensbasis muß bewußt geschaffen und gepflegt werden.

Von einem für alle gleichberechtigten Allokationsprozeß kann man erwarten, daß der mit der Planung verbundene integrativ wirkende Prozeß das Ressortdenken auflockert oder gar überwindet. Ein wichtiger Beitrag in dieser Richtung ist die Mobilisierung der offenen und gegenseitigen Unterstützung.

3. Bildung von Vertrauen

Im Verständnis des täglichen Sprachgebrauchs hat das Wort *Vertrauen* eine moralische Bedeutung. Diese wird von der Welt der Gefühle oder der gefühlsmäßigen Erwartungen beeinflußt und drückt sich in Begriffen und Phänomenen wie Verläßlichkeit, Ehrlichkeit, Gerechtigkeit, Verantwortung oder Verschwiegenheit aus. Vertrauen schenkt oder erweist man in der Regel Personen – aber auch indirekt sozialen Systemen und/oder technischen Systemen.

Ein erster Berührungspunkt im Hinblick auf die Planung ergibt sich aus der Tatsache, daß Vertrauen immer etwas mit dem Sachverhalt Zeit zu tun hat. Wer Vertrauen schenkt, *nimmt Zukunft vorweg;* er überwindet die Zeit und handelt so, als ob er der Zukunft sicher wäre.

Wendet man sich der sozialwissenschaftlichen Analyse des Phänomens Vertrauen zu, ergibt sich ein weiterer Berührungspunkt zur Planung: Durch das Herausarbeiten der Funktion tritt zum einen die moralische Bedeutung etwas zurück und zum anderen der Bereich der rationalen Handlungen und Risikobewältigung hervor.

In diesem Sinne ist das Ergebnis des Vertrauens eine *Reduktion von Komplexität.* Individuen und Unternehmen sowie deren beider engere und weitere Umgebung befinden sich in

Systemen, in denen äußerst vielfältige und voneinander abhängige Beziehungen bestehen. Zu jedem denkbaren Zeitpunkt werden irgendwo Handlungen vorgenommen, die sich auf andere auswirken. Die (relative) Freiheit aller führt dazu, daß man sich einer nahezu unkontrollierbaren Komplexität gegenüber sieht. Um aber zu einem bestimmten Zeitpunkt zu Entscheidungen und Handlungen kommen zu können, ist es hilfreich und vielleicht notwendig, durch den Einsatz von Vertrauen eine Vorleistung zu erbringen. Diese wiederum ist mit Risiko behaftet, da sie immer die Möglichkeit einschließt, daß bei einem Vertrauensbruch der Schaden groß sein kann sowie der Vorteil sich nicht sofort einstellt und auch dem unmittelbaren Zugriffsbereich entzogen ist. Die *Rationalität* der Handlungsweise wird herbeigeführt oder erhöht, indem Entwicklungsmöglichkeiten aus der Betrachtung ausgeschlossen sowie Gefahren neutralisiert und irritationale Handlungsmöglichkeiten vermieden werden – bezogen auf den bestimmten Zeitpunkt.

Da Vertrauen letztlich schwer begründbar ist, wird es immer eine Mischung aus Wissen und Nichtwissen sein.

Ausgehend von der positiven Annahme, daß die Planung und deren Ergebnis auch ein Instrument der Vertrauensbildung ist, soll an dieser Stelle nicht verkannt werden, daß eine wesentliche Abhängigkeit zu den dahinterstehenden Vertrauensgrundlagen besteht. Mit Sicherheit sind das Führungskonzept, die Offenheit des Führungsstils sowie die Fähigkeiten von (vorgesetzten) Personen als solche Grundlagen anzusehen.

3.1 Vertrauen nach innen

Auch die Situation des sozialwirtschaftlichen Unternehmens zeichnet sich durch einen hohen Grad an Komplexität aus. Zu beliebigen Zeitpunkten werden Handlungen an verschiedenen Stellen frei gewählt. Die Auswirkungen dieser Handlungen auf das Gesamtergebnis befinden sich nicht – zumindest nicht alle – im unmittelbaren Zugriffsbereich der einzelnen Mitglieder. Sie müssen sich darauf verlassen, daß andere mit ihnen abgestimmt handeln oder etwas unterlassen. Auf diese Weise können sie ihre eigenen Interessen selbst rationaler verfolgen.

Durch Vertrauen im Sinne von riskanten *Vorleistungen* wird die Komplexität reduziert. Es liegt nahe, daß die Planung neben der generellen Ausrichtung auf Ziele, diesen Mechanismus initiiert und unterstützt. Als Voraussetzungen, die diesen Prozeß unterstützen, sollen einige Grundlagen kurz erörtert werden.

Die Formulierung und Bekanntmachung von *Spielregeln,* auf deren Einhaltung sich jedermann verlassen kann, dürften vertrauensbildend wirken. Im Detail können folgende Beispiele angeführt werden:

– Bei der Budgetplanung soll sich niemand „warm anziehen". In diesem Sinn sind nicht positive Abweichungen das Ziel, sondern die Einhaltung des Budgets. Kann es jedoch gelingen, das Budget im günstigen Sinn zu übertreffen, so sollte es realisiert werden.

196

- Abweichungen sind keine Schuldbeweise. Sie sind vielmehr die Ausgangspunkte für Überlegungen, wie es weitergeht. Über die vereinbarten Konsequenzen/Maßnahmen soll ein Protokoll angefertigt werden.
- Die Vorschau ist dem „Rückspiegelfragen" vorgeschaltet und absolut übergeordnet.
- Ziele und Budgets sollen vereinbart werden.
- Die im Budget definierten Ziele sollen herausfordernd und erreichbar sein. Die Budgetzahlen dürfen die persönliche Aussprache nicht ersetzen.
- Niemand soll befürchten müssen, daß er sein Gesicht verliert.
- Die Istzahlen sind so zu gliedern wie die Planzahlen. Das Budget ist damit eine Kontierungsanleitung.
- Den Soll-Ist-Vergleich erhält in erster Linie der Budget-Verantwortliche. Er sorgt im Rahmen seiner Kompetenzen für Gegensteuerungsmaßnahmen und teilt anderen Verantwortungsbereichen seine Schlußfolgerungen mit. Überschreiten Abweichungen bestimmte, bei der Erarbeitung des Budgets festgelegte Toleranzen, teilt er diese seinem Vorgesetzten mit.
- Das Budget der operativen Planung wird während der Planperiode nicht verändert. Unvorhergesehene Situationen werden mit der Verbindlichkeit des Planes über Erwartungsrechnungen verbunden und kombiniert.
- Die Fähigkeiten, die sich jemand – angesichts der Fülle der Tagesprobleme – im „Durchwursteln" im Laufe der Zeit erworben hat, sollen nicht verachtet werden.
- Das Fingerspitzengefühl „gestandener Leute" soll für die Planung nutzbar gemacht werden.
- Widerstand und Skepsis sollen nicht ausschließlich als Zeichen bösen Willens oder mangelnden Anpassungsvermögens interpretiert werden.

Idealerweise sind die vorgenannten Spielregeln aus einer Art Funktionsbeschreibung der Unternehmung, dem *Leitbild,* abgeleitet: Was ist der besondere Auftrag, welche Zwecke werden verfolgt, welche Philosophie oder Mission wird zugrunde gelegt? Die in dem Leitbild formulierten ökonomischen und ethischen Normen gehen ihrerseits aus der *Unternehmenskultur* hervor, einem Phänomen, das gemeinsame Verhaltens- und Denkmuster sowie die dahinterstehenden Vorstellungen über Werte und Normen beschreibt. Die Entscheidungen und Handlungen der Mitglieder des Unternehmens werden durch diese geprägt. Das Unternehmen selbst erscheint als eine Art Gesellschaft im kleinen, die ihre eigene, unverwechselbare Kultur entwickelt.

Unter der Voraussetzung, daß genügend Kapazität der Informationsverarbeitung vorhanden ist, hat ein offenes *Informationsmanagement* vertrauensbildende Wirkung. Die Organisationsstrukturen werden flacher, die Entscheidungen und Handlungen dezentraler Einheiten verläßlicher. Die Möglichkeiten für den Einzelnen bei der aktiven Mitgestaltung werden sichtbar.

Es soll noch einmal darauf hingewiesen werden, daß das Geschehen nicht unerheblich von den durch das Führungskonzept und den Führungsstil vorgegebenen Rahmenbedingungen abhängt. Es geht letztlich nicht nur um die Frage der Vertrauensbildung durch Planung, sondern auch um die des Vertrauens *in* die Planung.

3.2 Vertrauen nach außen

Das Grundgesetz der Bundesrepublik Deutschland ist eine freiheitlich-demokratische Ordnung, die auch auf dem Feld der Wohlfahrtsarbeit kein staatliches Monopol will.

Ein sozialwirtschaftliches Unternehmen nimmt einerseits diesen Freiraum in Anspruch. Andererseits ist es jedoch von Gesetzen und Verordnungen des Staates nicht unabhängig. Im Alltag wird diese Tatsache besonders bei der Finanzierung der angebotenen Dienstleistungen deutlich.

Besonders ein sich in *freier Trägerschaft* befindliches sozialwirtschaftliches Unternehmen sieht sich zunehmend mit einem Problembereich konfrontiert, der seine freiheitliche Struktur gefährdet: Der Staat versucht, indirekt über die Kosten- und Sozialleistungsträger die Kostendämpfung durchzusetzen.

Als Mittel dienen in erster Linie *bürokratische Kontrollmechanismen*. Beispiele sind die Vielzahl der geforderten Unterlagen zur Genehmigung von Investitionsvorhaben (einschließlich der Begutachtung und Genehmigung durch Gremien), das Krankenhausfinanzierungsgesetz sowie die Bundespflegesatzverordnung nach neuem Recht oder die Kostengrundsätze der Bundesanstalt für Arbeit.

An dieser Stelle wird nun davon ausgegangen, daß die Planung einen wesentlichen Beitrag dazu leistet, die Vertrauensgrundlagen an die entsprechenden Stellen gleichsam nach außen zu transportieren.

Durch Maßnahmen der Öffentlichkeitsarbeit muß dafür Sorge getragen werden, daß eine *allgemeine Unterstützung* geleistet und der Vertrauenserweis erbracht wird - ohne das Bedürfnis nach bürokratischer Kontrolle. Die unterschiedlichen Interessen und Denkweisen miteinander in Einklang zu bringen, sollte durch gegenseitiges Vertrauen versucht werden. Die durch die Reduktion der Komplexität freiwerdende Kapazität könnten alle Beteiligten anderweitig nutzen.

Vertrauensgrundlagen, die aus der Planung resultieren, dürften noch für andere externe *Zielgruppen* von Bedeutung sein: Personen und Institutionen, die als sogenannte Freunde und Spender auftreten, Banken, öffentliche und private Finanzierungsstellen, staatliche Stellen und Behörden, Politiker. Ein sozialwirtschaftliches Unternehmen ist auf die allgemeine Unterstützung der Öffentlichkeit angewiesen.

4. Bewältigung von Krisen

Das Ziel jeder Planung ist es, *Krisen* zu *vermeiden*. Dieses vorbeugende Krisenmanagement wird auch aus der Tatsache einsichtig, daß sich die Planung an Engpässen und deren Bewältigung orientiert.

Als Krisen werden Situationen bezeichnet, in denen sich im Umfeld des Unternehmens Veränderungen ergeben, die sich zu *dramatischen Störungen* zuspitzen können. Die Existenz oder zentrale Grundsätze und Werte werden in Frage gestellt. Die dramatischen Zuspitzungen schlagen sich in einem tiefgreifenden Wandel der Gesamtkonzeption nieder, oder sie treten völlig überraschend auf und erfordern dann Reaktionen unter einem extremen Zeitdruck.

4.1 Beispiele für Diskontinuitäten

Auch im sozialwirtschaftlichen Sektor, der in der Hauptsache Dienstleistungen produziert, gibt es Vorgänge von Veränderungen, die *existenzielle* und *tiefgreifende Eingriffe* darstellen: zum Beispiel Wachstum, Stagnation, Schrumpfung oder gar Wegfall.

Interne Krisen, durch Wachstum und dessen unzureichende Finanzierung verursacht, sollen im weiteren nicht behandelt werden.

Als allgemeingültige Beispiele seien solche Diskontinuitäten erwähnt, die ein sozialwirtschaftliches Unternehmen als Teil einer Volkswirtschaft betreffen können:
- Öl- und Energiekrisen
- plötzlich auftretende oder langsam fortschreitende Umweltbelastungen (zum Beispiel Reaktorunfall von Tschernobyl oder Waldsterben)
- gesamtwirtschaftliche Konjunkturschwankungen
- Risiken aus der Technologieentwicklung
- Vergleich oder Konkurs von Kunden und Lieferanten
- Vergleich oder Konkurs von verbundenen Unternehmen (Teileinheiten)
- fremdbestimmte Standortverlagerungen durch Stadtentwicklung und Raumordnungsverfahren

Speziell im sozialwirtschaftlichen Sektor können folgende Diskontinuitäten auftreten:
- Änderungen in der Einstellung der Gesellschaft insgesamt oder der näheren und weiteren Öffentlichkeit zur Sozialarbeit, politische Umwälzungen
- Veränderungen durch den Fortschritt medizinischer Methoden
- Veränderungen des Verhaltens von Eltern, Ärzten, Kostenträgern und sonstigen Klienten
- demographische Entwicklung: Umschichtung oder Wegfall des Bedarfs
- Steuerung durch staatliche Stellen und Kostenträger in Form einer Nichtbelegung (aus welchen Gründen auch immer)

- Kündigung von Verträgen (zum Beispiel Zulassungsvertrag zur Erbringung von Krankenhausleistungen, Krankenhausbedarfsplan, Kredite)
- Zahlungsunfähigkeit von Teilen des Sozialsystems
- Wegfall öffentlicher Reinvestitionsmittel
- staatlich verordnete Sparaktionen
- staatliche Unterdrückung oder Verschiebung des Bedarfs durch neue Gesetze, Verordnungen und ähnliches
- Einschränkung der Gemeinnützigkeit (zum Beispiel neue Gesetze aufgrund der Erfahrungen mit der „Neuen Heimat")
- Pflegesatzkürzungen (allgemein und speziell)
- plötzlicher und ungewohnter Wettbewerb zwischen sozialwirtschaftlichen Unternehmen
- Unverkäuflichkeit von Leistungen (zum Beispiel Produkte und Dienstleistungen der Werkstatt für Behinderte – WfB)
- neue pädagogisch-therapeutische Konzeptionen
- unerwartet auftretende Krankheiten oder Epidemien

Diese Listen von Krisen-Anlässen können mühelos fortgeführt werden. Im folgenden soll untersucht werden, welche Rolle die Planung in solchen Situationen spielen kann.

4.2 Frühaufklärung und Planung

Die Logik der Frühaufklärung führt mitten hinein in das strategische Management, einer Teil-Philosophie, die der Führungskonzeption des Controlling entspricht. Sie ist für das dort geforderte Denken und Handeln unabdingbar. Der Zusammenhang mit der bisher besprochenen Planung wird durch den Planungshorizont hergestellt. Maßgebliche Kriterien sind dabei die Fristigkeit (kurz-, mittel-, langfristig) sowie die Einteilung nach operativen und strategischen Charakterisierungen.

Je größer der Planungshorizont, um so schwieriger wird die Vermeidung von Krisen oder die Bewältigung von krisenhaften Entwicklungen. Der Bedarf nach einem „Radar" für intern und extern aufkommende Probleme wird zunehmend größer.

In diesem Sinne ist die Frühaufklärung die Hauptaufgabe des *strategischen Managements*. Sie soll im Ergebnis für die Antizipation von Überraschungen sowie für das frühzeitige Erkennen von Gefahren und Gelegenheiten sorgen. Es geht letztlich um das Auffinden „möglicher zukünftiger Welten". Entscheidend dabei ist, daß hierfür nicht ein spezialisiertes Teilsystem entwickelt wird, sondern daß sich das frühaufklärende Denken und Handeln wie ein roter Faden als generelle und ganzheitliche Anforderung durch sämtliche Teilsysteme hindurchzieht.

In diesem Zusammenhang hat die Planung die wichtige Aufgabe, Impulse zu geben und es nicht zuzulassen, daß die Alternative des Unterlassens gewählt wird. Sie muß verhindern, daß solange abgewartet wird, bis die empfangenen Nachrichten eine eindeutige Interpretation der Situation zulassen.

In Unternehmenssituationen, in denen es auf strategische Entscheidungen ankommt, sind die Probleme in der Regel schlecht strukturiert: die zur Lösung notwendigen Informationen sind schlecht definiert; die Informationen sind nicht eindeutig und lassen *mehrere Interpretationen* zu. Solche Konstellationen erfordern das Nachdenken in verschiedenen Dimensionen.

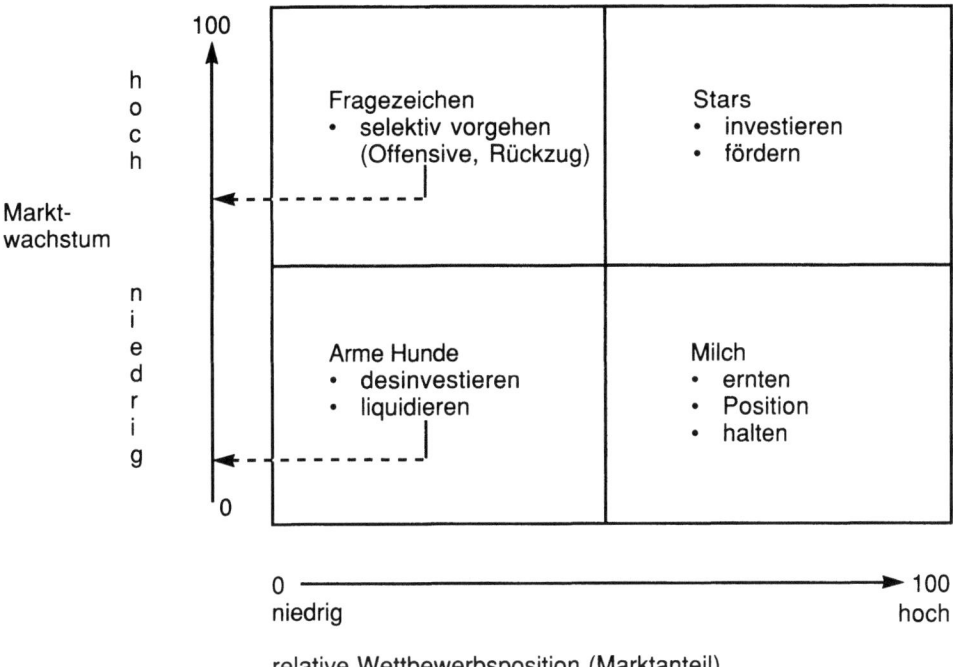

Abbildung 1: Einfache Portfolio-Matrix

Eine Dimension ist die Frage, wie *schwache Signale* empfangen und genutzt werden können: Wo gibt es welche Anhaltspunkte für zukünftige Entwicklungen oder deren Gefahren und Chancen? Können Frühindikatoren benutzt oder gefunden werden - wenn ja, welche? Gibt es irgendwelche neuartigen Daten, Methoden oder Theorien, die derzeit nicht genutzt werden oder genutzt werden können? Wo zeichnen sich sprunghafte Veränderungen der bisher sich kontinuierlich verändernden Variablen ab?

Ein aus dem Bereich der Buchhaltung stammender klassischer *Frühindikator* ist die goldene Bilanzregel, die als Kennzahl für die Bilanzstruktur frühzeitig Liquiditätsschwierigkeiten anzeigen kann. Als ein weiteres Beispiel sei das statistische Instrument der Trendextrapolation und eine dabei feststellbare „Verschmutzung" der Zeitreihen genannt. Als rein betriebswirtschaftlich ausgerichtete Indikatoren gelten Auftragseingänge, Beschaffungspreise,

Investitionen, Kapazitätsausnutzung, Nutzungsgrade, Gewerkschaftsforderungen oder Gesetzesvorbereitungen.

Die Entwicklung von Frühindikatoren geht weit über die genannten Beispiele hinaus. Sie ist ein Multi-Paradigma-Problem, bei dessen Lösung eine interdisziplinäre Zusammenarbeit erfolgen muß (Informatik, Systemforschung, Statistik, Organisationsforschung, Erziehungswissenschaft, Wissenschaftstheorie, praktische Erfahrungen ...); dies gilt sowohl intern wie extern.

Eine weitere Dimension liegt in der Vermeidung von *Informationspathologien.* Soweit solche vorhanden sind, wird das rechtzeitige Wahrnehmen von schwachen Signalen verhindert. Beispiele hierfür sind eine eventuell vorhandene Doktrin („Nur Tatsachen, keine Vermutungen!") oder eine den Informationsfluß be- und verhindernde Organisationsstruktur (Stab-Linien-Prinzip, ausgeprägte Hierarchie).

Einen wesentlichen Einfluß übt die *Kultur* des Unternehmens und damit die Weltanschauung der handelnden Personen aus. Besteht über die darin enthaltenen Grundannahmen eine sehr hohe Homogenität und ein allzu umfassender Konsens, kann es zu einer Gefährdung der Frühaufklärung kommen. Offen bleibt natürlich die Frage, welcher Grad an Dissens und Heterogenität eine optimale Wirkung hervorbringt. Man kann jedoch festhalten, daß die Planung dazu geeignet ist, das notwendige Defizit-Bewußtsein anzuregen und zu entwickeln. Die Wahrnehmung der schwachen Signale erfordert das Aufnehmen ihres Kontextes.

Auf dem Wege einer *Fundamentalkritik* kann eine kritische Relativierung bisheriger Werthaltungen, Prinzipien und Verhaltensweisen vorgenommen werden. Dieser Prozeß läuft in einem System ab, dessen Komponenten das „Aufwirbeln", „Ansaugen", „Filtern" und systematisches „Recycling" sind. Durch die automatische Überprüfung der Filter bleiben die Kriterien der Bewertung und der Relevanz kritisier- und veränderbar.

Die Instrumente der strategischen Analyse müssen die Anforderungen erfüllen, die Fundamentalkritik zu ermuntern, die Informationspathologien zu mildern und schwache Signale zu verstärken.

Als ein solches Instrument gilt die *Portfolio-Analyse.* Im Rahmen der operativen Planung dient diese der kurz- und mittelfristigen Positionierung von Aufgabenfeldern; in der strategischen Planung werden Unschärfenbereiche positioniert, in denen sich die strategischen Arbeitsfelder mit großer Wahrscheinlichkeit befinden. Die „Unschärfe" ist ein Zeichen dafür, daß es beispielsweise aufgrund unterschiedlicher Ergebnisse bei Befragungen von Experten oder Betroffenen Unsicherheiten gibt.

Der Grundansatz der Portfolio-Analyse liegt in der Abgrenzung strategischer Arbeitsfelder und ihrer Positionierung in einer Matrix. Auf deren vertikaler Achse wird die Marktattraktivität (Marktwachstum), auf der horizontalen Achse die relative Wettbewerbsposition (Marktanteil) abgetragen. Zu den einzelnen Matrixfeldern werden *Normstrategien* vorgeschlagen: So sollten zum Beispiel Milchkühe „gemolken werden" oder Stars „zum Leuchten" gebracht werden. Abbildung 1 soll die Vorgehensweise verdeutlichen. Es ist dabei zu berücksichtigen, daß sie eine einfache Ausprägung darstellt: Sie ist lediglich am Kriterium des Marktwachstums ausgerichtet.

Da auch sozialwirtschaftliche Unternehmen sich Märkten und Planungsproblemen gegenüber sehen, ist die Positionierung ihrer Arbeitsfelder für Problemlösungen nützlich. Für die langfristige Existenzsicherung und den optimalen Mitteleinsatz werden Anhaltspunkte für Gefährdungen und Gelegenheiten benötigt. In Tiefenanalysen müssen eine mögliche Ignoranz oder die Herkunft von Gefahren und Gelegenheiten sowie ihre mutmaßlichen Auswirkungen geklärt werden.

Die Portfolio-Analyse ist in gleichem Maße ein *konzeptioneller Rahmen* und eine *Denkfigur* sowie eine *Analysemethode*. Man kann vermuten, daß die Beurteilung und Positionierung von Punkten oder Unschärfebereichen erfolgreicher ist, wenn eine Kombination von Bottom-Up-Prozessen und Top-Down-Prozessen stattfindet; dies ist allerdings auch eine Frage der Führungskonzeption und des -stils. Bei solchen Prozessen gilt die Ausdehnung von Unschärfebereichen oder die Punkt-Positionierung aufgrund eines einhelligen Konsenses als alarmierend. Der letztere Sachverhalt legt den Schluß nahe, daß die herrschende „Weltauffassung" zu etabliert ist. Der Planung fällt die Aufgabe zu, der unangenehme und lästige „Bohrer" zu sein.

4.3 Kerngeschäfte, Rückzugsgeschäfte, neue Geschäfte

Die Differenzierung in Kerngeschäfte, Rückzugsgeschäfte und neue Geschäfte ist einmal die Weiterführung des Gedankens der Portfolio-Analyse, zum anderen bildet sie eine Klammer zu den eingangs aufgeführten Krisen-Anlässen sowie zur Planung. Unter Planungsgesichtspunkten können Ziele und Maßnahmen als *Ist-Portfolio* oder *Soll-Portfolio* diskutiert und festgelegt werden.

Als Geschäfte werden die Vielzahl von Produkten, Dienstleistungen und Märkten bezeichnet. In der Regel können diese nach *Geschäftsfeldern* zusammengefaßt und abgegrenzt werden.

Aus der Betrachtung des *strategischen Spektrums* gehen die Dimensionen der Zeit, der Prozeßphasen, der Analyse und der Planungsebenen hervor. Bezüglich der Dimension der zeitlichen Perspektiven können Kerngeschäfte, Rückzugsgeschäfte und neue Geschäfte unterschieden werden. Die notwendigen Orientierungen sind dabei die der Kontinuität, des Rückzugs und des Vorstoßes.

Vom Status quo aus gesehen betreiben alle Unternehmen gegenwärtige oder bestehende Geschäfte. Der Hauptteil hiervon kann als *Kerngeschäfte* bezeichnet werden. Sie tragen die Hauptlast des Ist-Zustandes.

Diese Geschäfte entspringen der zentralen Kompetenz der Unternehmung und sind in einer Portfolio-Matrix als „Milchkühe" anzusehen, die bei Ergebnisorientierung zu „melken" sind. Auf ein sozialwirtschaftliches Unternehmen übertragen bedeutet dies, daß diese Geschäfte als Minimum ein ausgeglichenes betriebliches Ergebnis erwirtschaften müssen. Weitergehend wäre zu fordern, daß sie Deckungsbeiträge für die anderen Geschäfte bringen – unter Berücksichtigung der Bedingungen, wie sie sich unter anderem aus dem Pflegesatzrecht ergeben.

An dieser Stelle ist der Zusammenhang zur Planung unmittelbar einsichtig: Die Leistungen, Kosten und Investitionen sowie die Finanzierung des Gesamtunternehmens und seiner Teile werden langfristig wie auch kurzfristig in Budgets festgelegt und verwirklicht. Die Sicherung der Qualität sowie des Preises der Kerngeschäfte ist für das Fortbestehen unabdingbare Voraussetzung.

Bei der Gestaltung und Hinterfragung dieser Geschäftsfelder sind folgende Fragestellungen wesentlich: Mit welchen Produkten und Dienstleistungen wird auf welchen Märkten agiert? Wie sieht das Wettbewerbsfeld aus? Welche Schwächen, Stärken, Gelegenheiten und Gefahren gibt es? Welche Strategien sind notwendig oder bieten sich an? Welche Schwächen müssen in Kauf genommen werden?

Das Feld der Kerngeschäfte zeichnet sich des weiteren durch eine konstante Nachfrage, durch einen ausreichenden und langfristigen Bedarf, eine gewisse Bekanntheit, einen die Stückkosten erniedrigenden Marktanteil sowie langfristig ausreichende, interne Ressourcen (wie Personal) aus.

Das Feld der *Rückzugsgeschäfte* wird in der Vier-Felder-Portfolio-Matrix als „arme Hunde" bezeichnet. In der Regel läßt man diese Geschäfte auslaufen: Finanzwirtschaftlich bedeutet dies eine Desinvestition, die Ausstattung mit Mitteln wird plötzlich oder langsam gebremst und schließlich eingestellt.

Vom Markt her betrachtet ist ein Rückzugsgeschäft gekennzeichnet durch eine hohe Nachahmbarkeit und geringe Einstiegsbarrieren für Mitbewerber. Die Wettbewerbsposition ist gering, die Stärke der Konkurrenz entsprechend groß. Unternehmensintern können Engpässe vorliegen, die die Existenz zumindest dieses Geschäftsbereichs gefährden.

Vom Lebenszyklus her betrachtet sind diese Geschäftsfelder mitunter von Produkten und Dienstleistungen geprägt, deren Beiträge aufgrund der Reife und Sättigung am Markt rückläufig sind.

Für ein sozialwirtschaftliches Unternehmen können diese Geschäfte durch die Merkmale „mehr Staat", Wegfall von Zielgruppen oder nachlassender Bedarf gekennzeichnet sein. Bei einer entsprechenden Klientel sowie dem hierfür herrschenden pädagogischen Ansatz können die Geschäfte generell Rückzugsgeschäfte sein: Dies kommt in der Absicht zum Ausdruck, daß pädagogische Maßnahmen zugunsten der positiven Entwicklung der Klienten nach und nach überflüssig werden.

Die *neuen Geschäfte* werden in der Portfolio-Matrix als Fragezeichen (Babies) oder Stars bezeichnet. Als Normstrategie gelten die Offensive, der Rückzug oder die Investition in diese.

Für das Auffinden neuer Geschäfte ist es in der Regel notwendig, neue Zielgruppen und ihre Probleme zu suchen. Im Rahmen von Suchfeldanalysen können neue Betätigungsfelder gefunden werden. Es geht dabei um einen Prozeß, der in einem „Aufwirbel-Ansaug-Filter-System" abläuft. Sein Ergebnis manifestiert sich in konkreten Anwendungen, Verbesserungen und Verfeinerungen. Häufig ist es notwendig, Lücken zwischen den Geschäftsfeldern aufzuspüren. Ein wichtiger Begriff und Filter für neue Ideen ist der der

Synergie. Die Frage nach der Nähe zum gegenwärtigen Geschäft steht dabei im Vordergrund. Es kommt auf die positiven Wirkungen des neuen Geschäftes auf die bestehenden Geschäfte und umgekehrt an.

Für ein sozialwirtschaftliches Unternehmen dürfte es eine Grundsuchstrategie sein, sich bei der Auswahl der zukünftigen Betätigungsfelder an den pädagogisch-therapeutischen und medizinischen Entwicklungen zu orientieren, deren Grundanforderungen gegenwärtig bereits beherrscht werden.

Der kurz-, mittel- und langfristigen Planung fällt die Aufgabe zu, Perspektiven zu erarbeiten sowie die Geschäftsfelder auf die Unternehmensziele hin auszurichten und zu integrieren. Es sind Lernprozesse zu initiieren und die Voraussetzungen dafür zu schaffen, daß die strategischen Programme der einzelnen Geschäftsfelder operationalisiert und durchgeführt werden können, ein Mittel hierfür sind flexible Budgets.

4.4 Zur Qualität der Planung

Die Planung ist eine „gegenseitige" Dienstleistung für das Unternehmen. Es stellt sich die grundsätzliche Frage, welche *Qualitätsmerkmale* sie aufweisen muß, damit sie und ihr Ergebnis intersubjektiv als gut beurteilt werden können.

Im unmittelbaren Anschluß an die Aussagen zum Krisenmanagement können als *ergebnisorientierte Beurteilungskriterien* unter anderem festgehalten werden:

– Krisen sollen vermieden werden – sowohl kurz-, mittel- wie langfristig.
– Sind Krisen unabwendbar, sollen sie mit Hilfe der Planung überwunden werden.
– Die Ressourcen sollen – sowohl inhaltlich wie quantitativ – optimal verteilt werden. In diesem Sinne sind kaufmännische und betriebswirtschaftliche sowie inhaltliche - pädagogische und therapeutische – Maßstäbe zu initiieren und durchzusetzen.
– Durch ein System aus Planpreisen und Planpflegesätzen sollen zukünftige Pflegesatzsituationen vorweggenommen und kalkulierbar gemacht werden.
– Die Grenzkosten sollen volle Beachtung finden. Statt der pauschalen Kürzung von fixen Kosten sollen Anstöße für deren bessere Nutzung gegeben werden.
– Ein Klima des Vertrauens soll geschaffen werden, um so den einzelnen und die Institution möglichst zur vollen Entfaltung zu bringen; sowohl die Organisations- als auch die Personalentwicklung sollen vorangebracht werden.
– Für die Handhabung qualitativer Prozesse soll ein Forum geschaffen werden.

Es reicht sicherlich nicht aus, die Planung und ihre Durchführung danach zu beurteilen, ob das quantitative Ergebnis eingehalten wurde oder nicht. Da hiervon jedoch in der Praxis die Existenz der Unternehmung abhängt, ist das „Ergebnis unter dem Strich" besonders wichtig, denn ohne die Einhaltung des finanzwirtschaftlichen Gleichgewichts wird es nicht gehen.

5. Zur „Wahrheit" des Planes

In der Passionsgeschichte (Evangelium des Johannes, 18. Kapitel, 38. Vers) wird die Szene in dem Gerichtsgebäude berichtet, an deren Ende Pilatus zu Jesus sagt: *„Was ist Wahrheit?"*

In der Überschrift zu diesem Abschnitt soll dieser sehr hohe Anspruch in seiner Absolutheit nicht unbedingt zum Ausdruck kommen. Mittels dieser Dimension soll aber durchaus das Nachdenken über einen solchen Sinn-Maßstab angeregt werden.

Unter dem methodologischen Gesichtspunkt wird hier die wissenschaftstheoretische Position des „Kritischen Rationalismus" vertreten, nach der Erkenntnisse und ihre Gewinnung (unter sachverständigen Dritten) *intersubjektiv nachprüfbar* sein müssen. Grob vereinfacht manifestiert sich der Wissenschaftsprozeß in der Gewinnung von Hypothesen und dem ständigen Versuch, diese zu falsifizieren, sie durch Tatsachen zu widerlegen.

Unter dem Vorzeichen dieser Position sollen im weiteren einige Aspekte zu der Frage, wie zutreffend (= relativ wahr) das Ergebnis der Planung ist, diskutiert werden. Es sollen auch Gedanken einer *wissenschaftlichen Unternehmensführung* eingebracht werden.

5.1 Operationalisierung und Operationalisierbarkeit

Für die intersubjektive Nachprüfbarkeit ist die Operationalisierung des gegenwärtigen und zukünftigen Verhaltens eine wesentliche Voraussetzung.

Als Operationalisierung wird die Suche geeigneter Indikatoren für dieses Verhalten sowie entsprechender Verfahren zu ihrer Messung bezeichnet. Das in Begriffen beschriebene Verhalten wird in *meßbare Operationen* übersetzt. Besondere Probleme sind dabei die *Gültigkeit* und die *Zuverlässigkeit*. Gültigkeit bezieht sich darauf, daß die angegebenen Meßoperationen das erfassen, worauf der Begriff mit seinem Bedeutungsinhalt verweist. Als zuverlässig gilt eine Messung oder ein Meßinstrument dann, wenn Wiederholungen unter den gleichen Bedingungen die gleichen Ergebnisse bringen. Kriterien hierfür sind neben der Standardisierung die Objektivität und die Genauigkeit.

In Unternehmen ist es üblich, *in Zahlen*zusammenhängen *zu denken*. Sichtbarer Ausdruck hierfür ist die Erfassung der Geschäftätigkeit nach den Grundsätzen ordnungsmäßiger Buchführung und deren Dokumentation in der Bilanz sowie Gewinn- und Verlustrechnung. Als Maßeinheiten dienen dabei in Währungseinheiten ausgedrückte Angaben (DM-Beträge).

Im Rahmen der Planung ist es notwendig, diese vergangenheitsbezogene Erfassung durch eine Zukunftsorientierung zu ergänzen.

Der traditionelle betriebswirtschaftliche Ansatz, die betrieblichen Prozesse und Funktionen anhand der *Faktorkombination* zu erklären, hat einige allgemein anerkannte Begriffe und Relationen hervorgebracht, die sich in Zahlen ausdrücken lassen. Als *nominale* Größen seien genannt: Einnahmen, Ausgaben, Ertrag, Aufwand, Erlöse, Kosten (fix und variabel, direkt und indirekt) oder Deckungsbeiträge. Beispiele für *mengen*mäßige Angaben sind Bestände, Arbeitszeiten, Stückzahlen, Maßeinheiten, Platzzahlen, Therapieeinheiten oder Stellenanzahl. Beispiele für *Kennzahlen* sind die Wirtschaftlichkeit, der Nutzungsgrad, die Personalbelastungsziffer, die Fluktuation, die Verweildauer, der Kapitalumschlag, das Ergebnis oder der Cash-flow. Als standardisierte *Meßverfahren* stehen die doppelte Buchführung, die Systeme der Kosten- und Leistungsrechnung (Voll-, Teil- und Grenzkostenrechnung), die Bewertungsgrundsätze und -verfahren sowie die mathematischen und statistischen Verfahren der Unternehmensforschung (Operations Research) zur Verfügung.

Die bisherigen Ausführungen unterstellen stillschweigend, daß die Meßbarkeit eindeutig gegeben ist. Solange die Betrachtung auf die *hard facts* beschränkt bleibt, ergeben sich auch keine besonderen Schwierigkeiten. Probleme tauchen dann auf, wenn es um die Messung der *soft facts* geht. Ein Beispiel soll dies verdeutlichen: Es ist relativ einfach, die durch eine bauliche oder maschinelle Ausstattung verursachten Kosten zu ermitteln: Auf der Grundlage der Anschaffungs- und/oder Herstellungskosten ergibt sich eine eindeutige Basis für die Errechnung von Abschreibungen.

Wesentlich schwieriger wird die Beantwortung der Frage, wie eine Leistung, ihre Qualität oder ihr Nutzen zu erfassen und zu messen ist. Der Versuch, diese Frage zu beantworten, zwingt jede Unternehmung zum Umgang mit *qualitativen Faktoren*; es steht nicht von vornherein fest, ob eine Meßzahl auffindbar ist. Ein Ausweg aus dieser Situation kann die Auflistung qualitativer Sachverhalte und ihre Bewertung anhand einer Urteilsskala sein. Zur Relativierung dieser Urteile werden diese in eine Gaußsche Normalverteilung übertragen. Auf diese Weise lassen sich subjektive Verzerrungen offenlegen oder zumindest im Ansatz erkennen und diskutieren.

Im Vergleich zu einer industriellen Unternehmung drängen sich in einer sozialwirtschaftlichen Unternehmung qualitative Faktoren in starkem Maße in den Vordergrund. Dies macht schon ein Blick in die Satzung oder Verfassung deutlich: In der Regel hat sich ein sozialwirtschaftliches Unternehmen zur Pflege, Betreuung und Förderung von *Menschen* verpflichtet. Dies ist unabhängig von dem speziellen Unternehmen zu sehen: Es gilt in gleichem Maße für ein Krankenhaus, eine Schule, eine Universität oder eine Einrichtung der Jugend- und Behindertenhilfe.

Der Versuch der Operationalisierung gilt Begriffen und Sachverhalten wie Humanität der Behandlung, individueller Nutzen, Persönlichkeitsentwicklung, gesellschaftliche Relevanz, Zufriedenheit, Hin- und Zuwendung, Wohlbefinden, Erkenntniszuwachs, pädagogisches oder therapeutisches Klima, Fähigkeiten, Dienstgemeinschaft, Sinn, Kultur, Werthaltungen, Wert(e)schöpfung, (soziale) Verantwortung oder Erziehung. Diese Aufzählung qualitativer Faktoren strebt nicht nach Vollständigkeit, sie soll vielmehr die „Qualität" der Anforderungen, die an ihre Operationalisierung gestellt werden, erahnen lassen.

Es soll auch deutlich darauf hingewiesen werden, daß eine Planung, die - auf der Grundlage der gesicherten Erarbeitung der *hard facts* - gegenüber den qualitativen Faktoren nicht genügend Offenheit zeigt, sich in der Gefahr befindet, ins Abseits zu geraten. Im Zuge eines intersubjektiv nachprüfbaren Vorgehens ist vielmehr von einer Planung zu fordern, daß sie zur Verständigung beiträgt sowie die Handhabung und Steuerung qualitativer Prozesse unterstützt und fördert. Es ist allerdings nicht zu verkennen, daß die *soft facts* Grenzen ziehen – diese sollten aber nicht a priori als unüberwindbar eingestuft werden.

5.2 Planbarkeit, Vollständigkeit, Genauigkeit

Die Problematik der Operationalisierung qualitativer Faktoren wirft weitere Fragen auf und verlangt zumindest eine Antwort hinsichtlich der Planbarkeit überhaupt, der Vollständigkeit und der Genauigkeit.

An dieser Stelle wird die Auffassung vertreten, daß es keine Sachverhalte gibt, die sich generell der Planung entziehen. Daß jedoch eine skeptische Haltung angebracht ist, ergibt sich unmittelbar aus der Position des Kritischen Rationalismus: Die gefundenen Aussagen und Erkenntnisse könnten falsch sein - die Konsequenzen damit auch.

Kriterien zur Beantwortung der angesprochenen Sachverhalte sind die *Priorität* des zu planenden Inhalts und der durch die Planungsaktivitäten verursachte zeitliche und finanzielle *Aufwand*. Es ist letztlich eine subjektive Entscheidung, wann eine Planung aufgenommen oder wann sie abgebrochen wird.

Unter objektiven Gesichtspunkten sind als Grenzen wirkende Sachverhalte in die Betrachtung einzubeziehen: Planungssituationen sind in der Regel durch einen hohen Grad an *Komplexität* gekennzeichnet. Die Definitionen der Probleme sind meist sehr vage und mehrdeutig. Sie sind weit davon entfernt, durch eine präzise Beschreibung des Anfangszustandes, des gewünschten Endzustandes sowie der Operatoren, die den Endzustand herbeiführen sollen, festgelegt zu sein. Ein beachtlicher Störfaktor sind mangelnde Fähigkeiten der Beteiligten.

Planungssituationen sind in die Zukunft gerichtet. Der Grad der *Unsicherheit* wird in starkem Maße durch den Umfang des Planungshorizontes beeinflußt. Durch das Heranziehen von einzel- und gesamtwirtschaftlichen *Prognosen* wird versucht, diese Unsicherheit zu verringern. Auf der Grundlage der methodischen Absicherung leisten Prognosen nur dann einen wertvollen Beitrag, wenn durch sie die Dynamik und die Entwicklungen der Arbeitsfelder vorhersehbar werden. Wesentliche Variablen dürften dabei der Analyse der Märkte und des Bedarfs sowie der technologischen und politischen Entwicklung entspringen. Zu entscheiden ist, ob solche Prognosen von internen oder externen Mitarbeitern oder anteilig von beiden erarbeitet werden.

Auch das Problem der *Vollständigkeit* nimmt mit größer werdendem Planungshorizont zu. Es ist klar, daß eine Planung zu falschen Entscheidungen führt, wenn sie ausschlaggebende Lücken enthält. Ein „Lücken-Bewußtsein" sowie eine sorgfältige Bearbeitung und Analyse des Ist-Zustandes haben eine der Lösung zuträgliche Relativierung zur Folge. Die Soll-Situationen werden gleichsam an der Ist-Situation gespiegelt – im Bewußtsein des Nachteils, daß dies bereits wieder eine Einschränkung sein kann.

Unter der Voraussetzung, daß die Vorgehensweisen grundsätzlich richtig oder „nicht nur" falsch und unzutreffend sind, kann man davon ausgehen, daß die Frage nach der *Genauigkeit* die nach der gewünschten und von der Sache her notwendigen Detailliertheit ist. Die Lösung kann vermutlich nur im Einzelfall gefunden werden und hängt von den zur Verfügung gestellten Planungsressourcen sowie dem Anspruchsniveau und dem Blickwinkel der handelnden Personen ab.

5.3 Methodisches Vorgehen

Eine Methode ist als die Beschreibung der Schritte definiert, die einen gegebenen Anfangszustand in den gewünschten Endzustand überführen (Transformationsprozeß).

> „Sehr viele Methoden muß man kennen,
> aber keiner einzigen sich überlassen."

Im Sinne dieses Ausspruches von Johann Friedrich Herbart kann die methodische Basis der Planung nicht groß genug sein. Von einer wenig ausgeprägten Basis müssen eindeutig einschränkende Auswirkungen erwartet werden. Es ist hilfreich, neben der *Wirtschaftlichkeit* des methodischen Vorgehens insgesamt weitere Beurteilungskriterien für einzelne Methoden genauer anzusehen, um so einen beschränkenden Charakter frühzeitig erkennen und handhaben zu können.

Neben der Berücksichtigung des Phasencharakters eines Planungs- und Entscheidungsprozesses ist auf die Merkmale der Allgemeinheit und Mächtigkeit zu achten.

Die *Allgemeinheit* einer Methode bezieht sich auf deren Domäne: Es kommt darauf an, auf wie viele Probleme eine Methode angewandt werden kann, für wie viele Probleme also eine Lösung erwartet werden kann.

Die *Mächtigkeit* einer Methode bemißt sich nach den Merkmalen Lösungsmächtigkeit (heuristische Kraft) und Ressourcenmächtigkeit.

Die Allgemeinheit gibt Auskunft über die Lösungsqualität (Qualität des Outputs), in Verbindung mit der Lösungszeit über die Lösungswahrscheinlichkeit und damit über die Lösungsgarantie (Algorithmus).

Die Ressourcenmächtigkeit gibt an, welche Menge an Informationsarten als Input gefordert wird, welche Mensch-Maschinen-Systeme zur Anwendung einzusetzen sind, welche Experten (-Systeme) notwendig sind und welche spezifischen Umweltbedingungen vorhanden sein müssen.

Die Ressourcenmächtigkeit beeinflußt die Flexibilität des gesamten Verfahrens: Begrenzende Faktoren zeigen sich eindeutig im Bereich der Ausführung. Mitunter werden personelle Kapazitäten und persönliche Fähigkeiten gefordert, die unter den spezifischen Bedingungen eine Anwendung unmöglich machen oder die Breite der Anwendung erheblich einschränken. Auch die Unterstützung durch ein EDV-System muß durchschaubar und einfach zu handhaben sein.

Zwischen den Merkmalen der Allgemeinheit und Mächtigkeit bestehen verschiedene Zusammenhänge. So sind die Anforderungen an die Vorbildung der Ausführenden um so größer, je größer der Geltungsbereich (Domäne) der Methode ist, und die Lösungsmächtigkeit nimmt bei zunehmender Allgemeinheit tendenziell ab. Das Merkmal der Lösungsqualität deutet darauf hin, daß es für eine abschließende Beurteilung erforderlich ist, die Lösung einer *Bewertung* zu unterziehen. Traditionell kann man hier auf das Konzept des Grenznutzens zurückgreifen. Da dieser allerdings schwer zu bestimmen sein wird, können Ersatzkriterien wie das relevante Datenvolumen, die Reaktionszeit, die Selektivität oder die Genauigkeit und Verläßlichkeit herangezogen werden.

Diese allgemein gehaltene Diskussion hat das Ziel, eine kritische Hinterfragung der in der Planungs-Praxis angewandten Methode zu ermöglichen. Interessante Aspekte können sich auch ergeben, wenn die Planung selbst als Methode zur Diskussion gestellt wird. Man sollte sich dabei jedoch stets bewußt machen, daß die Planung zur Entfaltung ihrer Lösungsmächtigkeit eine ganzheitliche Denkweise erfordert.

6. Die „mechanistische Falle"

Um ein ganzheitliches Denken zu erreichen, ist es notwendig, sich bewußt zu machen, daß die Planung die Gefahr in sich birgt, mechanistisch vorzugehen und ebenso zu steuern.

Das *mechanistische Denken* zeichnet sich in erster Linie durch die Orientierung an dem Mechanismus einer Maschine aus. Ein (sozialwirtschaftliches) Unternehmen funktioniert in dieser Vorstellung wie ein *Räderwerk:* Abläufe werden fest vorgegeben, ihre Einhaltung bürokratisch kontrolliert. Anhand von formalen Verteilungsschlüsseln sollen die vorhandenen Ressourcen optimal zugeordnet und verwaltet werden. Diese Denkart folgt *linearen Kausalketten:* Jede Wirkung hat ihre Ursache, der Output ist mit dem Input verbunden.

Auf dem Wege der Formalisierung wird die mehrdeutige Wirklichkeit auf Eindeutigkeit reduziert, die Algorithmisierung ist ein wesentliches Ziel. Entsprechend dem maschinellen Modus existiert immer eine Lösung.

Dieser letzte Aspekt wird überdeutlich, wenn man sich das Funktionieren eines Computers näher ansieht: Der Rechner erledigt seine Aufgaben auf der Grundlage, daß im Prinzip immer nur zwei Zustände unterschieden werden. Die von der binären Logik ausgehenden Einschränkungen – etwa der Kreativität oder der Fähigkeit zu Anologieschlüssen – sollten stets bedacht werden.

Es ist nicht zu übersehen, daß die Planung zumindest Ansätze von mechanistischen Strukturen aufweist. Sie werden in folgenden Sachverhalten sichtbar: Spätestens am Ende einer Planung steht notwendigerweise die Transformation des zukünftigen Verhaltens in Zahlen. Hierdurch wird der Eindruck erweckt, als seien sämtliche Sachverhalte eindeutig festlegbar und durch Algorithmen lösbar. Nicht zuletzt wird durch den Soll-Ist-Vergleich eine Formalisierung vorgenommen, die zunächst der Regelung gemäß dem Vorbild eines geschlossenen Regelkreises nahekommt. Eine linear-kausale Wirkungskette wird unterstellt und scheinbar vorgegeben.

Es ist offensichtlich, daß der erforderliche Grad an Detailliertheit sowie die notwendige Effektivität der Planung ohne eine entsprechende EDV-Unterstützung nicht erreicht werden kann. Die Auswirkungen der binären Logik auf den gesamten Planungsprozeß sowie seine Teilprozesse sind deshalb zu befürchten – natürlich gilt dies auch für die Phase der Durchführung.

Im Gegensatz zum mechanistischen orientiert sich das *organische Denken* an dem lebenden Organismus; als Vorbild fungieren die Kräfte der Heilung und Selbstentfaltung eines solchen offenen Systems. Wesentlich kommt es auf die Systembetrachtung an sowie das *kreis- und spiralförmige* Zusammenwirken verschiedener Gegebenheiten. Für das Verstehen von Systemen und ihres Verhaltens kommt es darauf an, sich auf die Zahl und vor allem die Art der inneren und äußeren Vernetzungen (der Teile, Beziehungen, Informationen) zu konzentrieren. Die Wahrnehmung und Erkennung von Mustern rückt in den Vordergrund.

Die Logik dieses Denkens ist die, daß die für die mechanistische Denkweise typischen Bezeichnungen „Wirkung" und „Ursache" weitgehend willkürlich sind: Eine Ursache kann selbst eine Wirkung einer vorausgegangenen Ursache sein; eine Wirkung ist selbst die Ursache einer nachfolgenden Wirkung. Eine einfache Erklärung in Form von linearen Ursache-Wirkungs-Ketten existiert nicht. Mit den Ausgangssituationen erfolgt eine ständige Auseinandersetzung, sie erscheinen immer wieder in einem anderen Licht. Die Anpassung an die unterschiedlichsten Bedingungen wird gleichsam spiralförmig vorgenommen. Auf diese Weise wird auch laufend ein höheres Niveau erreicht, auf dem sich unter den neuen Bedingungen erneut ein Gleichgewicht einstellen kann.

Es versteht sich von selbst, daß hier nicht ein maschineller Modus im Mittelpunkt steht, sondern stets der Mensch. Dies kann letztlich für die Integration der Sinn-Frage genutzt werden.

Damit eine größtmögliche Entfaltung des Individuums und der Organisation erzielt wird, ist darüber nachzudenken, wie die „mechanistische Falle" in ihrer Bedeutung abgeschwächt oder gar überwunden werden kann. In erster Linie geht es darum, ob und wie sich die Planung den Hauptlinien des organischen Denkens annähern und anpassen kann. Vom Grundsatz her stellt sich die Frage etwas radikaler: Kann es die organische Planung überhaupt geben?

Ein Lösungsbeitrag kann sein, sich die grundsätzlich offene Form des kybernetischen Denkens anzueignen. Die Leitidee hierfür kommt in der Aussage zum Ausdruck, daß die Planung *von der Zukunft her* bestimmt werden soll.

Der Lernprozeß erfolgt aus der Zukunft heraus für die Gegenwart (und Vergangenheit). Anhand des biologischen Begriffs der Evolution läßt sich dies so verdeutlichen: Durch die Entwicklung vernetzter Systeme sind die erforderlichen Schritte von vornherein an der Zukunft orientiert, die Gegenwart wird so von der Zukunft bestimmt und nicht die Zukunft von der Gegenwart. Probleme werden nicht auf die Weise gelöst, daß sie bereits Geschehenes in einer Ursache-Wirkungs-Kette sozusagen reparieren, sondern mögliche problematische Ereignisse werden antizipiert – die Frage ist, wie diese vermieden werden können.

Der Weg hierzu ist quasi eine Zeitumkehr, bei der man sich schrittweise bis zur Gegenwart zurücktastet. Auf diese Weise ist zumindest im Ansatz gewährleistet, daß das gegenwärtige Handeln und Denken von der Zukunft her bestimmt werden – die Zukunft liefert die Muster. Der Soll-Ist-Vergleich präsentiert sich dann in einer Dimension, die deutlich von der „binären Sturheit" abgehoben ist.

Ein interessantes Beispiel ist in diesem Zusammenhang die Frage, ob in einem sozialwirtschaftlichen Unternehmen die Betreuung und Förderung in zentralen oder dezentralen Einheiten stattfinden soll. Wie wird das Leben der Klientel in 20 Jahren sein?

Auch wenn zur Überwindung der „mechanistischen Falle" das organische Leitbild favorisiert wird, kommt man nicht an der Tatsache vorbei, daß zur Durchsetzung der Planung ein gewisser Grad an mechanistischem Vorgehen notwendig ist. Wo und wie hier ein „Gleichgewicht" erreicht werden kann, bleibt den in den konkreten Situationen handelnden Personen, ihren Einstellungen und Fähigkeiten sowie ihrer Kreativität überlassen.

7. Organisatorische Bedingungen

Die Ausprägungen mechanistischen und organischen Denkens wirken sich im organisatorischen Zusammenhang unmittelbar aus. Ihre Konkretionen bringen Strukturen und Konzeptionen hervor, die auf die positiven Wirkungen der Planung einen beachtlichen Einfluß ausüben.

Sowohl für die Planung selbst als auch für ihr Ergebnis können organisationale Sachverhalte entstehen, für deren Überwindung oder Änderung zunächst selbst Planungsprozesse organisiert werden müssen. Im weiteren sollen einige Beispiele für solche organisatorische Bedingungen, die sich hinderlich oder gar kontraproduktiv auswirken können, herausgegriffen werden.

7.1 Zentralisierung und Dezentralisierung

In dem Begriffspaar „Zentralisierung" und „Dezentralisierung" kommt die in einem Unternehmen herrschende Führungsphilosophie zum Ausdruck. Es geht in der Hauptsache um die Lösung des Problems, wie zwischen der Notwendigkeit der Aufgabenteilung und der Koordination organisatorisch ein Gleichgewicht hergestellt werden soll. Unter der Vorstellung eines *Zentrums oder Mittelpunkts* bedeutet Zentralisierung das Streben zu diesem hin und die Dezentralisierung das Streben von diesem weg. Bei der Gestaltung dieses Strebens können die Merkmale der Entscheidung, der Verrichtung und des Objektes zugrunde gelegt werden. Die jeweilige Ausprägung bestimmt die Kommunikationsbeziehungen, die zwischen den gebildeten Aktionseinheiten entstehen.

In der Praxis haben sich Strukturierungs-Konzeptionen wie die Stab-Linien-Organisation, die Spartenorganisation (Divisionalisierung) und die Matrix-Organisation herausgebildet. Für sozialwirtschaftliche Unternehmen ist es interessant, im besonderen teamorientierte Organisationsstrukturen wie das System überlappender Gruppen zu untersuchen.

Im Kontext der Planung sind vor allem zwei Aspekte von Interesse, die sich aus der Aufbau- und Ablaufstruktur ergeben:

Einmal stellt sich aus der Tatsache, daß die Planung selbst eine Aufgabe ist, die Frage, ob sie eine besondere Strukturierung erfahren soll und wie ihr Verhältnis zur Erledigung der laufenden Aufgaben und deren Organisation zu gestalten ist.

Liegt als *Basisorganisation* eine Spartenorganisation vor, dürfte die Neigung zur Errichtung einer zentralen Planungseinheit relativ groß sein. Dieser fallen dann Aufgaben zu wie die Erarbeitung von Planungsprämissen und Zielvorschlägen, die Durchführung von Kontrollprozessen oder die Erarbeitung von Planungssystemen überhaupt. Die Zuordnung einer solchen zentralen Planungseinheit ist eine Frage für sich. Die Antwort darauf ist abhängig vom Umgang mit der Anforderung, daß Interessenneutralität gewahrt werden soll.

Analog zur Feststellung, daß für eine Frühaufklärung kein besonderes Teilsystem entwickelt werden sollte, wird hier die Auffassung vertreten, daß Planung alle betrifft und somit zunächst von allen als Aufgabe gesehen werden muß. Über eine notwendig werdende Koordination und ihre Form sollte getrennt entschieden werden - unter dem Bemühen, ganzheitlich zu denken.

Zum zweiten ist es besonders für ein sozialwirtschaftliches Unternehmen von Bedeutung, wie sich die *Zentralisierung* auf den Umgang mit qualitativen Faktoren auswirkt. Es sollte zunächst unbestritten sein, daß der wesentliche Vorteil der Zentralisierung genutzt werden muß, nämlich die Steigerung der Effizienz aufgrund der Spezialisierung und Konzentration. Es ist davon auszugehen, daß es Funktionen und Aufgaben gibt, die zur Schonung der personalen und sachlichen Ressourcen nur zentral ablaufen können.

Die Natur der qualitativen Faktoren bringt es mit sich, daß sich die Nachteile der Zentralisierung gravierend auswirken. Das Ausschöpfen individueller und organisationaler Fähigkeiten dürfte verhindert werden, wenn durch mangelnde Delegation der Verantwortung, dem Aufbau einer Hierarchie und der damit einhergehenden Überlastung der leitenden Stellen oder durch eine mittels ausgeprägter Formalisierung „perfekte" Bürokratie die Initiative und Motivation in starkem Maße beeinträchtigt oder sogar zunichte gemacht wird - wenn also die freie Kommunikation und die damit einhergehende Partizipation be- oder verhindert werden.

7.2 Fähigkeit zur Reorganisation

Ein Ergebnis der systematischen Arbeit im Rahmen der Planung ist, die Prozeß-*Dynamik* und den daraus resultierenden Bedarf an Reorganisation zu erkennen. Inwieweit dieser artikuliert werden kann und darf, hängt weitgehend von den vorhandenen organisatorischen Strukturen und dem Ausmaß ab, in dem sie Initiativen verschütten.

Die Handhabung eines Anpassungs- und Gestaltungsdrucks wird beeinflußt von vorhandenen generellen Regelungen und der daraus resultierenden Starrheit, der Festgefahrenheit vorhandener Gremien, den durch die Rechtsform vorgegebenen Strukturen oder von Deformationen in der Informationsverarbeitung, wie sie sich aus einer Stab-Linien-Organisation ergeben.

Die Planung steht in engem Zusammenhang mit der *Fortschrittsfähigkeit* eines Unternehmens. Diese äußert sich in der Kreativität, der Ideenentwicklung oder der Innovation.

Um einen Erkenntnisfortschritt erzielen zu können, ist es erforderlich, den Planungsprozeß zu organisieren. Gemäß den Anforderungen an das Prozeßergebnis muß sichergestellt werden, daß die Bedingungen der Erkenntnisfähigkeit (Übersetzung der Erkenntnisse von Teilgruppen mit unterschiedlichen Sprach- und Lebenswelten), der Empfänglichkeit (Bedürfnisse, Vorwissen und Zufriedenheit der Betroffenen), der ästhetischen Fähigkeiten (Systemklima für das kreative Schaffen schöner Dinge) und der Handlungsfähigkeit (für Konsequenzen notwendige Potentiale und Ressourcen) eingehalten werden.

Zur Verwirklichung der Leitidee einer fortschrittsfähigen Organisation soll an dieser Stelle ein Organisationsmodell angeregt werden, in dessen Mittelpunkt die Schaffung von *entscheidungsfähigen Arbeitsgruppen* steht. Auf der Basis einer Spartenorganisation können sich entscheidungsfähige Arbeitsgruppen spontan etablieren, oder sie werden von der Geschäftsleitung speziell berufen und eingesetzt. In einem die Sparten und eventuell notwendige zentrale Funktionen umfassenden Kollegium berichten diese Arbeitsgruppen und fragen weitere Informationen nach. Dieses Informationskarussell soll gewährleisten, daß einmal die Koordination effektiv stattfindet, zum anderen die Arbeit der Arbeitsgruppen inhaltlich ergänzt und korrigiert wird oder neue, problemorientierte Arbeitsgruppen geschaffen werden.

Alle Beteiligten arbeiten auf einem vergleichsweise hohen Informationsniveau. Nach gefundener und realisierter Problemlösung lösen sich diese entscheidungsfähigen Arbeitsgruppen formal wieder auf – die informalen Beziehungen sollen jedoch bewußt weiter aufrechterhalten werden.

Zur Frage der Reorganisation bleibt schließlich festzuhalten, daß bereits die Entwicklung und Installierung eines Planungssystems eine solche erforderlich machen kann. Bei nicht vorhandener Fähigkeiten hierzu kann eine Planung bereits in ihrem Ansatz vereitelt werden.

7.3 Kompetenz und Kapazität

Unabhängig von der Frage, ob die Planung dezentral im laufenden Betrieb von allen oder von einer zentralen Planungseinheit wahrgenommen werden soll, ist festzulegen, welche Kompetenzen die Planer oder Planungseinheiten erhalten sollen. Sowohl im Rahmen der Erstellung als auch der Durchsetzung und Durchführung des Planes können Be- und Verhinderungen strukturell festgelegt werden. Die Befugnisse der Entscheidung, der Anordnung und der Initiative können so zersplittert werden, daß das Führungskonzept des *Controlling* torpediert wird und eine Planung unter *organischen Gesichtspunkten* kaum stattfinden kann.

Die personelle und sachliche Ausstattung wirkt ebenfalls einschränkend. Die Planung und ihre Intensität hängen zwangsläufig davon ab, welche *Ressourcen* für das Prozeßmanagement (Entwicklung, Weiterentwicklung und Pflege der Planungssysteme sowie Impulsgebung), die Serviceleistungen oder die Konsolidierung von Problemlösungen zur Verfügung gestellt wird. Sofern die internen Kapazitäten nicht ausreichen, ist zu überlegen, inwieweit eine Unterstützung durch externe Beratung stattfinden kann. Auch dies ist neben der Abwägung des alternativen Ressourceneinsatzes eine weithin organisatorische Entscheidung.

Dem *Finanz- und Rechnungswesen* darf im Planungsprozeß nicht die Rolle eines Zahlenknechts, der sich um den „Zahlenfriedhof" kümmert, zugewiesen werden. Es sollte ihm stattdessen – neben der Aufgabe der Quantifizierung – die Möglichkeit gegeben werden, in die Kompetenzen der Integration und der dezentralen Koordination hineinzuwachsen.

8. Dysfunktionales Verhalten

Als Dysfunktion wird in der Sprache der Medizin die gestörte Tätigkeit eines Organs bezeichnet.

So wie das Teilsystem „Organ" nicht richtig arbeitet und auf diese Weise das Gesamtsystem „Körper" in seinem Bestehen und Funktionieren beeinträchtigt, kann ein (sozialwirtschaftliches) Unternehmen durch gestörte Teilsysteme und -funktionen in seiner Existenz oder zumindest in seinem reibungslosen *Funktionieren* als Ganzheit gefährdet sein.

In diesem Abschnitt werden *Störungen* beschrieben, die sich einmal aus der Tatsache ergeben, daß in dem Unternehmen Menschen tätig sind, und die sich zum anderen auf die Tätigkeiten des Planens im weiteren Sinne und deren Auswirkungen und Ergebnisse beziehen. Auf der Grundlage dieser verhaltenswissenschaftlichen Perspektive ergibt sich ein Repertoire an dysfunktionalen Verhaltensweisen, das sich durch die Pole „absolute Unterstützung" und „absolute Verweigerung" beschreiben läßt.

8.1 Organisatorisch bedingte Pathologien

Praktisch wie theoretisch werden bezüglich der Planung organisatorische Strukturen diskutiert, die als „krankhaft" bezeichnet werden können. Dies gilt besonders für die Auswirkungen auf die Informationsverarbeitung und die Kommunikation. Das Vorliegen von Pathologien zeigt sich in (Schein-)Lösungen, die der Situation und den Problemen nicht adäquat sind.

Ein derartiges Versagen liegt beispielsweise vor,

— wenn durch eine ausgeprägte *Hierarchie* bürokratisches Verhalten begünstigt wird, das starr und blind für außerplanmäßige Informationen ist;

— wenn in Anlehnung an das Konzept der *Profit Center* eine Überbetonung der kurzfristigen Gewinnverantwortung stattfindet und diese einem langfristigen Denken widerspricht. Speziell in einem sozialwirtschaftlichen Unternehmen wird die Gewinnverantwortung in der Regel durch eine Selbstkosten- und Ergebnisverantwortung ersetzt werden müssen;

— wenn ein wenig offener und kooperativer *Führungsstil* die Suche und Verarbeitung neuer Informationen und damit auch neuartige Problemlösungen verhindert;

— wenn in der Ausprägung von *Routinen* programmierte Verhaltensweisen vorliegen, die die Wahrnehmung von relevanten und neuen Informationen behindern oder vereiteln;

— wenn bei Vorliegen des *Stab-Linien-Prinzips* die Informationsbasis der Linie drastisch verringert wird und der Stab praktisch die Entscheidungen trifft – ohne diese am Ende verantworten zu müssen.

Wird ein Stab in großem Umfang mit Aufgaben der Planung befaßt, ist zu befürchten, daß im Vorfeld sehr viele Informationen herausgefiltert werden. Genau diese wären aber für eine ausgewogene Entscheidung des Vorstandes oder der Linie vonnöten. So ist es wichtig zu wissen, wo im Planungsprozeß welche Unsicherheiten vorhanden waren oder wo welche Gewichtungen vorgenommen wurden. Zu erwähnen ist weiterhin, daß eine extensive Stabsarbeit einen Drang zur analytischen Perfektion in sich trägt. Dies bewirkt den Versuch der Linie, über Detailkritik die Ergebnisse grundsätzlich in Frage zu stellen. Die Folge hiervon kann sein, daß sich das Geschehen gegenseitig aufschaukelt: zum Beweis noch mehr detaillierte Analysen und noch mehr Detailkritik. An dieser Stelle ist es von erheblicher Bedeutung, die angenommene Funktionsteilung nach dem Stab-Linien-Prinzip (hierzu gehört auch der persönliche Assistent) in dem Sinne sehr kritisch zu hinterfragen, ob ein Entscheidungsablauf teilbar ist oder nicht. Letztlich geht es um die Klärung der Frage, ob eine Aufgabenteilung nach Informationssuche und nach Auswahl einer Handlungs-Alternative möglich ist.

Neben der Existenz der entsprechenden Organisationsstrukturen hängt das Wirksamwerden von Pathologien stark von den handelnden Personen ab. Es ist zu vermuten, daß die Auswirkungen durch Personen gemildert, negative Tendenzen aber auch verstärkt werden können.

8.2 Gesprächsebenen und ihre Inhalte

Stellt man sich Entstehung, Durchsetzung und Durchführung der Planung vor als ein Gespräch, an dem alle Betroffenen beteiligt sind, dann kann man festhalten, daß das Gespräch auf zwei Ebenen abläuft:

- auf der logischen Ebene und
- auf der psycho-logischen Ebene der Reaktionen und Emotionen.

Zunächst sollen die Inhalte dieser Ebenen skizziert werden.

Auf der *logischen Ebene* werden die kognitiven (die Erkenntnis betreffenden) Fähigkeiten gefordert. In erster Linie sind die objektiv feststellbaren Sachverhalte relevant, die in die Pläne und den Planungsprozeß eingehen. Eng verbunden mit diesen Sachverhalten sind die angewandten Methoden. In die Aussagen dieser Ebene werden aber genauso Dinge eingebracht, die dem Herzen entspringen; in der Regel werden sie mit den Dingen des Kopfes - bewußt oder unbewußt – vermischt. Für die Planung ist es entscheidend, diese zu erkennen und auseinanderzuhalten – zur Vorbereitung ihrer Handhabung.

Auf der *psycho-logischen Ebene* müssen die Reaktionen und Emotionen erkannt werden, die sich der Planung in den Weg stellen.

Folgende *Verhaltensweisen* und *Äußerungen* sind der psycho-logischen Ebene zuzuordnen:

- „Dies ist alles zu kompliziert, ich verstehe das nicht."
- Fragen und Sachverhalte werden nicht beantwortet – mit der (vorgeschobenen) Begründung: „Ich weiß es nicht."
- „Die Tagesarbeit ist wichtiger, für diese Planerei habe ich keine Zeit."
- Termine werden nicht eingehalten.
- Es wird eine allgemeine Abwehrhaltung eingenommen. Man will sich nicht festlegen lassen und befürchtet eine Einengung seines Freiheitsspielraumes.
- Um Veränderungen zu entgehen, wird behauptet, diese seien nicht nötig und es sei nur eines richtig: weitermachen wie bisher.
- Gegenüber der Unterstützung durch die EDV ist man mißtrauisch; man bezweifelt, ob die Planunterlagen in Ordnung sind.
- Anstatt zu planen, will man lieber abwarten und sich durchwursteln. „Ich habe das im Gefühl und verlasse mich lieber auf mein Fingerspitzengefühl."
- „Im voraus weiß man vieles nicht, im übrigen läßt sich dies nicht planen – zumal pädagogisch-therapeutische Arbeit."
- Pädagogen mißtrauen Kaufleuten und Kaufleute mißtrauen Pädagogen („Erpressung" mit dem Argument „Geld").
- Es werden bewußt oder auch unbewußt Fehlinterpretationen vorgenommen.
- Die Grundhaltung ist zu optimistisch und der Situation nicht angepaßt.
- Es werden realitätsferne Angaben gemacht, indem die Kosten zu hoch und/oder die Leistungen zu nieder angesetzt werden.
- Die Datenbasis wird bewußt manipuliert und verzerrt:
  - die Daten sind unvollständig
  - die Daten sind falsch (ein neuer Standard soll möglichst tief gehalten werden)

- die Verursachung wird verschoben (zum Beispiel im Zeitablauf unterschiedliche Buchungsangaben)
- negative Daten werden zurückgehalten
- Bewertungsgrundlagen werden manipuliert (zum Beispiel zeitliche Abgrenzungen oder nicht notwendige Ausschöpfung des Budgets).
- Es werden keine Daten geliefert, statt dessen werden sie (zunächst) verweigert.
- Neben der offiziellen Planung wird eine „Schattenplanung" betrieben – die die eigentlichen Werte enthält.
- Man identifiziert sich bewußt nicht mit der Planung oder dem Plan (um sagen zu können: Dies ist nicht mein Plan.).
- Man verweigert die Durchsicht der Planunterlagen und die Arbeit mit dem Soll-Ist-Vergleich.
- Um die Bemessungsgrundlagen (Belohnung) zu manipulieren, werden inkorrekte Entscheidungen getroffen und es wird grundsätzlich geschummelt.
- Man beschäftigt sich nur mit der Rechtfertigung seines Verhaltens und bezeichnet das Planungssystem als unnütz und falsch („beat the system").
- Man richtet persönliche Angriffe (Verletzungen) gegen die für die Planung Verantwortlichen.
- Alle Anstrengungen werden stur auf die kontrollierten Kriterien ausgerichtet, man macht „Dienst nach Vorschrift" (bürokratisches Verhalten).
- Man streitet um Kompetenzen, legt eine unbewegliche und unnachgiebige Haltung an den Tag und ist kompromißlos.
- Man neigt zur Rechthaberei und Besserwisserei und verzögert den Informationsfluß.
- Es wird intrigiert, mit Andeutungen und versteckter Infragestellung sowie Geheimnistuerei gearbeitet.
- Von allen Seiten wird eine wenig kooperative Haltung eingenommen.
- Die Grundhaltung ist durch wenig Liberalität, aber dafür durch viel Intoleranz geprägt.
- Allgemeine Verweigerung und umfassender Boykott.

Diese unvollständigen Beschreibungen lassen sich als *personale Indikatoren dysfunktionalen Verhaltens* interpretieren. Im weiteren werden kurz einige Anhaltspunkte zu deren Analyse, Erklärung und Handhabung aufgezeigt.

8.3 Kognitive Dissonanz und psychologische Reaktanz

Die Planung ist in ihrem Ablauf mit einer Vielzahl von Entschlüssen verbunden. Diese wiederum sind Teile von Entscheidungsprozessen, die in der Regel in den Phasen Problemidentifizierung, Informationssuche, Produktion von Alternativen, Bewertung der Alternativen, Auswahl einer Alternative, Anregung zur Ausführung, Realisierung und Kontrolle ablaufen. In diesen Phasen werden psychologische Phänomene wie die kognitive Dissonanz und Reaktanz wirksam. Sie bieten Anhaltspunkte dafür, die oben beschriebenen Inhalte als Folge der Deformation von Informationen zu erklären. Diese resultiert ihrerseits aus der Selektivität der Informationsaufnahme in den Phasen nach und vor Entschlüssen.

Kognitionen sind Informationen, die den Informationsempfänger psychologisch erreichen. Sie hängen eng mit Begriffen und Sachverhalten wie Wahrnehmung, Gedächtnis oder Produkte des Denkens zusammen. Alles ist in irgendeiner Weise miteinander verknüpft.

Im Zeitablauf können immer wieder Informationen auftauchen, die vorherigen Entschlüssen widersprechen. Das *Grundmotiv nach kognitiver Konsonanz* wird dabei verletzt. Dieses wiederum erweckt das Bedürfnis, die entstandene Dissonanz zu reduzieren. Eine Reduktion geschieht in der nachträglichen Suche nach Informationen, die das bisherige Vorgehen stützen (positive Kognitionen) oder in der Vermeidung widersprechender Informationen (negative Kognitionen). Die dafür notwendige Änderung erfolgt durch Addition oder Subtraktion von im kognitiven Feld befindlichen Kognitionen; dabei ist es möglich, daß neue dissonante Beziehungen entstehen (Resistenz gegen Änderungen).

Bei der in Planungsprozessen stattfindenden sequentiellen Informationsverarbeitung spielt in diesem Zusammenhang der sogenannte „Inertia-Effekt" ein gewichtige Rolle: In ihm kommt die Tendenz zum Ausdruck, daß bei der Revision subjektiver Wahrscheinlichkeiten die Stärke widersprechender Informationen relativ zur Einschätzung der Stärke unterstützender Faktoren unterschätzt wird. Mit anderen Worten: Unterstützenden Informationen wird ein größerer Effekt zugebilligt als widersprechenden, letztere erfahren eine Abwertung.

Es wird einsichtig, daß die beschriebenen Vorgänge zunächst eine *Verzerrung* der psychologischen Situation hervorrufen. Ist dieser Prozeß erst einmal richtig in Gang gekommen, ist darüber hinaus anzunehmen, daß eine Lösung vorhandener Probleme nahezu unmöglich gemacht wird. Die in der Situation handelnden Personen drehen sich gleichsam im Kreis; die Planung tritt auf der Stelle oder geht gar rückwärts.

Das Konzept der *psychologischen Reaktanz* ist ein Erklärungsansatz für oppositionelles Verhalten in sozialen Einflußsituationen. Die durch die Planung hervorgerufenen Situationen sind zweifellos solche. Der Begriff Reaktanz kommt aus der Elektrotechnik und bedeutet dort „Blindwiderstand".

Durch sozialen Einfluß kommt es zu Situationen, die den *Freiheitsspielraum* bedrohen oder gar den Verlust desselben bedeuten.

Die Reaktanz ist nun diese Motivation, welche darauf gerichtet ist, weiteren Freiheitsentzug zu verhindern und die verlorene oder bedrohte Freiheit wieder herzustellen. Diesem „Freiheitskonzept" entsprechen Verhaltensweisen wie Widerstand gegen die Einengung, besonderes Engagement im bedrohten Freiheitsbereich oder in einer zunehmenden Bevorzugung der eliminierten Möglichkeiten.

Speziell in sozialwirtschaftlichen Unternehmen mit ihrer Schwierigkeit, qualitative Vorgänge und Faktoren zu objektivieren, erlangen die beschriebenen psychologischen Erklärungsansätze eine erhebliche Bedeutung, erfolgt doch über den Zwang zur Operationalisierung im Rahmen der Planung von Grund auf eine – aus der subjektiven Perspektive - (scheinbare) Einengung der pädagogischen Freiheit. Im Gefolge der Operationalisierungsschwierigkeiten ergeben sich sehr viele Gelegenheiten zur Deformation von Informationen. In Kenntnis der vorstehenden theoretischen Ansätze ist es angezeigt, darauf zu achten, daß sie sich auf dem Wege einer systematischen Deformation nicht selbst erfüllen – bei-spielsweise auf dem Weg vorgefaßter pädagogischer Meinungen.

8.4 Dissens, Konflikt, Widerstand

Planungsprozesse beabsichtigen Festlegungen und Veränderungen der realen Systeme. Aufgrund der Natur des Menschen ist es wahrscheinlich, daß neben der gewünschten Akzeptanz Konflikte allgegenwärtig sind.

Mit dem Konzept der *Konfliktepisode* soll im folgenden ein Analyseinstrument vorgestellt, zum anderen sollen Ansatzpunkte für ein erfolgreiches Konfliktmanagement angedeutet werden.

Bei vorsichtiger Einschätzung muß man davon ausgehen, daß das Planungsgeschehen von einem generellen Dissens überlagert sein kann. Beispiel: Die pädagogische Arbeit sei nicht meßbar und damit auch nicht planbar. Dies bedeutet, daß die an der Planung Beteiligten von dieser nicht überzeugt sind, sie sind verschiedener Meinung, ihre kognititven Informationen und Programme stimmen nicht überein. Daß es trotzdem zu einer Planung kommt, liegt daran, daß der *Dissens* weder eigene noch fremde Verhaltensdispositionen beeinträchtigt; noch kann man ungehindert tun, was man will.

Sobald eigene oder fremde Verhaltensdispositionen beschränkt werden, spricht man von einem *Konflikt*. Für das Durchschauen des Konfliktgeschehens ist es sinnvoll, die Zusammenhänge innerhalb einer Konfliktepisode zu betrachten. Als Konfliktbegriffe werden dabei der *latente, gefühlte, wahrgenommene* und schließlich *manifeste* Konflikt verwendet. Die Konfliktepisode selbst ist ein Phasenschema, das bei den Nachwirkungen der vorangegangenen Konfliktepisode beginnt und bei den Nachwirkungen aus der gegenwärtigen endet. Ein Ansatz, der deutlich macht, daß Konfliktprozesse in aller Regel nicht zu einer endgültigen Lösung führen – ein permanentes Konfliktmanagement ist die Konsequenz.

Unter Bedingungen wie Umwelteinflüssen, Unterdrückungs- und Ablenkungsmechanismen, strategischen Erwägungen, Spannungen innerhalb und außerhalb des Unternehmens läßt sich nachvollziehen, wie über die Zwischenstufen gefühlter und wahrgenommener Konflikt aus einem latenten ein manifester Konflikt entstehen kann.

Im Stadium der Manifestation ist der Konflikt beobachtbar, die beteiligten Parteien zeigen ein sichtbares Konfliktverhalten.

Manifest wird dieses in Mechanismen wie Versickern (bewußt oder unbewußt kein offenes Verhalten), Problemlösungsverhalten (hinter der Re-Aktion steht ein Entscheidungsprozeß), Umleitung (Verschiebung, es besteht kein Zusammenhang zu den eigentlichen Ursachen) und Widerstand (sowohl sachlich als auch persönlich abwehrende Haltung). Bei der Diagnose kommt es darauf an, das kognitive System des Individuums zu durchleuchten. Man muß fragen: Welche Informationen sind im Langzeitgedächtnis gespeichert und wie wird die jeweilige Situation definiert?

Als das Verhalten bestimmendes *Konfliktpotential* sind folgende kognitive Informationen zu berücksichtigen: Überzeugungen (Assoziationen, Wissensstand, Erfahrungen), Werte (positive und negative Attribute wie Geborgenheit, Sicherheit, Wertschätzung, ästhetisch, religiös oder sozial), Attitüden und Emotionen (Voreingenommenheit, Ich-Beteiligung, Wert-Wichtigkeit, Objektgebundenheit), kognitive Programme (durch Veranlagung, Erziehung und Gewohnheit vorgegebenes Verhaltensrepertoire) sowie die kognitive Struktur (Gleichgewicht und/oder Ungleichgewicht der Kognitionen).

Es sei an dieser Stelle nochmals daran erinnert, daß das gegen die Planung gerichtete, offene Konfliktverhalten „Widerstand" auch ein schwaches Signal sein kann. Es kann ein Zeichen dafür sein, daß sich die Planung auf einem Irrweg befindet oder sich auf einen solchen zubewegt. Die Unterscheidung eines solchen Verhaltens von einem grundsätzlichen und willkürlichen Opponieren – aus welchen Gründen auch immer – dürfte in der Regel schwierig sein.

9. Zur Unterstützung durch pädagogische Elemente

In Kenntnis und im Bewußtsein der vielfältigen sozial-psychologischen Vorgänge soll nun ansatzweise untersucht werden, welchen Beitrag die Pädagogik im Planungs-Prozeß leisten kann.

Insbesondere geht es um das Problem, wie das „Wesen Mensch" in die Planung miteinbezogen werden muß, um die Prozesse erfolgreich führen zu können.

Im Vordergrund steht die Frage nach dem Management des Wissenszuwachses, des Verfügbarmachens von *Wissen* und von *Veränderungen,* also die Frage nach dem Management von Lern- und Denkprozessen schlechthin.

Die weitere Absicht ist, die Möglichkeiten mit den Grenzen und umgekehrt gleichsam zu versöhnen. Als eine für die praktische Arbeit grundlegende Einstellung soll dabei nahegelegt werden: Unter ganzheitlichem Vorzeichen soll Negatives keine Überbetonung erfahren - aber sehr wohl zurechtgerückt werden –, Positives soll betont sowie systematisch gepflegt und weiterentwickelt werden.

9.1 Strategie der geplanten Evolution

Die Planung befaßt sich je nach Planungshorizont mit der eher kurzfristigen oder mehr langfristigen Entwicklung und Durchsetzung von Veränderungen. Der *Wandel,* den sie dabei verursacht und initiiert, kann sehr tiefgreifend sein; er kann strukturelle, strategische sowie kulturelle Gegebenheiten betreffen. Die Auswirkungen auf das Individuum können gravierend sein.

Wie eine kurzfristige Festlegung der Ziele und Maßnahmen oder ein langfristig gedachter Wandel auf den Weg gebracht und implementiert werden soll, ist eine Frage an die Management-Fähigkeiten sowie die innere Einstellung zum Umgang mit Menschen, speziell zur Führung von Menschen. Die Bewältigung dieses Problemfeldes wird ausdrücklich losgelöst vom Planungshorizont sowie von der Einengung auf wirtschaftliche Aspekte der Planung behandelt.

Eine Einschätzung der Strategie der geplanten Evolution fällt dann leichter, wenn man sie in Gegensatz bringt zu Alternativen wie „Bombenwurf" oder „Alles auf einmal". Letztere kann sich von der ersten unter anderem dadurch unterscheiden, daß sie ein aktives Einbeziehen der Betroffenen und deren entsprechende Mitarbeit in den Entwicklungsphasen nicht ausschließt. Der „Bombenwurf" ist dagegen ein für die Betroffenen plötzliches - von oben nach unten - Hineinwerfen von (vermeintlich fertigen und richtigen) Veränderungen.

Die *geplante Evolution* stellt demgegenüber den *schrittweisen* Aufbau von Festlegungen, Zielen oder Maßnahmen – von Veränderungen schlechthin – in den Mittelpunkt. Damit die einzelnen Schritte (Iterationen) zu einem umfassenden und integrierten System werden, müssen sie durch eine *konzeptionelle Gesamtsicht* gesteuert werden (von Iteration zu Iteration). Unter Mitwirkung der Frühaufklärung gehen in die Formulierung dieser Gesamtsicht der interne Status quo, der des sozio-ökonomischen Umfeldes sowie neue Ideen und Technologien oder der Idealzustand überhaupt ein. Ein solchermaßen gesteuerter Schritt kann im Ergebnis der konkrete Plan für das Jahr X sein.

Aus pädagogischer Sicht ist die Strategie der geplanten Evolution wertvoll, weil sie neben der Koordinierungs- und Steuerungsfunktion der Gesamtsicht deren *Lern- und Innovationsfunktion* in den Vordergrund rückt. Der evolutionäre Prozeß knüpft an den Status quo an und vollzieht sich in einer überschaubaren Folge von Schritten.

Die einzelnen Schritte schaffen Tatsachen, die eine aufmerksame Erfahrung ermöglichen. Aufgrund einer systematischen Auswertung dieser Erfahrungen kann einmal der nächste Schritt nochmals durchdacht werden, zum anderen kann die konzeptionelle Gesamtsicht modifiziert und weiter konkretisiert werden.

Durch eine didaktische Differenzierung sind die Schritte in integrativ wirkende *Projekte* aufteilbar, die dem Einzelnen ein ganzheitliches und zugleich modulares Lernen erleichtern. Gekoppelt mit dem Konzept des Management by Objectives kann sich dieser Effekt dann verstärken, wenn in die konzeptionelle Gesamtsicht die Wert- und Sinnfrage mit aufgenommen wird – dies gilt besonders für ein sozialwirtschaftliches Unternehmen. Auf diese Weise werden den Betroffenen demotivierende Erfahrungen mitunter erspart. Die Realisierung der (Teil-)Projekte unterwirft die Gesamtsicht dem Filter der Machbarkeit: sie bleibt veränderbar. Daneben werden durch diese Rückkopplungen Fehlentwicklungen rechtzeitig korrigiert oder vermieden.

Das auf eine Gesamtsicht ausgerichtete schrittweise Vorgehen macht dem Einzelnen deutlich, daß sich ein isoliertes Vorgehen verbietet; es hält ihn zu ganzheitlichem Denken an. So wächst die Einsicht, warum Planung notwendig ist, ja sogar, warum Planung selbst der Planung bedarf (Meta-Planung des evolutionären Prozesses).

9.2 Anforderungen, Aus-, Fort- und Weiterbildungssystem

Bereits die Ausführungen zur geplanten Evolution lassen erkennen, welche tragende Rolle dem Bildungssystem eines (sozialwirtschaftlichen) Unternehmens zukommt. Für den Einzelnen dürfte es entscheidend sein, wie er neben der Bewältigung von emotionalen Ereignissen die einzelnen Schritte versteht und nachvollziehen kann. Ein umfassendes Verständnis sollte ihn befähigen, die Ziele und Maßnahmen nicht nur zu akzeptieren, sondern sich von ihnen einfangen zu lassen und sie aktiv zu unterstützen; dies alles im Einklang mit seinen persönlichen Zielen und Fähigkeiten.

Als erste Voraussetzung muß ein für Entwicklungen ausreichendes und zugängliches Niveau der *Fähigkeiten* und *Persönlichkeitsfaktoren* vorhanden sein. Dieser Voraussetzung kann zunächst nur durch eine entsprechende *Personalauswahl* Genüge geleistet werden. Es ist klar, daß nicht geeignete Mitarbeiter(innen) die Planung erschweren und eine ganzheitliche Unternehmensführung unmöglich machen. Entwicklung und Verwirklichung der Planung und der Führungskonzeption (des Controlling) stehen und fallen mit den Personen; deshalb sollten sie nicht schon von vornherein entscheidende Schwächen haben – vor allem nicht solche, die sie später zu dysfunktionalem Verhalten herausfordern.

In Abhängigkeit vom Aufgabentyp und -umfang muß etwa folgendes Anforderungsprofil gelten: als Selbstverständlichkeit die jeweilige fachliche Qualifikation, die kaufmännisch-betriebswirtschaftliche Ausbildung, zumindest deren verinnerlichtes Verständnis und Akzeptanz, Wille und Bereitschaft zu ordnungsmäßigem, vollständigem und systematischem Arbeiten, Aufmerksamkeit gegenüber Sachverhalten und Anforderungen, die außerhalb des eigenen Faches liegen, aktives Bereitsein für EDV-Lösungen und für die Einbeziehung neuer Technologien, persönliche Kompetenz (Hinweise, keine Rangfolge: stabil, freundlich, mit optimistischer Grundhaltung, sachlich, offen, neugierig, beweglich, bescheiden, ehrlich, aufrichtig, verläßlich, verantwortungsbewußt und -bereit, vertrauenswürdig, engagiert, kann perspektivisch denken, fähig zu Selbstmanagement). Auf Verfahren der Personalauswahl soll hier nicht eingegangen werden.

Von der schulischen (Aus-)Bildung abgesehen sind in sozialwirtschaftlichen Unternehmen vor allem *Ausbildungssysteme* der Erstausbildung für pädagogisch-pflegerische Berufe wie Krankenpflege, Altenpflege, Heilerziehungspflege vorhanden. Da die in dieser Weise Ausgebildeten vor Ort Konkretionen der Planung vollziehen und diese wiederum in den Planungsprozeß einbringen können, ist es äußerst hilfreich, in den Fächerkanon diejenigen Inhalte aufzunehmen, die im Ergebnis das Denken in Plänen oder Planungsprozessen fördern. So können etwa bei strukturellem Vorliegen von selbständigen Betreuungsgruppen Budgets der Selbstverwaltung didaktisch aus der Führungskonzeption abgeleitet und erklärt sowie der konkrete Umgang mit diesen geübt werden. Außerhalb solcher internen Ausbildungsmöglichkeiten ist man zunächst auf die Systeme und Ergebnisse der externen Bildungsstätten angewiesen.

Der im Zusammenhang mit der Planung induzierte Bildungsbedarf im weitesten Sinne liegt auf dem Feld der *Weiterbildung*. Ihre Aufgabe ist es, die Fähigkeiten der Mitarbeiter(innen) zu vergrößern, zu verändern und vorhandene Lücken zu schließen. Eine systematisch ausgerichtete *Personalentwicklung* wird sich dabei neben der Handhabung der generellen Veränderungen der Unternehmensumwelt (wie Veralten des vorhandenen Wissens in immer kürzeren Zeitabständen) an den im Rahmen der Planung entworfenen zukünftigen Unternehmensmodellen orientieren und sich intensiv um die personellen Implikationen kümmern.

Die Ergänzung ist die *Organisationsentwicklung,* ein umfassendes, sozialwissenschaftlich begründetes Konzept zur Veränderung von Organisationen als Ganzem (wo, was, wie verändern?). Unternehmen müssen fähig sein, personale und organisationale Entwicklungen auszulösen und durchzustehen.

Ein interessantes Modell zur Förderung und Weiterbildung von Führungskräften wird in Japan praktiziert: Ein Gremium aus erfahrenen Top-Managern gibt als Aufgaben Probleme vor, die sich konkret im Unternehmen stellen. Innerhalb eines vorgegebenen Zeitrahmens müssen Nachwuchskräfte Lösungen erarbeiten – auch wissenschaftliche Gesichtspunkte sollen berücksichtigt werden. Unter der Maßgabe der Realisierungsmöglichkeit werden diese Lösungen dem Gremium vorgestellt und ausgiebig diskutiert. Die Bewertung der Lösung und Präsentation sowie die Freigabe zur Realisierung obliegt dem Gremium.

Für die hinter der Planung stehende Führungskonzeption des Controlling kann es von großem Wert sein, das übliche Kostendenken im Personalbereich durch ein *Investitions-Bewußtsein* zu ergänzen oder gar zugunsten eines solchen aufzugeben. Ein derartiges Bewußtsein hätte zur Voraussetzung, daß Personalkosten tatsächlich nicht konsumtiv, sondern investiv sind: Man müßte zu Recht erwarten können, daß die gegenwärtigen und zukünftigen Beiträge des Personals in Richtung Verwirklichung und Weiterentwicklung der Unternehmensziele wirken, die verursachten Personalkosten also nicht verpuffen, sondern im Gegenteil eine Investition in die Zukunft sind.

9.3 Planung als Unterrichtssituation

In diesem Abschnitt soll untersucht werden, in welchem Sinne pädagogische Mittel und Handlungen als Hilfen im Prozeß der Planung eingesetzt werden können. Als Ausgangspunkt dient folgende These: Wie im Unterricht geht es bei der Planung um die Handhabung von Phänomenen wie Lernen, Lehren, Didaktik, Methodik, Erziehung, Klima, Lernbarrieren, Transfer, Pädagogischer Takt und Selbständigkeit.

Mit dem Ziel des Lernens ist *Unterricht* ein zwischen Personen und Sachen interaktiver Prozeß, der aufgrund einer spezifischen Organisation angebahnt, gefördert und kontrolliert wird.

Im Kontext mit der Planung sollen die Vorgänge Unterricht und *Organisationsentwicklung* zusammengebracht werden. Die üblichen Vorstellungen zu den Begriffen Unterricht und Unterweisung müssen für die Planung um das Konzept der Organisationsentwicklung erweitert werden.

Eine ganzheitliche Unternehmensführung erfordert, daß alle Beteiligten gemeinsam Entwicklungsprozesse vollziehen oder diese in Gang setzen. Dabei erfolgt an nicht aufschiebbaren Problemen der täglichen Praxis ein *„Lernen on the job";* praktisches Handeln ist unmittelbar gefordert. In solchen Echtzeit-Situationen kann es *den* Lehrer kaum geben, dieser ist vielmehr ein als Katalysator wirkender Berater oder Moderator, der selbst in den umfassenden Entwicklungs- und Veränderungsprozeß involviert sein kann.

In einer Workshop-Atmosphäre sollen Betroffene zu Beteiligten werden. Das *Klima* soll frei sein von Manipulation; als Prinzipien sollen gelten: Offenheit, Ehrlichkeit, Vertraulichkeit und Transparenz. Die individuelle Entfaltung soll ebenso vorankommen wie die soziale und kollektiv-organisationale Entwicklung. Lernen soll als ein ganzheitlicher Prozeß begriffen werden, in dem der Verstand (kognitiv), die Gefühle und der Charakter (affektiv) sowie das Handeln (aktional) zusammengehören; keiner dieser Bereiche darf vom anderen getrennt werden.

Sowohl in den Phasen der Entstehung als auch der Durchführung der Planung kommt dem/der *Moderator/in* (oder dem Moderatorenteam) eine führende Rolle zu. Diese(r) sollte sich deshalb einmal Gedanken zu den funktionalen (soziales, organisationales Lernen) und intentionalen (Wissensvermittlung) Erfordernissen machen, zum anderen darüber, wie er/sie zwischen den Voraussetzungen und Erwartungen der Beteiligten einerseits sowie seinen/ihren Entscheidungen über Ziele, Inhalte, Methoden und Medien andererseits begründete Zusammenhänge herstellen kann. Zu diesem Zweck ist eine *didaktisch-methodische Analyse* durchzuführen und in Verlaufsplanungen umzusetzen.

Aus der detaillierten Erarbeitung der jeweiligen Planungsstrukturen und dem intensiven Umgang mit den Planungseinheiten kennt der Moderator die *inhaltlichen Dimensionen.* Seiner persönlichen und sachlichen Kompetenz (wie Erkennen der inneren Zusammenhänge und ihrer Erschließbarkeit) bleibt es überlassen, diese Dimensionen im Sinne der Zielerreichung in Teil-Schritten aufzubereiten. Bei dieser Differenzierung wird es darauf ankommen, nicht nur die Einstiegssituationen zu durchdenken und zu gestalten, sondern auch prinzipielle *didaktische* Sachverhalte zu berücksichtigen – wie Erzählen und Referieren, Vorzeigen und Anschauen, Lesen und Verfassen von Texten, Aufbau von Handlungen, Operationen und Begriffen, problemlösender Strukturaufbau, Durcharbeiten von Strukturen, Üben und Wiederholen sowie Anwenden. Inwiefern Sequenzen der Wissensvermittlung (intentionale Elemente) in den laufenden Planungsprozeß gleichsam nebenbei eingestreut werden können oder ob vorhandene Lücken durch spezielle Weiterbildungsprogramme geschlossen werden müssen, entscheidet die Analyse der Ausgangssituation. Kriterien wie Neuigkeit und Unbekanntheit des Inhalts oder Voraussetzungen der Beteiligten sind heranzuziehen.

Welche Wege und Mittel zum Zweck der individuellen und organisationalen Zielerreichung eingeschlagen und benutzt werden können, bleibt der *methodischen* Analyse überlassen. Grundsätzlich können die einschlägigen Handlungsvollzüge nicht unabhängig von den Inhalten betrachtet und geplant werden; beide zusammen stehen unter dem Primat der Ziele und deren Erreichung. Methodische Überlegungen beginnen in der Regel bei der

Gliederung der Gesprächs- oder Sitzungseinheiten. Die Abfolge der Teilschritte richtet sich dabei nach den inneren Zusammenhängen der einzelnen Inhalte und ihrem „Ankommen" bei den Beteiligten.

Im Verständnis der Organisationsentwicklung sollten Verfahrensfragen daran gemessen werden, ob sie offen sind und aktivierend wirken. Als solche Methoden seien genannt: Diskussion, Befragung, Gespräch, Rundgespräch, individuelle Arbeit, Partnerarbeit, Gruppenarbeit, Plenumsarbeit, graphische Darstellung, Rollenspiel, Planspiel, Fallstudien, Projekte, Differenzierung, Simulation, Assessment Center, Lernortwechsel (Realvorgang), Lernstatt, Meta-Plan-Methode.

Die Absichten und Informationen aller Beteiligten können über folgende *Medien* befördert werden: benutzerfreundliche Arbeitsmaterialien (Texte, Tabellen, Formular-Vorschläge, konkrete Planentwürfe, Checklisten), Tafel, Flipchart, Folie (Tageslichtprojektor), Bilder, Film, Video, Tonbild, Tonband, Tonkassette, Datenband, Terminal. Um die Vielfalt der Methoden und Medien fruchtbringend nutzen zu können, ist es notwendig, sich die Vor- und Nachteile im einzelnen wie in ihrer Kombination klar zu machen; dies gilt um so mehr im Verbund mit Multi-Medien-Paketen.

Ein weiteres pädagogisches Grundanliegen muß der *Transfer* sein. Bereits das formale Kriterium der Fristigkeit weist auf dessen Bedeutung hin: Schon aus Gründen der Wirtschaftlichkeit des Vorgehens muß gefordert werden, daß Lernergebnisse aus der kurzfristigen (operativen) für die langfristige (strategische) Planung und umgekehrt nutzbar gemacht werden.

Unter Transfer versteht man, daß die gelernten und im Gedächtnis gespeicherten Handlungsfolgen und -schemata reproduziert sowie auf neue Gegebenheiten übertragen werden sollen. Die Reproduzierbarkeit eines gespeicherten Handlungsschematas erspart die Anstrengung des ersten Entwurfs und macht frei für die Sicht des Ganzen und von neuen Abläufen; dies sind wesentliche Voraussetzungen für die *Selbsttätigkeit* und *Selbständigkeit*. Dem Moderator fällt die Aufgabe zu, gemäß den Voraussetzungen der Beteiligten (Individuen oder Gruppen) die Transferschritte zu steuern: Die Anwendung auf neue Planungs-Inhalte und -Situationen ist abhängig von deren Neuigkeit: je größer der Neuigkeitsgrad ist, desto schwieriger ist die Übertragung und Anwendung – und desto unwahrscheinlicher kann sie im schlechtesten Fall werden.

An dieser Stelle soll nicht versucht werden, den aus dem täglichen Sprachgebrauch wohl bekannten Begriff der Erziehung wissenschaftlich zu fassen oder gar in ethische und philosophische Fragen einzusteigen, es soll aber bewußt die Auffassung vertreten werden, daß Planung und die hinter ihr stehende Führungskonzeption des Controlling immer auch *erzieherisches Bemühen* einschließen. Über die Abläufe und Inhalte des Planungsprozesses sollen dem Einzelnen als Person der Sinn des Gesamtwerkes Unternehmen, dessen Wirtschaftlichkeit und das antizipative Denken vermittelt werden. Beim Einzelnen soll der verantwortungsvolle Umgang mit Ressourcen jedweder Art wachsen, seien sie nun individuell-persönlich, zwischen-menschlich oder auf Sachen bezogen. Der Einzelne soll als Persönlichkeit angenommen werden, er soll Raum zur Entfaltung und die Möglichkeit zur

Selbsterprobung und Selbststeuerung erhalten – natürlich unter Berücksichtigung der Ziele und der sozialen wie soziologischen Bedingtheiten des Gesamtwerkes. Erziehung in diesem Verständnis ist gleichbedeutend mit einer zielgerichteten Beratung; das Begriffspaar Lohn und Strafe verbindet sich mit dem von Erfolg und Mißerfolg. Es leuchtet ein, daß die erzieherische Dimension hohe Anforderungen an den Moderator stellt.

In diesem erzieherischen Bemühen wird auch etwas sichtbar, was man den *pädagogischen Takt* der Planung nennen könnte, nämlich die pädagogische Verantwortung der handelnden Personen. Besonders der Moderator hat es in der Hand, seine Einsichten durch selbst zu verantwortende Beurteilung und Entscheidung einfließen zu lassen, sozusagen seine Handlungskompetenz auf dem pädagogischen Feld unter Beweis zu stellen.

In Abstimmung mit der Unternehmensleitung gilt dies mittelbar für das Gesamtfeld Unternehmen.

Damit Planungssituationen nicht durch Lernbarrieren in Form der negativen Wirkungen von Konflikten belastet werden, müssen für deren Handhabung Mechanismen entwickelt und die Fähigkeit zur *Konsensbildung* vorhanden sein. Der Moderator wird gut daran tun, das *Konfliktmanagement* als (sozialen) Lernprozeß aufzufassen und zu initiieren, nachdem er das Konfliktverhalten und Konfliktpotential analysiert hat. Neben der generellen Strategie der Konfliktvermeidung stehen folgende Formen der Konflikthandhabung zur Verfügung : *Forcing* (Einsatz von Machtmitteln wie Drohungen oder Sanktionen), *Smoothing over differences* („um des lieben Friedens willen" wird vermieden, Konflikte explizit auszutragen, statt dessen werden sie heruntergespielt oder verschleiert), *Confrontation* (offene Darlegung, Problemlösung). Der Moderator muß auf die Sensibilität aller achten und eine Arena schaffen, in der der Interessenausgleich und damit die Konsensformierung und -mobilisierung begünstigt werden.

Dem Musical „My fair Lady" liegt ein Sachverhalt zugrunde, der *Pygmalion-Effekt* genannt wird. Es handelt sich dabei um das Phänomen, daß die Leistungen des Schülers gesteigert werden, wenn der Lehrer hinsichtlich der Leistungsfähigkeit des Schülers Erwartungen hegt und diese dem Schüler mitteilt. Es kann zu einer stärkeren Lernmotivierung und damit zu einer Leistungsverbesserung kommen. Das generelle Wirksamwerden dieses Effektes ist umstritten, es spricht aber nichts dagegen, daß sich der Moderator diesen Effekt zu eigen macht. Genauso sollte der Pygmalion-Effekt Bestandteil eines jeden Planungssystems sein.

Die Ausführungen in diesem Abschnitt können die *pädagogische Dimension* nicht vollständig aufnehmen. Sie machen aber zumindest dreierlei deutlich:

- Erstens sind die Zusammenhänge vielfältiger Natur und überlagern sich teilweise. Um sie für die Planung allgemein und vor allem extensiv nutzbar machen zu können, sind weitere Untersuchungen und Präzisierungen nötig.
- Zweitens sollte der Nachweis der Wirksamkeit der pädagogischen Unterstützung - im engeren Sinn also deren Erfolgswirksamkeit – angegangen werden. Dies würde sich im übrigen mit dem Wesen des Controlling treffen.
- Drittens sind die Anforderungen an die Beteiligten hoch. Sie reichen von einem effektiven Selbstmanagement bis zum kompetenten Umgang mit gegenwärtigen sowie zukünftigen personalen und sachlichen Systemen.

Ohne viel guten Willen, Phantasie, Mut und Lernen von allen Beteiligten wird sich ein (sozialwirtschaftliches) Unternehmen nicht entwickeln.

„Lernen ist nicht angenehm, Lernen tut weh."

Aristoteles

Literaturverzeichnis

Das folgende Verzeichnis der themennahen Fachliteratur will die zum Themenbereich Planung im allgemeinen und zur Planung in der Sozialwirtschaft im speziellen verfügbaren Publikationen zusammenfassen. Die erwähnten Veröffentlichungen werden von den Autoren im Text des Buches selten wörtlich zitiert. Sie dienten jedoch der Auseinandersetzung mit dem Thema und der fachlichen Vorbereitung der Autoren.

ADAM, Dietrich: Krankenhausmanagement im Konfliktfeld zwischen medizinischen und wirtschaftlichen Zielen, Eine Studie über Möglichkeiten zur Verbesserung der Strukturorganisation und des Entscheidungsprozesses in Krankenhäusern
Gabler Verlag, Wiesbaden 1972

ALBACH, Horst: Beiträge zur Unternehmensplanung, Gabler Verlag, Wiesbaden 1980

AXTNER, Wilfried: Krankenhausmanagement, Nomos Verlagsgesellschaft, Baden-Baden 1978

BAG - Bundesarbeitsgemeinschaft der Freien Wohlfahrtspflege (Herausgeber):

- Die Spitzenverbände der Freien Wohlfahrtspflege – Aufgaben und Finanzierung, Lambertus-Verlag, Freiburg im Breisgau 1985

- Das Selbstkostendeckungsprinzip – Maßstab für Leistungsentgelte bei sozialen Diensten, Eigenverlag der BAG 1984

BAUER, Rudolph: Die liebe Not - Zur historischen Kontinuität der „Freien Wohlfahrtspflege", Beltz Verlag, Weinheim und Basel 1984

BAUER-SÖLLNER, Brigitte: Der Großhaushalt als Dienstleistungsbetrieb, Verlag Eugen Ulmer, Stuttgart 1983

BECK, Martin:

- „Not-wendige Wirtschaftlichkeit?"
  in: Der Karlshöher Diakon, 84. Jahrgang, Nr. 2, März/April 1985, Verlag: Karlshöhe Ludwigsburg, Ludwigsburg

- Faktoren der Produktpolitik oder: Betriebswirtschaftliche Mechanismen in der Jugendhilfeeinrichtung
  in: Fortbildungsbrief, 26. Jahrgang, Nr. 2, März 1985, Herausgeber: Evangelischer Erziehungsverband e.V. (EREV), Hannover

- Lassen unsere Arbeitsbedingungen zukunftsorientierte Jugendhilfeformen zu? Immobilien, Standorte, Finanzen
  in: EREV Fortbildungsbrief, 27. Jahrgang, Nr. 1, Juni 1986, Herausgeber: Evangelischer Erziehungsverband e.V. (EREV), Hannover

- Rechtsformen und Leitungsstrukturen diakonischer Einrichtungen als Voraussetzungen für zukunftsgerichtetes Handeln
  in: Fortbildungsbrief, 26. Jahrgang, Nr. 2, März 1985, Herausgeber: Evangelischer Erziehungsverband e.V. (EREV), Hannover

– Welche Strukturen würde Gustav Werner heute wählen?
in: Konsequenzen Nr. 3/1987

BLANKERTZ, Herwig: Theorien und Modelle der Didaktik, 9. Auflage, Juventa Verlag, München 1975

BLEICHER, Knut: Organisation der Unternehmensplanung, in: WILD (Herausgeber): Unternehmungsplanung

BLOSSER-REISEN, Lore (Herausgeber): Grundlagen der Haushaltsführung, Eine Einführung in die Wirtschaftslehre des Haushalts, Burgbücherei Wilhelm Schneider, Baltmannsweiler 1976

BOTTLER, Jörg: Wirtschaftslehre des Großhaushalts, Band 1, Großhaushaltsführung, Stuttgart 1982

BREZINKA, Wolfgang: Grundbegriffe der Erziehungswissenschaft, Analyse, Kritik, Vorschläge, Ernst Reinhardt Verlag, München, Basel 1974

BÜRK, Annerose (siehe unter KNÄPPLE)

COMMELLI, Gerhard: Training als Beitrag zur Organisationsentwicklung, Carl Hanser Verlag, München, Wien 1985

DEUTSCHE GESELLSCHAFT FÜR HAUSWIRTSCHAFT e.V. (Herausgeber): Der Großhaushalt, Wissenschaftlicher Fachverlag Dr. P. Fleck, Gießen 1986

DECKER, Franz: Grundlagen und neue Ansätze in der Weiterbildung, Carl Hanser Verlag, München, Wien 1984

EICHHORN, Siegfried und SCHMIDT, Reinhardt (Herausgeber): Planung und Kontrolle im Krankenhaus, Bleicher Verlag, Gerlingen 1984

ESSER, Werner Michael: Individuelles Konfliktverhalten in Organisationen, Verlag W. Kohlhammer, Stuttgart, Berlin, Köln, Mainz 1975

FLIERL, Hans: Freie und öffentliche Wohlfahrtspflege - Aufbau, Finanzierung, Geschichte, Verbände, Kommunalschriften-Verlag J. Jehle München GmbH, München 1981

GRABITZ-GNIECH, Gisla und GRABITZ, Hans Joachim: Psychologische Reaktanz: Theoretisches Konzept und experimentelle Untersuchungen, in: Zeitschrift für Sozialpsychologie, Sonderdruck, Band 4, 1973, Heft 1, S. 19-35, Verlag Hans Huber, Bern, Stuttgart, Wien

GROCHLA, Erich: Unternehmungsorganisation, Neue Ansätze und Konzeptionen, Reinbek bei Hamburg 1973

GRÜNEWALD, Hans-Günter: Integrierte Planungsrechnung im Planungssystem der Henkel & Cie GmbH, in: WILD (Herausgeber): Unternehmungsplanung

HAACK, Gerhard: Aspekte der Wirtschaftsführung freigemeinnütziger Einrichtungen, in: Blätter der Wohlfahrtspflege, Jg. 133 (1986), Nr. 5, Seiten 103-105, Herausgeber: Wohlfahrtswerk für Baden-Württemberg

HAHN, Dietger: Planungs- und Kontrollrechnung, 3. Auflage, Gabler Verlag, Wiesbaden 1985

HEIMANN, Paul, OTTO, Günter, SCHULZ, Wolfgang: Unterricht, Analyse und Planung, 7. Auflage, Hermann Schroedel Verlag, Hannover 1975

HEINEN, Edmund:
- Einführung in die Betriebswirtschaftslehre, 9. Auflage, Gabler Verlag, Wiesbaden 1985
- Grundlagen betriebswirtschaftlicher Entscheidungen, Das Zielsystem der Unternehmung, 3. Auflage, Gabler Verlag, Wiesbaden 1976

HENTZE, Joachim: Personalwirtschaftslehre 1, Verlag Paul Haupt, Bern und Stuttgart 1977

HILL, Wilhelm: Unternehmensplanung, 2. Auflage, C.E. Poeschel Verlag, Stuttgart 1971

HÜRLIMANN, Werner: Systematische Unternehmungsplanung, in: WILD, Unternehmensplanung

IBM Deutschland (Herausgeber): Technik und Gesellschaft: Arbeit und Beruf - neue Dimensionen, neue Qualitäten, Stuttgart 1986

IRLE, Martin: Macht und Entscheidungen in Organisationen, Studie gegen das Linie-Stab-Prinzip, Akademische Verlagsgesellschaft, Frankfurt am Main 1971

JÄGER, Alfred:
- Diakonie als christliches Unternehmen, Verlag Reinhard Mohn, Gütersloh 1985
- Ökonomische Effizienz und theologische Transparenz diakonischer Leitung, Vortrag an der Fachtagung der Ev. Bildungs- und Pflegeanstalt „Hephata", Mönchengladbach, am 15.11.1984

KIRSCH, Werner: Planung, Kapitel einer Einführung, Planungs- und Organisationswissenschaftliche Schriften, Universität München, München 1975

KIRSCH, Werner und ROVENTA, Peter (Herausgeber): Bausteine eines Strategischen Managements, Dialoge zwischen Wissenschaft und Praxis, Verlag Walter de Gruyter, Berlin, New York 1983

KNÄPPLE, Annerose:
- (unter BÜRK, Annerose) Kostenstellenrechnung in Einrichtungen der Wohlfahrtspflege, Verlag Eugen Ulmer, Stuttgart 1979
- Wirtschaftliche arbeiten, in: Das Altenheim, Nr. 6/1983, S. 139-145, Vincentz Verlag, Hannover

KNAPP, Rainer und GÜNSCH, Dieter: Handbuch der Arbeitskunde in Werkstätten für Behinderte, Gemeinnützige Werkstätten GmbH, Sindelfingen 1983

KOCH, Helmut:
- Aufbau der Unternehmensplanung, Gabler Verlag, Wiesbaden 1977
- Integrierte Unternehmensplanung, Gabler Verlag, Wiesbaden 1982

KÖNIG, Eckard und ZEDLER, Peter (Herausgeber): Erziehungswissenschaftliche Forschung: Positionen, Perspektive, Probleme, Ferdinand Schöningh und Wilhelm Fink Verlag, München 1982

KRAUT, Antonie: Dr. Dr. Gotthilf Vöhringer – ein Leben für die Wohlfahrtspflege, im Selbstverlag der Autorin, Stuttgart 1977

KUHN, Alfred: Unternehmensführung, Vahlen Verlag, München 1982

LEAVITT, Harold J.: Grundlagen der Führungspsychologie, Individuum – Gruppe – Organisation, 2. Auflage, Verlag Moderne Industrie, München 1979

LORCH, Theo: Eine diakonische Gemeinde – Karlshöhe Ludwigsburg 1876-1976, Quell Verlag, Stuttgart 1976

LUHMANN, Niklas: Vertrauen, Ein Mechanismus der Reduktion sozialer Komplexität, 2. Auflage, Ferdinand Enke Verlag, Stuttgart 1973

MAGER, Robert F.: Lernziele und Unterricht, Beltz Verlag, Weinheim, Basel 1974

MANN, Rudolf und MAYER, Elmar (Herausgeber): Der Controlling-Berater (CB), Haufe Verlag, Freiburg im Breisgau 1983 ff

MICHEL, Reiner M.: Know-How der Unternehmensplanung, I.H. Sauer-Verlag GmbH, Heidelberg 1986

PFAU, Cornelie: Zur Betriebsanalyse von Einrichtungen der offenen Altenhilfe, Deutsches Zentrum für Altersfragen, Berlin 1986

PFOHL, Hans-Christian: Planung und Kontrolle, Verlag W. Kohlhammer, Stuttgart 1981

POTTHOFF, Erich:

– Führungsinstrumentarium in Unternehmen und Verwaltung, Beiträge zur Betriebswirtschaftslehre in der Praxis aus verschiedenen Etappen eines beruflichen Lebens, Verlag W. Kohlhammer, Stuttgart, Berlin, Köln, Mainz 1979

– Prüfung der Ordnungsmäßigkeit der Geschäftsführung, Ein betriebswirtschaftlicher Kommentar, Verlag W. Kohlhammer, Stuttgart, Berlin, Köln, Mainz 1982

REUTER, Edzard: Wunsch und Wirklichkeit in der Unternehmensführung, in: Zeitschrift für Betriebswirtschaft, 56. Jahrgang, 1986, S. 1052 ff., Gabler Verlag, Wiesbaden

RÖHRIG, Richard: Die Entwicklung eines Controllingsystems für ein Krankenhaus, S. Toeche-Mittler Verlag, Darmstadt 1983

von ROSENSTIEL, Lutz, MOLT, Walter, RÜTTINGER, Bruno: Organisationspsychologie, 3. Auflage, Verlag W. Kohlhammer, Stuttgart, Berlin, Köln, Mainz 1977

ROTH, Heinrich und BLUMENTHAL, Alfred (Herausgeber): Didaktische Analyse, Grundlegende Aufsätze aus der Zeitschrift „Die Deutsche Schule", Hermann Schroedel Verlag, Hannover 1964

SCHWEITZER, Marcell: Planung, in: BEA/DICHTL/SCHWEITZER: Allgemeine Betriebswirtschaftslehre, Band 2, Gustav Fischer Verlag

STUDIENSTIFTUNG der Verwaltungsleiter deutscher Krankenanstalten e.V. (Herausgeber): Zentrallehrgang 1986, Karlsruhe 1986

STEINER, George A.: Die Budgetierung ist ein wichtiges Integrationsinstrument, in: WILD, Unternehmungsplanung

TÖPFER, Armin: Zum Entwicklungsstand von Planungs- und Kontrollsystemen in der deutschen Industrie, in WILD, Unternehmungsplanung

TROEBS, Rochus: Der Wirtschaftsplan als Steuerungsinstrument, Diplom-Arbeit an der Fachhochschule Reutlingen, 1986

TRUX, Walter, MÜLLER, Günter, KIRSCH, Werner:
- Das Management strategischer Programme, 1. Halbband: Materialien zum Stand der Forschung, Planungs- und Organisationswissenschaftliche Schriften, München 1984
- Das Management strategischer Programme, 2. Halbband: Erfahrungen und Erkenntnisse, Planungs- und Organisationswissenschaftliche Schriften, München 1984

TÜRK, Klaus (Herausgeber): Organisationstheorie, Hoffmann und Campe Verlag, Hamburg 1975

ULRICH, Hans (Herausgeber): Unternehmensplanung, Bericht von der wissenschaftlichen Tagung der Hochschullehrer für Betriebswirtschaft in Augsburg vom 12.6. bis 16.6.1973, Gabler Verlag, Wiesbaden 1975

WEISSER, Joachim: Planung: Zur Klärung wichtiger Begriffe, in WILD, Unternehmungsplanung

WELGE, Martin K.: Unternehmensführung, Band 1: Planung, C.E. Poeschel Verlag, Stuttgart 1985

WILD, Jürgen:
- Grundlagen der Unternehmungsplanung, 4. Auflage, Westdeutscher Verlag, Opladen 1982
- (Herausgeber): Unternehmungsplanung: 2. Auflage, Westdeutscher Verlag, Opladen 1981

WIBERA-Fachschriften 9: Wirtschaftliches Krankenhaus, 2. Auflage, Verlag W. Kohlhammer, Stuttgart 1980

ZÖPFL, Helmut und SCHOFNEGGER, Josef: Erziehen durch Unterrichten, Ein Studien- und Arbeitsbuch, Franz Ehrenwirth Verlag, München 1977

Die Autoren

Martin Beck, Diplom-Betriebswirt (FH)

Jahrgang 1950. Lehre und berufliche Praxis als Großhandelskaufmann, Studium der Betriebswirtschaftslehre an der Fachhochschule Nürtingen. Assistent der Geschäftsleitung, Prokurist und Geschäftsführer in zwei mittelständischen Handels- und Industrieunternehmen. Seit 1983 als betriebswirtschaftlicher Geschäftsführer eines regionalen Spitzenverbandes der Freien Wohlfahrtspflege in Stuttgart verantwortlich für Wirtschaftsberatung, Organisation und Datenverarbeitung, Wirtschaftsprüfung und betriebswirtschaftliche Fortbildung. Seit 1986 gleichzeitig Geschäftsführer einer Wirtschaftsberatungsgesellschaft, die Dienstleistungen für Einrichtungen und Unternehmen der Sozialwirtschaft erbringt.

Siegfried Glowiak, Diplom-Kaufmann und Diplom-Handelslehrer

Jahrgang 1950. Studium der Betriebswirtschaftslehre und Wirtschaftspädagogik an der Universität Mannheim (WH). Berufliche Praxis als Werkstudent, Leiter des Rechnungswesens, einschließlich Controlling, eines sogenannten komplexen Unternehmens der Sozialwirtschaft. Dozent im Rahmen von Fort- und Weiterbildungsveranstaltungen. Zusammen mit der Ehefrau Leitung einer kleineren Volkshochschule. Freier Mitarbeiter einer Wirtschaftsberatungsgesellschaft für Einrichtungen und Unternehmen der Sozialwirtschaft.

Annerose Knäpple, Diplom-Haushaltsökonomin

Jahrgang 1954. Studium der Haushaltswissenschaften an der Universität Hohenheim mit den Wahlfächern Sozialer Bereich/Großhaushalt und Allgemeine Betriebswirtschaftslehre. Seit 1978 bei einem regionalen Spitzenverband der freien Wohlfahrtspflege beschäftigt. Zunächst (von 1978 bis 1984) im Bereich der Wirtschaftsprüfung und in der Pflegesatzberatung (von 1982 bis 1987) tätig. Seit 1984 Referentin für Betriebswirtschaftliche Fortbildung und seit 1987 gleichzeitig Mitarbeiterin einer Beratungsgesellschaft für soziale Einrichtungen.

Gerhard Sackmann, Diplom-Betriebswirt (BA)

Jahrgang 1954. Nach dem Abitur Studium an der kurz zuvor ins Leben gerufenen Berufsakademie Stuttgart, studienbegleitende Ausbildung bei einem mittelständischen Unternehmen der Elektroindustrie in allen kaufmännischen Funktionsbereichen, Vermittlung der anwendungsbezogenen Theorie in einem Konzern der Elektroindustrie. Abschluß zum Wirtschaftsassistenten (BA) und Betriebswirt (BA), danach Übernahme von Sonderaufgaben im Finanz- und Rechnungswesen eines mittelständischen Elektrounternehmens, unter anderem auch Planung für ein ausländisches Werk und Mitwirkung bei Konkurs- und Vergleichsverfahren. Seit 1981 als Verwaltungsleiter einer gemeinnützigen Behinderteneinrichtung verantwortlich für die Bereiche Finanz- und Rechnungswesen mit Wirtschaftsplanung und Kostenrechnung, Datenverarbeitung, Lohn- und Leistungsabrechnung, Personalverwaltung, Beschaffung und Versicherungen.

Stichwortverzeichnis

MIX
Papier aus verantwortungsvollen Quellen
Paper from responsible sources
FSC® C105338

If you have any concerns about our products,
you can contact us on
ProductSafety@springernature.com

In case Publisher is established outside the EU,
the EU authorized representative is:
Springer Nature Customer Service Center GmbH
Europaplatz 3, 69115 Heidelberg, Germany

Printed by Libri Plureos GmbH
in Hamburg, Germany